KB069495

교육학·사회과학 분야 연구자들을 위한

질적 연구 방법으로서의 면담 5판

Irving Seidman 저 | 박혜준 · 이승연 공역

Interviewing as
Qualitative Research 5th ed.

A Guide for Researchers in Education and the Social Sciences

학지사

역자 서문

•

Interviewing as Qualitative Research

연구를 처음 시작하는 단계에 있었을 때나, 많은 연구를 완성해 본 경험이 있는 지금이나, 연구를 함에 있어서 적합한 연구 방법을 선택하는 것은 상당히 어려운 일 중의 하나다. 대학원에서 연구법에 관련된 수업을 듣고, 연구법에 관한 각종 서적을 탐독하고, 선행연구들을 읽고, 경험 있는 연구자에게 지도를 받고 조언을 구하기도 하지만, 선택과 실행은 항상 연구자에게 남겨진 몫이다.

이 책에 대한 우리의 인연은 컬럼비아대학교의 사범대학(Teachers College, Columbia University)에서 유아특수교육과 유아교육으로 박사학위를 받기 위해 함께 노력하던 시절로 거슬러 올라간다. 질적 연구로 박사학위논문을 쓰면서 우리가 공통적으로 사용했던 방법 중의 하나가 심층 면담(in-depth interviewing)이었다. 이 방법에 대한 지식을 얻고자 당시에 관련된 연구법 서적을 모두 찾아 읽어 보았지만, Seidman이 쓴 이 책보다 명쾌하고 구체적이며 실제적인 책은 없었다. 실제로 연구를 진행하며 많은 도움을 받은 것은 물론이고, 앞으로 질적 연구를 하는 한국의 대학원생들이나 학자들에게도 유용한 책이니 언젠가 우리가 번역하여 소개해 보면 어떨까 하는 이야기를 하기도 했었다.

세월이 흐르고 바쁜 일상에 묻혀 이 책을 까맣게 잊고 살다가 3판이 나왔다는 반가운 소식을 접하였고, 2009년에 이 책을 처음으로 번역하게 되었다. 대학원생들을 지도하고, 연구법을 가르치고, 논문지도를 하면서 학생들이 면담에 대해 좀 더 심도 있게 공부하고 실행했으면 좋겠다는 생각을 가지고 있던 터라 바쁜 시간을 쪼개어 가며 번역본을 완성했던 기억이 지금도 선명하다. 학위논문이나 학술지에 우리가 번역한 책이 인용된 것을 볼 때마다 기쁘기도 했지만, 연구 방법도 고정된 것이라기보다는 변화 · 발전해 가는 것이니 업데이트가 필요하다는 생각을 가지고 있었다.

그러던 와중에 학지사를 통해 이 책의 5판이 나왔다는 반가운 소식과 함께 번역본을 다시 작업했으면 좋겠다는 권유를 받게 되었다. 둘 다 기쁘게 참여하기로 했지만, 우리의 의지와는 달리 현실은 이 책의 번역에 집중할 시간을 할애하는 것을 어렵게 했다. 더욱이 이 책의 원저자인 Seidman 교수님도 5판에 많은 변화와 새로운 내용을 포함해 놓은 터라 이번에도 번역을 완성하기까지 상당한 시간이 걸렸다. 이제라도 완성하게 된 것에 위안을 삼지만, 번역 작업이 항상 그러하듯이 영어를 완벽하게 우리말로 바꿀 수 없음에 아쉬움이 남는다. 그럼에도 이 책이 우리에게 소중했던 만큼 면담에 관심을 가지고 공부를 하거나, 연구에 적용해 볼 가능성을 타진하고 있는 대학원생들에게 조금이나마 도움이 되었으면 하는 바람을 가져 본다.

이 책이 나오기까지 매일 새로운 에너지를 주고 시간을 할애할 수 있게 도와준 사랑하는 가족에게 따뜻한 감사의 마음을 전한다. 특히 우리가 이 책을 보기 시작할 무렵에 태어나고, 이제는 성인이 되어 번역 작업에 도움을 준 승우에게 사랑을 전한다. 또한 이 책의 출판을 맡아 여러 가지로 애써 주신 학지사 관계자 여러분께도 깊은 감사 인사를 전한다.

2022년 1월
역자 일동

저자 서문

●

Interviewing as Qualitative Research

　나는 학위논문에서 자신이 추구하고자 하는 것에 대해 깊고 열정적인 흥미를 가진 대학원생들과 함께 일해 왔다. 하지만 그들은 종종 적합하고 실행 가능한 방법론이 부족하여 곤경에 처하곤 했다. Sartre(1968)가 말했듯이, 그들은 '방법을 찾기 위해' 노력하고 있었다.

　이 책은 석사학위논문이나 박사학위논문을 준비하기 위해 적합한 방법을 탐색하며, 심층 면담(in-depth interviewing)이 자신의 연구 주제에 적합하다고 생각하는 대학원생들을 위해 계획된 것이다. 또한 질적 연구에 관심을 가지고 처음으로 면담을 시도해 보고자 하는 연구자들에게도 유용할 것이다. 마지막으로, 이 책은 연구 방법과 기법을 질적 연구의 폭넓은 쟁점들과 연결시켜 주는 심층 면담에 관한 참고서적을 찾고 있는 교수들에게도 도움이 될 것이다. 개별적으로 사용하든지 수업에서 사용하든지 간에, 이 책은 심층 면담의 연구 절차에 대해 단계적인 설명을 제공하고, 질적 연구에서 중요한 쟁점들의 맥락 안에서 이러한 단계들을 이해할 수 있도록 도울 것이다.

　이 책은 심층 면담에 대한 현상학적 접근을 제시한다. 서문에서는 내가 어떻게 면담 연구를 시작하게 되었는지에 대해 소개한다. 제1장에서는 면담을 연구 방법으로 사용하는 것에 대한 이론적 근거와 앎과 이해의 방법으로서의 이야기의 가능성에 대해 논한다. 5판에 새롭게 제시되는 제2장에서는 중심 개념인 '체화된 경험(lived experience)'의 의미를 명확히 하고, 세 번의 면담 구조에 대한 대안의 가능성을 제기한다. 제3장에서는 연구계획서(proposal)를 쓸 때 고려해야 하는 사항에 대해 알아보고, 그 과정을 거칠 때 연구자에게 지표가 될 수 있는 단순하지만 의미 있는 질문들에 대해 다룬다. 제4장에서는 그 과정에서 피해야 할 함정과 유혹에 대해 다루고, 연구참여자(participants)에게 접근하고 연락을 취하고 선정할 때 고려할 사항들에 대해 논한다. 또한 아동을 면담하기 위해 접근하는 과정에서 고려할 사항에 대한 내용이 5판에 새롭게 추가된다.

면담 연구에서의 윤리적 쟁점들(issues)에 대한 높은 관심을 반영하여, 이 책의 이전 판 집필에 도움을 주었던 뉴햄프셔대학교의 연구진실성위원회 위원장인 Julie Simpson 박사를 제5장의 검토 및 집필 과정에 초대했다. 그녀는 아동을 대상으로 하는 연구참여동의(informed consent)와 외국에서 혹은 원격으로 면담할 때의 연구참여동의에 대한 새로운 내용을 추가해 주었다. 이는 독자들이 연구 진행을 위해 기관생명윤리위원회(Institutional Review Board: IRB)의 승인을 받아야 할 경우를 지원하기 위함이다.

제6장에서는 구체적인 면담 기술과 기법들에 대해 논하고, 이를 면담과 질적 연구에서의 중요한 쟁점들과 연결시킨다. 이 장에서는 질문을 하는 방법뿐 아니라 경청하는 방법도 강조된다. 제7장에서는 하나의 관계로서 면담을 탐색한다. 즉, 종종 연구자와 연구참여자 간의 상호작용 속에 깊숙이 파묻혀 있는 현대사회의 주요 쟁점들의 맥락 안에서 관계를 설명한다. 5판에서는 새롭게 젠더(gender)의 개념을 확장시키는 것과 연구자와 연구참여자가 잘 맞을 수 있도록 돕는 '교차성(intersectionality)'이라는 페미니스트 개념에 주목한다. 또한 심층 면담 연구와 치료를 혼동할 가능성에 대해 다루고, 라포(rapport)의 복합성에 대해 주지시키며, 면담 관계에 필요한 요소로서 공정성을 강조한다. 제8장에서는 심층 면담을 통해 얻은 자료를 관리하고, 분석하고, 공유하는 방법을 제시한다. 즉, 연구자들이 모은 방대한 자료를 분석하는 단계적 절차를 제시함으로써 독자에게 길잡이를 제공한다. 이 장에서 제시되는 두 가지 잠재적인 분석 절차는 다음과 같다. 하나는 면담 자료로부터 발현되는 주제(theme)를 찾아내도록 이끌고, 다른 하나는 참여자들의 경험과 그 의미에 대한 프로파일(profile)을 만들도

록 이끈다. 이 두 가지 분석 절차는 면담의 결과를 수많은 독자와 공유하고 논의하는 방법이다. 5판에는 컴퓨터 프로그램을 활용한 질적 자료 분석(Computer Assisted Qualitative Data AnalysiS: CAQDAS)의 장단점과 이에 대한 나의 평가를 예와 함께 새롭게 제시한다. 제9장에서는 면담 작업과 연구참여동의를 넘어서는 연구윤리 간의 관련성을 탐색한다.

부록에는 두 개의 프로파일이 제시된다. 이 두 개의 예는 삶과 죽음에 대한 경험의 깊이를 타진하고 일상적인 경험의 복합성과 중요성을 탐색할 수 있는 면담의 가능성을 보여 줄 것이다.

이 책은 심층 면담에 대한 현상학적 접근을 소개하고 있지만, 면담을 하는 유일한 혹은 최고의 방법임을 주장하지는 않는다. 독자가 면담의 현상학적 접근에 매료되든 아니든 간에, 이 책은 면담의 여러 가지 다양한 접근에 적용될 수 있는 원칙과 방법을 제시하고 논의한다. 따라서 이 책은 면담을 자신이 활용할 연구 방법으로 고려하고 있는 모든 연구자에게 유용할 것이다.

이 책의 전반에 걸쳐 제시된 내용을 뒷받침할 수 있는 면담의 예들이 제시되는데, 이 예들은 동료들이나 내가 지도해 온 대학원생들이 행했던 면담이나 나 자신의 연구에서 발췌한 것들이다. 나는 심층 면담에 대한 나의 경험을 나눔으로써 독자들이 필요한 내용을 사용할 수 있도록 하는 것과 명확한 지침을 충분히 제공함으로써 독자들이 성공적으로 개념을 파악하고 제시된 접근에 기초하여 연구를 수행할 수 있도록 하는 것 간의 균형을 유지하기 위해 노력했다.

이와 더불어 개인적으로나 수업 시간이나 워크숍에서 짧은 시간 동안 면담에 대한 구체적인 경험을 얻도록 사용할 수 있는 연습 과제를 제시한다. 또한 독자들이 자신의 면담 실제를 연구하고 반추하며 평가하는 방법에 대한 지침도 제공한다.

나의 목적은 연구 방법으로서의 심층 면담에 관한 유용한 지침을 제공할 만큼 충분히 명쾌하고 실제적인 책을 쓰는 것이었다. 동시에 심층 면담을 질적 연구에서의 광범위한 쟁점들과 연결시키는 것이었다. 이를 위해 인용을 업데이트하고, 독자들의 연구를 지원할 수 있는 참고 자료와 온라인 자원들을 선별하여 제시했다. 실제 예의 제시, 절차와 실제에 기초한 원칙의 강조, 질적 연구에서의 폭넓은 쟁점들과의 통합을 통해 교육학 및 사회과학 분야의 다양한 연구자에게 이 책이 유용하게 사용되기를 희망한다.

나아가 나는 이 책이 면담을 하는 연구자들의 정신을 새롭게 하고 연구자들의 마음에 감동을 주며 자신의 연구를 위해 최선의 노력을 하도록 지원하는 방법으로 안내하기를 희망한다.

Irving Seidman

감사의 글

•

Interviewing as Qualitative Research

뉴햄프셔대학교의 연구진실성위원회 위원장인 Julie Simpson 박사가 이번 5판 작업을 준비하는 데 있어서 나와 함께 밀접하게 작업해 주었다. 가장 중요하게는 제5장을 면밀하게 검토해 주고, 새로운 3개의 절을 집필해 주었다. 이 책과 나는 그녀의 지식과 최고를 위한 헌신으로 더욱 발전할 수 있었다. 또한 나는 컴퓨터 프로그램을 활용한 질적 자료 분석(Computer Assisted Qualitative Data AnalysiS: CAQDAS) 소프트웨어를 활용해 본 경험에 대해 뉴햄프셔대학교에서 질적 연구를 가르치는 Andrew D. Coppens 조교수를 면담하는 즐거움을 맛보았다. 그의 사려 깊고 균형 잡힌 시각은 면담 연구에서 분석 프로그램의 위상을 재평가해 볼 수 있도록 도왔다. 5판 작업에서 그의 기여에 감사를 표한다.

매사추세츠대학교 애머스트캠퍼스 W. E. B. Du Bois 도서관에도 감사를 전하며, 특히 5판 작업을 위한 나의 연구를 훌륭하게 지원해 준 참고실의 Lisa Di Valentino와 도서관 간 대출부서(Interlibrary Loan Department)에 감사를 전한다.

뉴잉글랜드교육연구기구(New England Educational Research Organization: NEERO)도 수년간 나의 작업에 아낌없는 지원을 보내 주었으며, Charles DePascale, Mary Grassetti, Andrea Martone에게 특히 감사를 전한다. 또한 5판에 대한 나의 생각을 검증하는 기회가 된 워크숍을 열 수 있도록 나를 초청해 준 플로리다대학교 사범대학의 Angela Kohnen 조교수와 Nancy Fichtman Dana 교수, 미주리−세인트루이스대학교의 Wendy Saul 명예교수에게도 감사를 전한다.

John Booss, Tom Clark, Peter Elkind, Austra Gaige, Robert Maloy, Maynard Seider는 수년 동안 나의 집필을 지속적으로 격려해 주었다. Peter Sterling과 나눈 과학과 글쓰기에 대한 대화는 내게 선물과도 같았다. 또한 이들이 나의 친구라는 것이 그들의 사려 깊은 배려를 더 감사하게 한다. Patrick Sullivan과 함께한 초기 작업은 이 책 1판의 토대가 되었는데, 내 인생에 있어서 그 시기에 주어진 그의 지원에 특히 감사하다.

Iris Broudy는 출판사에 제출할 원고를 준비하는 과정에서 기민한 편집자의 눈, 사려 깊은 지성, 탁월함을 위한 세심함을 제공해 줌으로써 5판을 보강하는 데 의미 있게 기여했다. 청년 연합(Youth on Board)과 함께하는 Rachel Gunther의 작업은 청년의 목소리를 듣는 것에 대한 특별한 시각을 제공해 주었다. Mark Tetreault는 내가 언제 부르든지에 상관없이 모든 컴퓨터 문제를 해결해 주었다. George Forman 교수는 미국에서의 유아교육 연구에 대한 중요한 시각을 나에게 제공해 주었다. 내 아들인 Ethan Seidman은 늘 내 질문과 글쓰기에 반응해 줄 시간을 내 주었다. 내 딸인 Rachel F. Seidman은 교차성에 대한 문헌들로 나를 안내해 주었을 뿐만 아니라 내가 그 개념을 이해할 수 있도록 사려 깊게 도왔다. 그 둘은 모두 자신의 일에서 앎의 한 방식으로 이야기를 인식하고 그 가치를 높이 평가한다.

세 명의 익명의 검토위원이 제공해 준 5판에 대한 피드백은 대단히 유용했다. 이 책의 5판이 나오기까지 수년간 Teachers College Press의 지원을 받을 수 있어서 영광이었고, 관리편집장 Brian Ellerbeck, 제작편집장 Karl Nyberg, 마케팅 담당 Nancy Power, 은퇴한 Carole Saltz 대표에게 감사하다. 또한 홍보 및 사회 언론 담당인 Joy Mizan의 도움에도 감사를 전한다.

Jonathan E. Gage, Daniel P. Schwartz, Robert Weitzman 박사의 보살핌에도 감사드린다.

마지막으로, 내 인생을 의미 있게 하는 주요 자원이자 내가 이 책의 5판에 헌신할 수 있도록 도운 내 아내 Linda, 딸 Rachel, 아들 Ethan에게 사랑을 전한다.

차례

Interviewing as Qualitative Research

서문 내가 면담을 시작하게 된 배경 • 17

제1장 왜 면담을 하는가? • 27

제2장 현상학적 심층 면담의 구조 • 39

제3장 박사학위논문 연구계획서: 아이디어에서 실행 가능한 문서로 • 69

제6장 전부는 아니지만 중요한 면담 기법 • 151

내가 면담을 시작하게 된 배경

우리 집의 내 서재에 있는 책장 위에는 내가 한 번도 뵌 적이 없는 할아버지의 사진이 놓여 있다. 할아버지는 1870년경에 태어나서 1940년대 초반에 돌아가셨다. 빛바랜 사진 속의 할아버지는 스웨터와 넥타이 위에 낡은 재킷을 입고, 슬픈 눈빛을 하고 있는 턱수염을 기른 남자다. 할아버지의 눈은 내가 방안의 어디에 있든 나를 바라보고 있다.

할아버지에 대해 여쭤 볼 때마다 아버지는 신앙심이 깊으셨던 분이라고 하셨다. 내가 "할아버지는 어떤 일을 하셨어요?"라고 여쭤 보면, 아버지는 "공부를 하셨지."라고 답하곤 하셨다. 나는 할아버지에 대한 이야기를 별로 들어 본 적이 없다. 내가 아는 것이라고는 할아버지가 신앙심이 깊으셨고, 공부 이외의 다른 일은 별로 하지 않으셔서 가족들이 늘 가난했다는 것과 제2차 세계대전이 발발했을 초기에 독일군으로부터 피난을 가시다가 심장마비로 돌아가셨다는 것뿐이다.

내 아버지는 러시아에서 온 이민자로, 1922년에 어머니와 함께 미국으로 왔다. 오하이오주의 클리블랜드에서 어린 시절을 보냈던 때와 이후에 고향을 방문할 때마다 나는 아버지께 러시아에서의 경험에 대해 여쭤 보았다(역시 러시아 출신인 어머니는 1963년에 돌아가셨다). 그곳에서의 생활은 어땠는지, 어떻게 러시아를 떠나게 되었는지, 아버지의 가족은 어땠는지, 러시아에서 어린아이로 살아간다는 것은 어떤 것이었는지 등을 여쭤 보곤 했다.

그럴 때면 아버지의 대답은 늘 한결같았다. "왜 그런 게 알고 싶니? 우리는 가난했고, 모두들 가난했어. 거기에는 아무것도 남아 있지 않았지. 하지만 미국은 훌륭했어. 너는 왜 러시아에 대해 알고 싶은 거니?" 아버지는 1989년에 돌아가셨다. 아버지가 돌아가신 후 몇 년 동안 나는 러시아의 삶에 대한 글들을 찾아 읽었고, 사촌들에게 혹시라도 그들의 부모가 들려준 나의 부모에 대한 이야기가 있는지 물어보았다. 감사하게도 조금 더 많은 것을 알게 되었다. 하지만 여전히 미국으로 이민 오기 전 러시아에서의 부모님의 삶에 대해 내가 모르는 채워지지 않은 부분들이 많이 남아 있었다.

대학을 졸업한 후, 나는 교육학 석사학위를 받았고, 4년 반 동안 7학년에서 12학년까지의 학생들에게 영어를 가르쳤다. 아마도 영어교사로서 일하던 이 시기가 내가 처음으로 앎과 이해의 방법으로 사람들의 삶과 그 속에 담긴 이야기에 관심을 갖기 시작한 때였을 것이다.

이야기가 앎과 이해의 한 방법이라고 제안하는 것은 학구적이지 않게 보일지도 모른다. 1967년에 내가 교육학으로 박사학위를 취득했을 때, 교사교육을 담당하던 대학원의 교수들은 거의 모두가 실험을 통해서 교육학적 지식을 쌓아 나가는 데 헌신하고 있는 듯이 보였다. 대학원에서의 나의 경험은 교육학에서의 연구가 자연과학이나 물리학에서의 연구만큼 과학적일 수 있다는 인식에 의해 지배되고 있었다. 대학원에서 나의 연구 경험은 행동주의에 의해 영향을 받은 실험주의에 압도되고 있었다. 나는 행동주의적 가설과 실험주의적 관점으로 인간에 대한 연구를 수행하는 것에 불편함을 느꼈지만, 박사과정을 갓 시작한 학생의 입장에서 적절한 대안을 찾기는 어려웠다.

대학원 시절에는 미처 몰랐지만, 지금에 와서야 깨닫고 나의 논문지도교수이자 스승인 Alfred Grommon 교수님께 감사하게 되었다. 교수님께서는 박사학위논문으로 미국영어교사협의회(National Council of Teachers for English)의 초창기 회장 중 한 분의 생애사 연구를 해 볼 것을 제안하셨다. 하지만 당시에는 교수님의 제안이 나의 관심 분야와는 별로 연결되지 않는다고 생각했었다. 교수님께서는 당시 학계에 팽배해 있던 행동주의와 실험주의의 강제된 획일화에서 벗어날 수 있는 방법을 알려 주신 것인데, 그때는 그 깊은 뜻을 알지 못했다.

그토록 실험주의를 혐오했음에도 불구하고, 나는 실험 연구로 박사학위논문을 썼다. 글쓰기에서 교사의 조언이 학생의 성취동기에 미치는 영향이라는 주제하에 다른 처치를 할 집단을 구성하고, 독립변인과 종속변인을 설정하고, '연구대상자들'에게 내가 설계한 '처치'를 실행할 영어교사들을 모집했다.

그 당시에 Nathan Gage(1963)의 『교수에 관한 연구 편람(Handbook of Research on Teaching)』이 출판되었는데, 이 편람은 우리 대학원 프로그램에서 거의 성경(bible)으로 여겨졌었다. 나는 편람을 읽고 또 읽으면서, Campbell과 Stanley(1963)가 쓴 '교수에 대한 연구를 위한 실험과 준실험 설계(Experimental and Quasi-Experimental Design for Research in Teaching)'에 기술되고 분석되었던 타당도와 신뢰도를 위협하는 요소들을 기억하기 위해 연상기호를 만들기도 했 있다.

그 당시에는 대학원에서 가혹하게 강조되었던 실험주의로 인해 괴로웠지만, 지금은 모교의 교육 연구에 대한 헌신을 존중한다. 실험주의 접근에 대해 당시 에는 저항했지만, 지금의 나는 당시 대학원 안에서 지배적이었던 실증주의와 행동주의의 가설에 맞섰던 것이 나에게 얼마나 가치 있고 소중한 일이었는지 깨 닫고 있다. 교육과 연구에 대한 나의 전문가로서의 경력은 그러한 거부와 저항 으로 형성되어 왔다. 또한 그 당시에 나에게 대안적인 관점을 제시해 주셨던 교 수님들도 있었다. 그분들은 내가 새로운 지적 행로, 특히 교육에서 사회·문화 적 힘이 개인의 경험에 미치는 영향을 탐색해 나갈 수 있도록 도와주셨다. 결국 나의 대학원 경험은 감사하게도 나에게 현재까지 지속적인 영향을 미치는, 교육 연구에 대한 절대적 감각을 제공해 주었다.

1967년에 박사학위를 받은 후 교육학 분야에서 경력을 쌓아 가면서, 나에게 연구에 대해 혼란을 남겨 준 자리에 들어가게 되었다. 영어교육을 담당하는 3명 의 교수진 중 한 명으로 워싱턴대학교의 영어학과에 들어가게 된 것이다. 내 전 공 분야에서의 출판의 압박에 직면하기 시작하게 되자 사범대학과는 놀랍게도 거의 접촉이 없었다. 나는 어떤 면에서 내 논문의 방법론을 진심으로 믿지 않았 었기 때문에 내 박사학위논문을 멀리하고 있었고, 그럼으로써 결코 박사학위논 문에 기초한 연구논문을 출판하고자 하지도 않았다. 그 첫해에 나는 집필을 하 기는 했지만 연구를 하지는 않았다. 아직도 종종 만약 내가 워싱턴대학교에 계 속 머물렀다면, 어떻게 나와 연구 간의 관계를 정립해 나갔을지 생각하곤 한다. 나의 실험주의와 관련된 경험과 그에 대한 불편함, 연구의 개념이 문학이라는 학문의 개념과 동일시되는 강경하고 보수적인 영어학과 내에서 교사교육자로서의 나의 위치를 감안한다면, 그 당시에 내가 할 수 있는 연구가 무엇인지 자체가 불분명했다.

나는 워싱턴대학교에서는 1년 동안만 재직했다. 그리고 나서 북서부 지역의 권위 있는 한 국립대학교에서 재직하다가, 1968년에 그곳을 떠나 Dwight Allen이 이끄는 매사추세츠대학교 애머스트캠퍼스의 사범대학 부학장이 되었다. 이 부분의 이야기를 길게 늘어놓을 필요는 없지만(Frenzy at UMass, 1970; Resnik, 1972), 그 시기는 내 마음속에 중요하게 자리 잡고 있다. 당시 우리의 목표는 교사를 전문가로 길러 내기 위해 양성교육을 개혁하고, 사범대학이 더욱 평등한 사회를 만드는 데 중요한 역할을 하도록 만드는 것이었다. 우리의 목표는 시대적 요구와 그 시대에 대한 우리의 생각을 반영한 것이었다고 할 수 있다. 나는 항상 이러한 목표들이 가지고 있는 이상주의를 소중히 여겨 왔다. 경험이 부족하고 순진한 탓에 우리는 일부 의미 있는 성과를 이루어 내는 동안에도 많은 실수를 해 왔다. 시대가 변하고 우리의 실수가 쌓여 감에 따라 새로운 집행부를 필요로 하게 되었다. 나는 행정가로서의 강도 높은 6년을 보내고 나서 다시 교수로 재직하게 되었다. 행정가로서의 임기 동안 나는 고등교육에 대해 많은 것을 배울 수 있었지만, 연구에 대해서는 새로운 경험을 거의 얻지 못했다.

행정가로서의 임기를 마친 후에 나는 가족과 함께 런던에서 안식년을 보내는 행운을 얻었다. 이때 교수의 직무를 책임 있게 수행하는 데 필요한 독서의 기회를 가질 수 있었다. 7년 동안 하지 못했던 영어교육에 관한 저술들을 읽는 것에 더해서, Thomas Kuhn(1970)의 『과학 혁명의 구조(The Structure of Scientific Revolution)』라는 책을 읽고 내가 대학원생이었을 때 경험했던 과학과 연구에 대해 다시 한번 진지하게 생각해 보게 되었다. 나는 그 책을 때맞춰 읽은 것이었다. 내가 미국으로 돌아왔을 때는 학술지논문에서 '지배적인 패러다임(governing paradigms)'에 관한 인용이 넘쳐나고 있었다.

귀국한 뒤에 나는 Robert Woodbury와 '고등교육에서의 리더십'이라는 과목을 함께 가르쳤다. David Schuman이라는 신임교수가 고등교육 전공으로 우리 대학에 합류해 있었는데, 나는 고등교육 프로그램에서 강의를 하면서 그 사람을 알게 되었다. 연구 방법으로서 면담(interviewing)을 받아들이도록 나를 이끈 많은 사건 중에 가장 뜻깊은 것은 Schuman을 만나 함께 일하게 된 것이었다. 대학원 과정에서 배웠던 연구 접근을 거부했었고, 워싱턴대학교에서의 짧은 재임 기간과 행정가로 일했던 6년 동안 새로운 연구법을 배울 기회가 없었으므로, 역설적으로 들리겠지만 나는 연구 방법론은 찾아 헤매는 중견교수였던 것이다.

Schuman은 당시 Kenneth Dolbeare와 공동으로 진행한 면담 연구에 기초해서 책을 쓰기 시작하고 있었다. Schuman의 『정책 분석, 교육 그리고 일상적 삶(Policy Analysis, Education and Everyday Life)』은 1982년이 되어서야 출판되었지만, 관대하게도 그는 책이 출판되기 전에 스스로 '현상학적 면담(phenomenological interviewing)'이라고 명명했던 방법론적 접근을 동료 교수인 Patrick Sullivan과 나에게 보여 주었다. 그는 또한 나에게 자신과 Dolbeare가 면담 연구를 하기 위해 읽어 왔던 책들도 알려 주었다. 그는 특히 William James(1947)의 『극단적인 경험주의에 대한 에세이(Essays in Radical Empiricism)』와 『다원적 우주(In a Pluralistic Universe)』, Sartre(1968)의 『방법을 찾아서(Search for a Method)』, Matson(1966)의 『깨어진 이미지(The Broken Image)』와 가장 직접적으로 관련이 있는 Alfred Schutz(1967)의 『사회적 세계의 현상학(The Phenomenology of the Social World)』을 읽으라고 권해 주었다.

나는 Schuman이 기꺼이 공유하려고 했던 면담 연구를 받아들일 준비가 되어 있었다. 나는 연구 방법으로서 면담을 시도해 보고 싶다고 느꼈던 것을 기억한다. 그리고 Schuman의 이야기를 들으면서 면담이 사람과 학교에 대해 알아가기 좋은 방법이라고 생각했고, 마음속에 그가 말하는 것을 확립해 나가기 시작했다. 이와 더불어 나는 심리치료에 대한 경험을 쌓아 갔다. 이러한 과정을 거치면서 나는 앎과 이해의 방법으로 사람의 삶에 관한 이야기와 언어의 중요성을 더 높이 평가하게 되었다. 이러한 개인적인 경험은 내가 연구 방법으로 면담을 고려할 수 있도록 이끌어 주었다.

Sullivan과 나는 함께 커뮤니티칼리지(community college)[1]의 교수들에게 커뮤니티칼리지에서 이루어지는 교육의 중요 쟁점을 다루는 과목을 가르치고 있었다. 이전에 Sullivan은 동료인 Judithe Speidel과 함께 셰이커교도(Shakers)에 관한 다큐멘터리 영화(The Shaker Legacy, 1976)를 찍어 본 경험이 있었기에, 우리는 Schuman에게서 배운 면담법에 기초하여 커뮤니티칼리지에서의 교육에 대한 영화를 찍어 보기로 했다. 우리는 엑슨(Exxon) 기업의 후원을 받아 커뮤니티칼리지 교수 25명을 대상으로 어떻게 교직을 선택하게 되었는지, 가르치는 일은 어떤지, 가르치는 일이 그들에게 어떤 의미가 있는지에 대해 면담을 실시했다.

1982년에 이 영화가 제작된 이후, 우리는 캘리포니아와 뉴욕의 커뮤니티칼리지 교수들까지 면담을 확장하기 위해 국가교육협회(National Institute of Education: NIE)에서 두 번째 연구비를 받았다. 연구는 매우 만족스러운 방식으로 계속 진행되었다. 나는 커뮤니티칼리지의 교수들과 그들의 일에 대해 면담하는 것이 좋았고, 그들의 경험을 통해 커뮤니티칼리지의 교육에 대해 알 수 있게 되었다. 우리는 총 76명의 커뮤니티칼리지 교수들과 면담했고, Mary Bray Schatzkamer의 도움을 받아 커뮤니티칼리지에서 일하고 교육하는 것이 어떤지를 알고자 하는 24명의 학생들을 면담했다. 그 면담은 '우리가 심층 면담에 대해 배운 것(What We Have Learned about In-Depth Interviewing)'이라 제목 붙인 원고의 밑바탕이 되었으며, 후에 우리가 국가교육협회(NIE)에 보낸 마지막 보고서의 제14장(Seidman, Sullivan, & Schatzkamer, 1983)과 커뮤니티칼리지의 교육에 대한 『교수진의 이야기 속으로(In the Words of the Faculty)』(Seidman, 1985)라는 제목의 책으로 출판되었다. 커뮤니티칼리지의 교수진에 대한 연구를 진행하는 동안, Sullivan과 나는 '심층 면담과 질적 연구에 있어서의 쟁점들(In-Depth Interviewing and Issues in Qualitative Work)'이라는 대학원 세미나를 함께 가르치기 시작했다.

---

1) '커뮤니티칼리지'는 다양한 나라에서 다양한 의미로 사용되고 있다. 미국에서는 주로 그 지역에 거주하는 학생들을 대상으로 고등학교 이후의 직업과 관련된 교육을 담당하는 곳을 의미한다. 주로 2년제이며, 지역의 세금으로 운영되는 공립 교육기관인 경우가 대다수다. 학생들은 커뮤니티칼리지를 졸업한 후에 학사학위 취득을 위해 4년제 대학으로 편입하기도 한다. -역자 주

커뮤니티칼리지 교수들과의 면담은 내가 이전에 문헌을 통해서나 실험을 통해서 해 본 적 없는 첫 번째 연구였다. 나는 마침내 정서적으로나 지적으로 만족할 수 있는 '경험적인' 연구 방법을 찾아낸 것이었다. 아이디어를 고안하고 연구 참여자들과 연락을 취하는 것부터 3년간의 면담 결과에 기초하여 글쓰기를 하는 것까지, 연구 과정에서의 모든 복잡함과 문제에도 불구하고, 이 일은 과거에도 현재에도 나를 매우 만족하게 해 준다. 때로는 힘들고 나를 소진시키기도 하지만, 면담을 통해 사람들의 이야기를 모으고 이야기를 통해 그들의 경험을 이해하는 것이 일종의 특권이라는 생각은 변함이 없다. 면담에서 사람들이 한 말에 기초해서 프로파일(profile)을 만들어 내고, 그들의 경험 속에서 의미를 찾아내어 그들의 이야기를 공유하는 것은 분명 유익하고도 가치 있는 일이다. 앞으로 전개되는 내용의 상당 부분은 내가 교육 연구 방법으로서 면담을 통해 얻은 지적·정서적 기쁨의 근원을 공유하고자 하는 시도다.

제**1**장

왜 면담을 하는가?

나는 다른 사람들의 이야기에 관심이 있기 때문에 면담(interview)을 한다. 단순하게 말하자면, 이야기는 앎의 방식인 것이다. '이야기(story)'라는 단어의 근원은 그리스어로 'histor'라고 하는데, 이는 '현명하고(wise)' '박식한(learned)' 사람을 의미한다(Watkins, 1985, p. 74). 이야기를 하는 것은 본질적으로 의미를 만들어 가는 과정이다. Aristotle는 세상 모든 이야기에는 도입과 전개와 결말이 있다고 했다(Butcher, 1902). 자신이 경험한 세부적인 내용에 도입, 전개, 결말을 부여하기 위해서는 자신의 경험을 곰곰이 되짚어 보아야 한다. 경험을 구성하고 있는 세부적인 내용을 선택하고, 이를 되짚어 보고, 순서대로 나열하고, 그럼으로써 의미가 통하게 하는 일련의 과정은 이야기를 통해 의미를 만들어 가는 경험을 제공한다(Schutz, 1967, p. 12, p. 50 참조).

사람들이 자신의 이야기를 하면서 사용하는 모든 단어는 그들의 의식을 보여 주는 축도다(Vygotsky, 1987, pp. 236-237). 사회적·교육적 쟁점은 사람들의 구체적인 경험에 기초한 추상적 개념이기 때문에 가장 추상적이고 복합적인 사회적·교육적 쟁점에 접근할 수 있도록 해 주는 것은 개인의 의식이다. W. E. B. Du Bois는 이를 체험하고, "나는 내가 가장 잘 알고 있는 나의 인생에 대해 설명함으로써 삶에 대한 영적인 의미와 인종 문제의 중요성을 천명하는 방법을 알게 되었다."라고 했다(Wideman, 1990, p. xiv).

인류학자들은 오랫동안 인간의 문화를 이해하기 위한 방법의 하나로 사람들의 이야기에 관심을 가져왔지만, 교육학 연구에서는 이 방법이 널리 받아들여지지 않았었다. 오랜 세월 동안 교육학을 대학에서 존중받는 학문 분야로 만들기 위해 노력해 왔던 사람들은 교육학이 과학이 될 수 있다고 주장했다(Bailyn, 1963). 그들은 교육학 분야에 종사하는 동료들에게 자연과학과 물리학에서 사용되는 모형에 맞게 교육학의 연구 모형을 변화시켜야 한다고 촉구했다.

1970년대에는 교육학에서 실험 연구, 양적 연구, 행동주의적 연구가 지배적인 것에 대한 반작용이 나타나기 시작했다(Gage, 1989). 이러한 지배 현상에 대한 비평은 독자적인 세력을 가지고 있었으며, 그 시대에 용인되던 권위에 대한 좀 더 일반적인 저항을 반영하는 것이기도 했다(Gitlin, 1987의 제4장 참조). 교육학 연구자들은 거의 적대적이라고 할 수 있는 양적 연구와 질적 연구의 두 진영으로 나뉘게 되었다.

흥미로운 것은 1970년대 중반에서 1980년대 초반에 걸쳐 고등교육의 경기가 하강했을 때, 특히 두 진영 간의 논쟁이 더 극심했고 공격이 더 과격했다는 것이다(Gage, 1989). 실제로 이러한 정치적 논쟁은 인식론의 차이에 따른 것이었다. 양적·질적 접근의 각각에 내재해 있는 실재(reality)의 본질, 아는 사람(the knower)과 알려진 것(the known) 간의 관계, 객관적 실재(objectivity)의 가능성, 일반화가능성에 대한 기본 가정들은 서로 다르고 상당히 상호 모순적이다. 이러한 가정들의 기본적인 차이를 이해하려면, James(1947), Lincoln과 Guba(1985, 제1장), Mannheim(1975), Polanyi(1958)를 읽어 보기 바란다.

연구 방법으로서의 면담에 관심이 있는 사람들에게 아마도 이 두 진영 사이의 가장 현저한 논쟁은 인간을 연구하는 데 있어 언어가 차지하는 중요성에 있을 것이다. Bertaux(1981)는 교육학 연구자들에게 자연과학을 본받아야 한다고 주장하는 사람들은 자연과학에서의 연구 대상과 사회과학에서의 연구 대상 간의 기본적인 차이를 무시하고 있는 것 같다고 주장했다. 즉, 사회과학에서의 연구 대상은 말할 수 있고 생각할 수 있다는 것이다. 행성이나 화학물질, 지레와는 달리 "만약 자유롭게 말할 수 있는 기회가 주어진다면, 인간은 주변에서 일어나고 있는 일들에 대해 많이 알고 있는 것처럼 보인다"(p. 39).

인간으로 산다는 것이 무엇을 의미하는지의 핵심에는 언어를 통해 자신의 경험을 상징화할 수 있는 인간의 능력이 있다. 인간 행동을 이해하는 것은 언어의 사용을 이해하는 것을 의미한다(Heron, 1981). Heron은 인간 연구에서 가장 기본적이고 전형적인 패러다임(paradigm)은 두 사람이 서로 대화하고 질문하는 것이라고 강조하며 다음과 같이 말했다.

언어의 사용, 그 자체는 (중략) 협력적 연구의 패러다임을 내포한다. 언어는 이를 사용하는 인간으로 하여금 발생한 일에 대한 해석과 의도 파악을 가능하게 해 주는 주된 도구이기 때문에, 인간이 인간의 상태를 연구하는 데 있어 이보다 더 근원적인 방법은 찾기 어렵다. (p. 26)

즉, 면담은 연구의 기본적인 방법인 것이다. 자신의 경험을 자세히 이야기하는 것은 역사가 기록된 이래로 인간이 자신의 경험에 의미를 부여하는 주요한 방법이 되어 왔다. 그럼에도 '이야기를 하는 것이 과학인가?'라고 묻는 사람들에게 Peter Reason(1981)은 다음과 같이 대답했다.

최고의 이야기는 사람들의 정신과 마음, 영혼을 감동시키고, 그럼으로써 사람들에게 그들 자신, 그들의 문제, 그들의 처지에 대한 새로운 통찰력을 제공한다. 앞으로의 도전은 이러한 목적을 더욱 충분히 달성할 수 있는 인간 과학(human science)을 발전시키는 것이며, 쟁점은 '이야기를 하는 것이 과학인가?'가 아니라 '과학이 타당한 이야기를 제시하는 방법을 습득할 수 있는가?'다. (p. 50)

(질적 연구에서 이야기의 역할에 대한 심층적인 논의는 Denzin & Giardina, 2016의 제3장에 제시된 Charmaz의 내용 참조)

1. 면담의 목적

심층 면담(in-depth interviewing)의 목적은 가설을 검증하는 것도, 일반적으로 생각하듯이 '평가'하기 위한 것도 아니다(질적 연구와 평가에 대한 심층적인 논의는 Patton, 2015 참조). 심층 면담의 근원에는 다른 사람들의 체화된(lived) 경험과 그 경험으로부터 만들어 내는 의미를 이해하는 것에 대한 관심이 있다(이 책의 전반에 걸쳐 제시된 연구의 현상학적 접근에 대한 심층적인 논의는 van Manen, 1990,

2016 참조).

　다른 사람들에 대한 관심은 면담이라는 연구 방법의 기초를 이루는 기본 가정의 중요 요소가 된다. 이는 연구자로 하여금 자신의 자아를 끊임없이 성찰하도록 하며, 자신이 세상의 중심이 아님을 깨닫도록 한다. 이는 또한 연구자로서 다른 사람들의 이야기를 중요하게 생각하고 있음을 행동으로 나타내 보이도록 한다.

　면담 연구의 핵심은 다른 사람의 이야기에 대한 관심이다. 사람들 개개인의 이야기가 대단히 가치 있기 때문이다. 이것이 우리가 면담한 사람들을 숫자로 부호화하기 어려운 이유이고, 연구참여자[1]의 가명을 정하는 것이 복합적이고 민감한 일인 이유다(가명의 부주의한 사용에 대한 위험성은 Kvale, 1996, pp. 259-260 참조). 연구참여자들의 이야기는 하나의 숫자나 하나의 가명으로 설명이 불가하다. 우리가 이미 충분히 잘 알고 있어서 다른 사람들의 이야기를 들을 필요가 없다고 확신하는 것은 지적이지 못할 뿐만 아니라, 극단적일 경우 다른 사람들의 의미를 왜곡하기 쉽다(Todorov, 1984).

---

1) 면담에 참여하는 사람을 지칭하기 위해 연구자가 선택하는 용어는 종종 연구자가 면담을 하는 목적과 면담에서의 관계를 바라보는 관점에 대한 중요한 정보를 전달한다. 면담에 관한 문헌들에서는 다양한 용어들이 사용되고 있다. '피면담자(interviewee)' 혹은 '응답자(respondent)'라는 용어(Lincoln & Guba, 1985; Richardson, Dohrenwend, & Klein, 1965)는 참여자의 수동적인 역할과 질문에 대한 답을 제공하는 면담의 과정을 암시한다. 일부 저자들은 면담의 대상이 되는 사람들을 '주체(subject)'라고 칭한다(Patai, 1987). 이 용어는 면담의 대상이 되는 사람을 객체에서 주체로 바꾸어 주기 때문에 긍정적으로 보이기도 하지만, 면담에서의 관계가 위계적이며 면담의 대상이 되는 사람이 통제를 받고 있음을 암시하기도 한다. 인류학자들은 이러한 용어들 대신에 '정보원(informant)'이라는 용어를 사용하는 경향이 있는데(Ellen, 1984), 이는 면담에 참여하는 사람들이 그들에게 문화에 대한 정보를 주기 때문이다. 협동 연구나 실행 연구를 추구하는 연구자들은 연구에 관련된 모든 사람을 '공동연구자(co-researchers)'로 간주하기도 한다(Reason, 1994). 즉, 용어의 사용은 연구자가 어떻게 연구를 설계하고 자료를 모으고 해석하는지에 대한 중요한 의미를 함축한다.

우리가 사용하고자 하는 용어를 찾으면서 동료들과 나는 심층 면담이 사람들로 하여금 삶의 맥락 안에서 자신들의 경험을 적극적으로 재구성하도록 돕는다는 사실에 초점을 맞추었다. 이러한 적극적인 입장을 반영하기 위해 우리는 우리가 면담한 사람들을 칭하는 말로 '연구참여자(participants)'라는 용어를 선택했다. 이 용어는 심층 면담에서 필수적인 적극적 참여의 느낌과 우리가 면담 관계에서 형성하고자 하는 공정성(equity)이라는 느낌을 모두 포함하는 것이다.

2. 면담: '유일한' 방법 혹은 '하나의' 방법?

연구자가 교육 단체, 기관 혹은 과정(process)에 대해 알아볼 수 있는 주된 방법은 개개인, 즉 그 기관에 속해 있거나 그 과정을 수행하고 있는 '타인들'의 경험을 통하는 것이다. '교육'과 같은 사회적 관념은 개개인의 경험을 통해 가장 잘 이해될 수 있는데, 한 개인의 일과 삶이라는 구체적인 경험이 그 관념이 형성되는 토대가 된다(Ferrarotti, 1981). 현재 미국에서는 학교 교육에 관한 많은 연구가 진행되고 있다. 하지만 그러한 연구들의 극소수만이 개인적·집합적 경험으로 학교 교육을 구성하는 학생, 교사, 기관장, 상담교사, 특별활동교사, 양호교사, 급식종사자, 행정직원, 경비원, 버스 기사, 학부모, 학교운영위원의 관점을 포함하고 있다.

연구자는 개인과 기관의 문서를 검토하고, 관찰하고, 역사를 탐색하고, 실험하고, 설문 조사를 실시하고, 기존의 문헌을 검토함으로써 당시 그 조직에 속해 있는 사람들의 경험에 접근할 수 있다. 그러나 만약 연구자의 목적이 교육이나 다른 사회 기관에 속한 사람들이 경험을 통해 만들어 내는 의미를 이해하는 것이라면, 그들과의 면담이 완전히 충분하지는 않더라도 필요한 탐구의 길을 항상 열어 줄 것이다.

혹자는 앞서 언급한 다른 연구 방법들을 사용해도 면담을 하는 만큼 효과적이고 면담보다 비용은 덜 들면서도 사람들의 경험과 경험에 부여하는 의미에 접근할 수 있다고 할 수도 있다. 나 역시 하나의 옳은 방법이 존재한다거나 한 방법이 다른 방법보다 더 낫다고 주장하는 것은 아니다. 1957년에 Howard Becker, Blanche Geer와 Martin Trow는 여전히 문헌을 통해 주목받고 있는 논쟁을 벌인 바 있다. Becker와 Geer는 참여관찰(participant observation)이 사람들에 대한 자료를 수집하는 유일한, 최적의 방법이라고 주장한 반면, Trow는 이에 대해 이의를 제기하고 몇 가지 목적에서는 면담이 훨씬 더 우수한 방법이라고 반박했다(Becker & Geer, 1957; Trow, 1957).

연구 방법의 적절성은 연구의 목적과 연구 문제에 따라 달라진다(Locke, Spirduso, & Silverman, 2014). 만약 연구자가 '이 교실 안에서 사람들은 어떻게 행동하는가?'와 같은 연구 문제를 설정했다면, 참여관찰이 최적의 방법일 것이다. 만약 연구자가 '능력별 학급 편성 제도를 통한 학생들의 학급 배치는 사회적 지위, 인종과 어떠한 상관 관계가 있는가?'라는 연구 문제를 설정했다면, 조사연구가 최적의 방법일 것이다. 만약 연구자가 새로운 교육과정이 표준화 검사에서 학생들의 성취에 얼마나 영향을 미치는지 알고 싶다면, 준실험 연구가 가장 효과적일 것이다. 그러나 연구 주제가 늘 혹은 종종 이처럼 깔끔하게 떨어지는 것은 아니다. 많은 경우에 연구 주제는 여러 차원으로 나누어지므로 여러 가지 방법을 혼용하는 것이 적절할 수 있다. 예를 들어, 연구자가 교실에서 학생으로 지내는 것이나 병원에서 환자로 지내는 것은 어떠한지, 그들이 경험하는 것은 무엇인지, 그 경험으로부터 만들어 내는 의미는 무엇인지에 대해 관심이 있다면, 즉 만약 그 관심 주제가 Schutz(1967)가 '주관적 이해'라고 명명한 것이라면, 대부분의 경우에 면담이 최적의 연구 방법이라고 생각한다.

내가 '대부분의 경우'라고 한 이유는, 특정 연령 이하의 아동에게는 현상학적 접근이 어려울 수 있기 때문이다. 아동이 자신의 경험을 재구성하고, 자신의 경험을 성찰하고, 자신의 성찰을 언어적으로 충분히 표현하기 위해서는 적절한 인지발달과 의사소통 기술이 필요하다. 물론 아동의 경우에는 또래 사이에서도 언어적 의사소통 능력에서 차이가 크다. 구글 학술검색(Google Scholar)으로 검색해 보면 최근 들어 어린 유아들과 한 현상학적 면담 연구도 찾아볼 수 있다. 하지만 아동의 언어능력에서의 개인차를 충분히 고려한다 하더라도, 나는 면담에 적절한 최소 연령은 적어도 만 10세 이상이라고 생각한다.

3. 왜 면담을 안 하는가?

면담 연구는 많은 시간이 소요되고 때로는 많은 비용이 필요하다. 연구자는 연구 계획을 명확히 하고, 접근 허가를 얻어 연구참여자와 연락을 취하고, 면담을 하고, 면담한 내용을 전사하고, 수집된 자료를 분석하고, 연구를 통해 알게 된 내용을 공유해야 한다. 가치 있는 연구 방법은 어떤 것이든 많은 시간과 신중함, 열정, 비용이 필요하다. 그중에서도 면담은 특히 많은 노동을 필요로 한다. 만약 연구자가 녹음된 면담 자료의 전사를 도와줄 사람을 고용할 돈이나 지원체계가 없다면, 모든 노동이 연구자의 몫이 된다(면담 자료의 전사를 위한 비용을 줄일 수 있는 방법은 Merriam & Tisdell, 2016, pp. 131-136 참조).

면담은 연구자로 하여금 이전에 만난 적이 없는 잠정적인 연구참여자를 찾아 접근하고 연락을 취하게 한다. 만약 연구자가 지나치게 내성적이거나 낯선 사람에게 전화하는 것을 어려워한다면, 자료 수집을 시작하는 과정 자체가 위협적으로 느껴질 수 있다. 반면에 연구자가 수줍음을 극복하고 주도적으로 연락을 취해 약속을 잡고 일련의 면담을 끝마친다면, 매우 만족스러운 성취감을 느끼게 된다.

오늘날의 일반적인 대학원 프로그램들과 특히 내가 가르치고 있는 대학원 프로그램은 내가 박사과정 학생이었을 때 느꼈던 것보다 훨씬 더 개별화되고 덜 획일적이다. 학생들은 자신이 추구하는 연구 방법론을 선택할 수 있다. 그러나 일부 대학원 프로그램에서는 그러한 자유의 대가로 지불해야 하는 비용이 있을 수 있다. 즉, 질적 연구에 관심이 있는 학생들은 '양적' 연구를 배우도록 요구되지 않을 수 있다. 그 결과, 일부 학생은 자신이 사용하는 연구 방법의 역사를 알지 못하거나 질적 연구가 나오게 된 배경인 실증주의와 실험주의에 대한 비판을 알지 못하는 경향이 있다(자신이 수행할 연구의 토대로 그러한 비판을 학습하고 싶다면, Johnson, 1975; Lincoln & Guba, 1985 참조).

박사과정 학생들은 1970년대와 1980년대에 시작되어 지금까지도 계속되고 있는 이른바 패러다임 전쟁(Gage, 1989)에 대해 알아야 한다(Denzin & Lincoln, 2018, pp. 2-66; National Research Council, 2002). 그러한 논쟁의 역사와 첨예하게 대립해 왔던 분야에 대해 모른다면, 학생들은 그러한 논쟁 속에서 자신의 위치와 논쟁의 지속이 자신의 경력에 미칠 수 있는 영향을 이해할 수 없게 된다. 만약 박사과정 학생들이 자신의 학위논문이나 다른 초기 연구의 방법으로 면담을 사용하기로 정한다면, 질적 연구를 하겠다는 자신의 선택이 교육학 연구 역사를 돌이켜 볼 때 지배적인 것이 아님을 알아야 한다. 질적 연구가 지난 30년 동안 확고한 기반을 쌓아 왔지만, 전문가 단체, 일부 교육학 관련 학술지, 원로 교수들이 참여하는 인사위원회 등은 주로 양적 연구를 선호하는 사람들에 의해 좌우되고 있다. 더 나아가 연방정부도 '과학적' 표준에 충실한 방법론을 사용하는 연구자들에게 연구비를 주라는 지침을 연방기금관리국에 하달하는 법령을 제정함으로써 질적 연구자들에게 또 다른 도전을 제시했다['과학적'이라는 용어의 정의는 2002년에 제정된 「교육과학개혁법령(Education Sciences Reform Act of 2002)」의 제102장 18절 참조]. 일부 학문 분야에서 질적 연구를 선택한 박사과정 학생들은 신뢰성을 확보하기 위해 거세게 투쟁해야 할 수도 있다. 또한 그들은 전통적인 교육학 주류 사회의 중심에서 멀리 떨어져 지내는 것에도 익숙해져야 하고, 질적 연구 방법에도 개방적인 연구비 투자기관, 학술지, 출판사를 찾는 법도 배워야 한다(이러한 쟁점들에 대한 논의는 Mishler, 1986, pp. 141-143; Wolcott, 1994, pp. 417-422 참조). 양적 연구와 질적 연구 사이의 거리를 좁히기 위한 방법으로 그들에게 '혼합 연구 방법(mixed methods)'이 제안되기도 한다(Brannen, 2017).

비록 이상적으로는 연구 방법이 연구자가 관심 있는 주제와 연구 문제에 따라 결정되어야 하지만, 교육학 연구 분야에 들어온 사람들은 일부 연구자들과 학자들이 그 선택을 정치적이고 도덕적인 것으로 본다는 것을 알아야 한다(Bertaux, 1981; Fay, 1987; Gage, 1989; Lather, 1986a, 1986b; Popkewitz, 1984). 질적 연구의 지지자들은 종종 높은 도덕적 기준을 내세우기도 한다(Brinkmann, 2012, pp. 59-60 참조). 특히 그들은 양적 연구가 인간을 숫자로 바꾸는 방식에 대해 비난한다.

그러나 질적 연구에도 마찬가지로 심각한 도덕적인 쟁점들이 존재한다. Todorov(1984)의 『미국의 정복(The Conquest of America)』을 읽으면서, 나는 면담이 타인을 주체(subject)로 만들어서 그가 한 말을 연구자의 이익에 맞게 만드는 과정이라는 생각이 들게 되었다. Daphne Patai(1987)도 유사한 문제를 제기했는데, 자신이 면담했던 브라질 여성들이 면담을 즐기는 것처럼 보였지만, 자신의 학문적 업적을 위해 그들을 착취하고 있는 것일지도 모른다는 가능성 때문에 몹시 괴로웠다는 것이다.

면담의 착취가능성은 심각한 고민거리이고, 내 연구에 내가 아직 완전히 해결하지 못한 모순과 긴장감을 주기도 한다. Patai가 지적했듯이 이러한 쟁점의 일부는 경제적인 문제와 관련이 있다. 연구참여자들이 연구참여로 인해 발생하는 모든 재정상의 이익에 대해 정당한 몫을 받을 수 있도록 보장하는 조치들을 취하는 것도 가능하다. 그러나 좀 더 깊이 생각해 보면, 더 근본석인 실문은 누구를 위한, 누구에 의한, 무엇을 위한 연구인가 하는 것이다. 연구는 종종 개혁을 가장하여 상대적으로 힘 있는 사람들이 수행한다. 유일한 이익은 연구자의 개인적 진보뿐인 경우가 너무나 많다. 특히 사회 구조의 많은 부분이 불평등한 미국 같은 국가에서는 연구의 과정을 공정하게 만들기 위한 지속적인 노력이 필요하다.

4. 결론

그렇다면 왜 면담을 선택하는가? 아마도 우리의 삶 속에서 끊임없이 계속되는 사건들이 연구 방법으로서의 면담에 흥미를 더하게 만드는 것이 아닌가 싶다. 면담은 사회적 쟁점을 반영하는 개인들의 삶의 경험을 이해함으로써 중요한 교육적·사회적 쟁점에 대한 통찰을 제공하는 효과적인 방법 중 하나다. 연구 방법으로서의 면담은 언어를 통해 의미를 만드는 인간의 능력과 가장 일치한다. 또한 면담은 공동체와 협력의 가능성을 폄하하지 않으면서도 개인의 중요성을 강조한다. 마지막으로 면담은 다른 사람의 이야기에 관심이 있는 연구자들에게 깊은 만족감을 줄 수 있는 방법이다.

제2장

현상학적 심층 면담의 구조

면담이라는 용어는 실제로 다양한 분야에서 폭넓게 사용되고 있다. 면담에는 미리 정해지고 표준화된 폐쇄형 질문으로 이루어진 매우 구조적인 조사 면담이 있는가 하면, 이와는 정반대로 Spradley(1979)가 친근한 대화라고 칭한 것처럼 개방적이고 명백히 비구조적이며 인류학적인 면담도 있다(면담의 다양한 접근에 대한 설명은 Bertauz, 1981; Briggs, 1986, p. 20; Ellen, 1984, p. 231; Kvale, 1996; Lincoln & Guba, 1985, pp. 268-269; Merriam & Tisdell, 2016, pp. 109-117; Mishler, 1986, pp. 14-15; Richardson, Dohrenwend, & Klein, 1965, pp. 36-40; Rubin & Rubin, 1995; Spradley, 1979, pp. 57-58 참조).

이 책은 면담의 여러 접근 중에서 현상학에 기반한 심층 면담에 초점을 맞추고 있다. 이 방법은 생애사 면담(Bertaux, 1981)과 현상학적 가정으로부터 영향을 받은 집중적이고 심층적인 면담을 결합시킨 형태다(질적 연구 면담의 역사에 대해서는 Brinkmann, 2018, pp. 6-13 참조).

이 접근에서 연구자(interviewer)는 주로 개방형 질문을 사용한다. 연구자의 주요 과업은 개방형 질문에 대한 연구참여자(participant)의 반응을 탐색하고 확장해 나가는 것이다. 연구자의 목표는 연구참여자로 하여금 연구 주제의 범위 안에서 자신의 경험을 재구성하도록 하는 것이다.

이러한 면담의 접근이 적용될 수 있는 주제의 범위는 현대인들의 경험에 관련된 거의 모든 문제를 다룰 수 있을 정도로 광범위하다. 지난 몇 년 동안 나와 함께 일해 왔거나 교류한 박사과정 학생들은 학위논문과 학술지논문 게재를 위해 다음과 같은 주제들을 연구해 왔다.

- 작가로서의 11학년 학생들(Cleary, 1985, 1988, 1991)
- 도시 학교에서의 교생실습(Compagnone, 1995)
- 초임 영어교사들의 경험(Cook, 2004, 2009)
- 유아교사 되기(Dana & Yendol-Hoppey, 2005)
- 읽기의 학문적 경향과 읽기 실제 간의 관계(Elliot-John, 2004; 2005년 캐나다교사교육협회 우수논문상 수상)
- 중국 본토 출신 여성이 경험한 미국 대학원 과정(Frank, 2000)
- 영어가 모국어가 아닌 학생들의 일반 영어 수업에서의 경험(Gabriel, 1997)
- 히스패닉 학생들이 대부분인 학교에서의 사회과 수업 계획 경험(Gonzalez, 2012)
- 대학에서 강의하게 된 흑인 재즈 음악가(Hardin, 1987)
- 연구자로서의 교사의 체화된 경험(Hooser, 2015 참조; 2016년 AERA 우수박사학위논문상 수상)
- 전통적인 백인 대학에서 강의하는 흑인 행위예술가(Jenoure, 1995)
- 소녀 병사의 경험(Keairns, 2002)
- 저널 쓰기를 통한 과학 교수 경험(Kohnen, 2012)
- 한 국립대학교에서의 상담 경험(Lynch, 1998)
- 교생실습에 뿌리 내려 있는 젠더 이슈(Miller, 1993, 1997)
- 직업 고등학교 학생들의 문해 경험(Nagle, 1995, 2001)
- STEM 교육에 여학생들의 관심을 높이는 방법(Nash, 2017)
- 능력별 학급 편성 제도가 교생들에게 미치는 영향(O'Donnell, 1990)
- 커뮤니티칼리지로 돌아온 여성들(Schatzkamer, 1986)
- 어린 흑인 아버지들의 아버지 되기 프로그램에서의 경험(Whiting, 2004)
- 체육 교사교육자들의 업무(Williamson, 1988, 1990)
- 레즈비언 체육교사들(Woods, 1990)
- ESL교사들(Young, 1990)

이러한 연구들에서 연구자들은 그 분야에 종사하는 사람들의 구체적인 경험과 그 경험이 갖는 의미를 고찰함으로써 그 분야에서의 복합적인 쟁점들을 심층적으로 탐색했다.

1. 면담이 현상학적인 이유와 그 중요성

현상학은 여러 양상을 지닌 복합적인 철학이다. 현상학적이라 할 수 있는 면담 연구에의 접근은 여러 가지다(Heidegger, 2013). 현상학을 표방하는 연구자들은 그들이 '현상학적'이라고 명명하는 다양한 접근을 발전시키고 있다. 내가 현상학적 접근을 이해하는 데 가장 도움이 된 책인 Max van Manen의 『실천 현상학(Phenomenology of Practice)』(2016)에는 주된 현상학적 전통들에 대한 탁월한 논의가 제시되어 있다. 내가 이 책에서 설명하는 현상학적 접근과는 차이가 있지만, 현상학적이라고 부를 수 있는 연구 접근의 예는 Clark Moustakas의 『현상학적 연구 방법론(Phenomenological Research Methods)』(1994)을 참고하기 바란다.

David Schuman의 책(1982)에 제시된 방법을 적용해 보면서(서문 참조), 나는 그가 자신의 방식을 '현상학적'이라고 기술했던 이유를 좀 더 명확하게 이해하고 싶어졌다. Alfred Schutz(1967), Martin Heidegger(1962), Jean-Paul Sartre(1956), Max van Manen(1990, 2016)의 저술들로부터 나는 우리가 사용했던 면담 기법들과 우리가 적용했던 면담 구조에 근거를 제공해 주는 네 개의 현상학적 주제를 파악했다(면담 기법들과 면담 접근의 바탕이 되는 이론 간의 관계에 대한 폭넓은 논의는 Kvale, 1996, 제3장 참조).

2. 현상학적 주제 하나: 인간 경험의 유한성과 일시성

면담에 대한 현상학적 접근은 연구참여자의 체화된 경험(lived experience)과 그 경험에서 만들어 내는 의미에 초점을 맞추고 있다. 인간의 경험과 그 의미에 초점을 맞추는 동시에 현상학은 인간 경험의 일시성을 강조한다. Heidegger와 Schutz가 강조한 바에 의하면, 인간의 삶은 시간에 귀속되어 있으며, 인간의 경험은 일시적이다. 인간의 경험에서 미래는 현재로, 현재는 과거로 순식간에 변한다. 따라서 현상학적 관점에 가장 중요한 것은 본질적으로 문제를 내포하는 것이다.

다윗의 시편 39편에 대한 주석에서 Saint Augustine은 인간 경험의 문제적이면서도 일시적인 성격에 관해 아래와 같이 설득력 있게 기술했다.

> 이날들은 정말로 있는 것이 아니다. 이날들은 도래하기도 전에 거의 지나가 버린다. 그리고 이날들이 오더라도 지속될 수는 없다. 이날들은 서로를 압박하고, 하나씩 순서를 따라가고, 진행 과정에서 스스로를 점검할 수 없다. 지나가 버린 시간 중 어느 것도 다시 불러올 수 없다. 앞으로 오리라고 예상할 수 있는 어떤 것도 곧 지나가 버릴 것이다. 아직 오지 않은 순간은 어느 것도 소유할 수 없다. 일단 도래한다 하더라도 그 순간은 간직될 수 없다. (중략) 우리는 지속적이지 않은 어떤 것이 존재한다고 말할 수 없으며, 도래하여 지나가 버리는 그것이 존재하지 않는다고도 말할 수 없다. 내가 찾고 있는 것은 바로 그 절대적인 현존재, 그 말이 드러내는 엄격한 의미에서의 현존재인 것이다. (Bloom, 2004, p. 280에서 인용)

'절대적인 현존재(absolute is)'에 대한 Saint Augustine의 열정적인 탐구는, 비록 그것이 시편 39편에 대해 그가 붙인 주석의 목적은 아니지만, 나에게 인간과 함께하는 연구의 본질적인 측면을 명확하게 해 주었다. '연구(research)'라는 단어는 '다시'를 의미하는 're-'라는 접두어와 '찾다(search)'라는 뜻의 어근으로 구성되어 있다. 즉, 연구는 Augustine이 어떤 경험의 '절대적인 현존재'라고 부른 것을 다시 찾아가는 것으로 볼 수 있다.

존재 동사 'is'에 대한 라틴어는 '에세(esse)'다. 영어 단어 '에센스(essence)'도 이 라틴어 어근에서 파생된 것이다. 연구참여자들에게 자신의 경험을 재구성하고 반추하기를 요청하는 과정에서, 연구자는 현상학적 접근을 통해 연구참여자들에게 자신의 체화된 경험의 본질, 즉 Saint Augustine이 갈망했던 진짜 '현존재 (is)'를 다시 찾아가도록 요구한다.

3. 현상학적 주제 둘: 누구의 이해인가? 주관적 이해

그렇다면 우리는 누구의 관점에서 진정한 본질, 즉 다른 사람의 경험의 진짜 '현존재'를 찾아야 하는가? Schutz의 경험에 대한 현상학적 관점은 우리가 찾고 자 하는 자신의 경험에 대한 연구참여자들의 관점과 동일할 것이다. Schutz는 그러한 관점을 연구참여자의 '주관적 이해(subjective understanding)'라고 칭한다. 관찰을 통해 우리는 다른 사람들의 경험을 우리의 관점으로 바라볼 수 있다. 반면, 현상학에 기초한 면담을 통해 우리는 한 사람의 경험을 그 사람의 관점에서 이해하고자 노력한다(Schutz, 1967, p. 20).

우리는 연구참여자들의 주관적 이해를 얻기 위해 노력하는 것과 동시에 우리의 기대치를 높게 잡아서는 안 된다. Schutz는 다른 사람을 완벽하게 이해하는 것은 결코 가능하지 않다고 지적한다. 타인을 완벽하게 이해한다는 것은 우리가 그 사람의 의식의 흐름 속으로 들어가서 그가 경험했던 것을 똑같이 경험한다는 것을 의미한다. 만약 그렇게 할 수 있다면, 우리는 우리가 아니라 그 사람인 것이다.

연구참여자들의 경험의 진짜 '현존재'를 그들의 주관적 관점에서 이해하는 것에 최대한 근접하기 위해 연구자는 면담에 대한 현상학적 접근을 사용하게 된다. 연구참여자들이 자신의 경험을 주관적으로 재구성하도록 하는 것은 면담에 대한 현상학적 접근에서 연구자가 사용할 수 있는 면담 기법에 중요한 시사점을 제시한다. 면담 기법들에 대해서는 제6장에서 자세히 다룬다.

4. 현상학적 주제 셋: '현상'의 토대가 되는 체화된 경험

Schutz와 Max van Manen(1990)은 현상학적 접근이 인간의 '체화된 경험(lived experience)'에 초점을 맞추고 있음을 강조한다. '체화된 경험'은 무엇을 의미하는가? Schutz의 설명에 의하면, 체화된 경험은 우리 경험의 일부인 여러 구성 요소로 이루어져 있으며, 이 요소들은 우리가 연속적으로 행동하는 과정에서 함께 흘러가고 서로 구별되지 않는다. 오직 우리가 연속적인 행동의 흐름에서 벗어나 반추(reflection)를 통해 체화된 경험의 구성 요소들을 재구성할 때, 이 구성 요소들은 Schutz가 언급한 '현상(phenomena)'이 되는 것이다. 반추를 통해 현상은 연구자와 연구참여자 모두에게 의미를 갖게 된다(Schutz, 1967, 제2장).

van Manen은 연구참여자의 체화된 경험이 갖는 일시성이 연구자에게 복잡한 문제를 제시한다고 지적한다. 체화된 경험은 그것이 우연히 일어날 때 경험하게 되지만, 보통 그것이 발생할 당시에는 거의 알아채지 못한다(van Manen, 2016, p. 42). 우리가 경험한 것에 접근하게 되는 것은 이후에 그 경험에 대한 재구성을 통해서다(van Manen, 1990, p. 38). 연구자는 연구참여자들이 자신의 체화된 경험을 재구성하도록 인도하기 위해 가능한 최선의 노력을 기울인다. 즉, 연구참여자들이 자신의 일상적 경험의 세세한 내용들을, 특히 탐구하고자 하는 주제와 관련해서 재구성하도록 요청한다. 현상학적 접근으로 면담을 하는 연구자는 항상 '과거(was)'에 발생한 것이 당시의 '현재(is)'에 어땠는지에 가능한 한 근접하게 만들려고 노력하고 있는 것이다.

연구참여자들의 체화된 경험의 본질을 찾아가는 과정에 내재되어 있는 또 다른 복잡성은 일차적으로 언어를 통해 그 체화된 경험에 접근하게 된다는 것이다. 여기서 언어란 연구자가 면담에서 연구참여자를 이끌기 위해 사용하는 말과 연구참여자가 그에 답하기 위해 사용하는 말을 모두 포함한다. van Manen(1990)에 의하면, "현상학의 목적은 체화된 경험을 그 경험의 본질을 담은 문자적 표현으로 전환하는 것이다"(p. 36). 우리 연구자들은 우리 연구의 중심이 되는 경험의 본질에 도달하게 하는 하나의 방식으로 바로 그 문자적 증거를 연구하는 것이다. 우리가 일차적으로 언어를 통해 '체화된 경험'에 접근하게 된다는 것은 면담 연구의 가장 기본적인 요소들과 관련이 있다. 이는 연구 과정의 중심에 전사본이 있음을 설명하는 데 도움을 주고, 제8장에서 다룰 질적 자료 분석 프로그램의 활용과 관련된 쟁점들에 관해 우리가 보다 신중하게 생각하도록 돕는다. 마지막으로, 언어를 통해 체화된 경험에 접근하는 것에 집중하는 것은 연구참여자들이 사용하는 밀을 진지하게 받아들이고, 적절할 때 그 말에 기초해서 후속 질문을 이어 나가는 것에 대한 명분을 제공한다.

5. 현상학적 주제 넷: 의미와 맥락 속 의미에 대한 강조

면담에 대한 현상학적 접근은 경험의 의미를 만들어 내는 것이 중요함을 강조한다. van Manen(1990)에 따르면, 체화된 경험을 설명하는 연구인 현상학은 체화된 경험의 의미를 파고듦으로써 그 경험 자체를 풍부하게 만드는 시도인 것이다.

의미 만들기는 특별한 인간 행위로, 상당 부분을 언어에 의존한다. 심층 면담 연구의 기본 가정 중 하나는 사람들이 경험으로부터 만들어 내는 의미가 그 경험을 수행하는 방식에 영향을 미친다는 점이다(Blumer, 1969, p. 2). Schutz는 체화된 경험 자체가 아니라 '주목 행위(act of attention)'에 의미가 있다고 주장하는데, 주목 행위는 단순히 지나가 버릴 경험에 '의도적 응시(intentional gaze)'를 야기하며 의미에 이르는 길을 열어 준다는 것이다(Schutz, 1967, pp. 71-72). 연구참여자들에게 경험을 재구성하고 그 의미를 반추해 볼 것을 요청함으로써, 연구자는 연구참여자들이 '주목 행위'에 참여하도록 독려하고, 이 '주목 행위'는 연구참여자들이 체화된 경험의 의미를 고려하도록 돕는다.

한편, E. G. Mishler는 유명한 논문인 '맥락 속의 의미: 다른 종류가 있는가?(Meaning in context: Is there any other kind?)'(1979)와 저서 『연구를 위한 면담:

맥락과 내러티브(Research Interviewing: Context and Narrative)』(1986)에서 체화된 경험의 구성 요소들이 지니는 의미는 그것만으로는 이해될 수 없다고 제안한다. 간단히 유사한 예를 들면, '그들의(their)'라는 단어는 소리 내어 말해도 그 단어만 따로 떼어 내어 맥락과 상관없이 이해될 수 없다. 맥락 없이 '그들의(their)'라는 단어를 듣게 된 사람은 말하는 사람이 '그들의(their)'라는 의미로 말하는지, '거기에(there)'라는 의미로 말하는지, 혹은 '그들은(they're)'이란 의미로 말하는지 알 수 없다.

언어에서 그러하듯이, 맥락(context)은 연구참여자들의 경험이 지니는 의미를 그들의 관점에서 이해하는 데 있어 대단히 중요하다. Schutz가 주장한 바를 예로 들면, 만약 우리가 숲속에 난 오솔길을 따라 걷다가 나무를 베는 사람과 마주치게 되었는데, 그 일이 벌어지고 있는 맥락을 모른다면 그 사람의 행동이 지니는 의미를 이해할 수 없다는 것이다.

그 사람은 나무를 베어서 생계를 꾸리는 것인가? 아니면 자신의 오두막에서 쓸 땔감을 위해 나무를 베고 있는 것인가? 아니면 다른 근심을 떨쳐 내거나 화를 가라앉히기 위해 나무를 베고 있는 것인가? 그가 하고 있는 일의 의미를 이해하기 위해서는 그 일의 맥락에 대한 더 많은 정보가 필요한 것이다(Schutz, 1967, pp. 23-24; 이 주장에 대한 Schutz의 자세한 설명은 제1~3장 참조).

우리가 학교 복도에서 교장이 하는 행동을 이해하려 하거나, 혹은 의뢰인과 함께 있는 사회복지사가 하는 행동을 이해하려 하거나, 혹은 13세 소녀 병사의 행동을 이해하려 할 경우(Keairns, 2002), 관찰되거나 재구성된 특정한 경험이 연구참여자의 삶의 큰 맥락에 어떻게 들어맞는지를 알지 못한다면, 이러한 행동들을 온전히 이해할 수 없게 된다. 교장을, 사회복지사를, 소녀 병사를 관찰하는 것은 그들의 행동에 접근할 수 있게 해 준다. 면담은 행동을 맥락 속에 놓게 하며, 그들의 행위를 이해할 수 있게 해 준다(Ian Day, 1993도 질적 자료 분석에 대한 저서에서 자료 해석에 있어 맥락의 중요성을 강조한 바 있다). 맥락에 대한 이해의 필요성은 이 장의 뒷부분과 제6장에 제시될 세 번의 면담 구조와 면담 기법에 시사점을 제공한다.

6. 이러한 현상학적 주제들은 왜 중요한가?

앞서 제시한 네 개의 현상학적 주제는 앞으로 이 책에서 제시할 면담 자료를 분석하고 해석하고 공유하는 구조, 기법, 접근에 대한 근거와 타당성을 제공한다. 그 주제들과 그 주제들이 면담 구조와 기법에서 어떻게 기능하는지를 아는 것이 연구자에게 토대와 안내를 제공하기 때문에 그 주제들은 중요하다.

예를 들면, 연구자는 연구참여자의 체화된 경험에 최대한 근접하고자 하기 때문에, 연구참여자를 선택할 때 가능한 한 하고자 하는 연구와 관련된 경험을 현재 하고 있는 사람을 면담하게 된다. 연구자는 연구참여자의 주관적 경험을 이해하고 보여 주는 데 관심이 있기 때문에 연구참여자의 말들을 1인칭으로 제시할지, 3인칭으로 제시할지를 결정하는 데 주의를 기울인다. 의미는 맥락 속에서 가장 잘 드러남을 알기 때문에, 연구자는 연구참여자의 현재 경험에 대한 맥락적 기록을 만들기 위해 시간을 투여한다.

이러한 현상학적 주제들은 '면담에 대한 현상학적 접근을 사용한다는 것이 무슨 뜻인가?'라는 질문에 답할 수 있는 단단한 토대를 제공한다. 연구자들은 '내가 면담 연구를 수행하는 방식이 근본적인 현상학적 원칙들과 일치하는가?'라고 물음으로써 스스로를 점검할 수 있다. 혹은 '만약 내가 하고 있는 것이 근본적인 현상학적 근거들과 일치하지 않는다면, 다른 방식으로 하는 것에 대한 타당한 이유가 있는가?'라고 스스로에게 물을 수 있다. 면담 접근에 대한 철학적 토대는 연구자로 하여금 그들이 연구를 수행하는 방식에 대한 일관성 있는 논리를 정교화하도록 돕는다. 제9장에 설명했듯이, 연구자로서 우리가 하고 있는 것에 대한 논리를 이해하는 것은 우리가 하는 것을 잘해 나갈 수 있게 돕는 발판이 된다.

7. 세 번의 면담

현상학적 심층 면담이 가지고 있는 모든 특성 중 가장 두드러진 특성은 이 모형이 각각의 연구참여자와 세 번의 면담을 수행한다는 것이다. 앞서 설명했듯이, 현상학 이론은 사람들의 경험의 의미를 그들 삶의 맥락 속에서 탐색하는 것을 강조한다. 맥락 없이 경험의 의미를 탐색할 수 있는 가능성은 거의 없다 (Patton, 2015, pp. 69-70; Schuman, 1982). 처음 만나는 '연구참여자'와 단 한 번의 만남으로 주제에 대한 탐색을 꾀하고자 하는 연구자는 맥락 없는 얇은 얼음판 위를 걷는 것과 같다(Locke, Silverman, & Spirduso, 2004, pp. 209-226; Mishler, 1986 참조).

1970년대 후반에 함께 대화를 나누던 중에 Schuman은 Patrick Sullivan과 나에게 세 번에 걸친 면담 방식을 제안했다. 세 번의 면담을 통해 연구자와 연구참여자는 함께 연구참여자의 경험을 탐색하고, 경험을 삶의 맥락 속에 놓고, 경험의 의미를 성찰할 수 있게 된다. Schuman의 저서인 『정책 분석, 교육 그리고 일상적 삶(Policy Analysis, Education, and Everyday Life)』(1982)의 제9장에 Ken Dolbeare와 Schuman을 세 번의 면담으로 이끈 이론이 자세히 설명되어 있다. 첫 번째 면담에서는 연구참여자의 경험의 맥락을 정립하고, 두 번째 면담에서는 연구참여자로 하여금 자신의 경험이 일어났던 맥락 속에서 그 경험의 세부적인 내용을 재구성하도록 도우며, 세 번째 면담에서는 연구참여자로 하여금 자신의 경험이 갖는 의미를 반추해 보도록 격려한다.

1) 첫 번째 면담: 생애사에 집중하기

첫 번째 면담에서 연구자의 과업은 연구참여자에게 주제와 관련하여 지금까지의 자기 자신에 대해 가능한 한 많은 이야기를 해 달라고 부탁함으로써 연구참여자의 경험을 맥락 속에 놓게 하는 것이다. 매사추세츠주의 사범대학에서 실시한 교생들과 실습지도교사들의 경험에 관한 연구(O'Donnell, Schneider, Seidman, & Tingitana, 1989)를 예로 들면, 우리는 연구참여자들에게 그들이 교생이나 실습지도교사가 되기까지의 삶을 90분 이내에 가능한 한 많이 이야기해 달라고 부탁한 바 있다.

우리는 연구참여자들에게 가정, 학교, 친구, 동네, 직장에서의 초기 경험들을 재구성해 보도록 요청했다. 이 면담의 주제가 교생 혹은 실습지도교사로서의 경험이었기 때문에, 우리는 연구참여자들이 학교나 사범대학에 오기 선에 상남, 개인교습, 가정교사 등의 상황에서 했던 과거의 경험에 초점을 맞추었다.

연구참여자들의 생애사의 맥락 속에 교생실습이나 교생지도 경험을 놓아 보도록 부탁하면서도, 우리는 '왜 교생(혹은 실습지도교사)이 되고자 하셨나요?'라고 묻는 것은 피했다. 대신에 우리는 그들이 어떻게 사범대학에 진학하고, 교생실습에 참여하게 되었는지를 물었다. '어떻게?'라고 질문함으로써 우리는 그들이 가정, 학교, 직장에서의 과거 경험에서 발생했던 일련의 연속적인 사건들을 재구성하고 이야기할 수 있기를 희망했으며, 이러한 과정은 그들 삶의 맥락 속에서 사범대학에 오기까지의 과정과 교생실습 경험에 대한 의미를 성찰하고 이야기할 수 있는 토대를 제공했다[자기정의(self-definition)를 위한 이야기의 힘에 대해서는 Gergen, 2001 참조].

2) 두 번째 면담: 체화된 경험 재구성하기

두 번째 면담의 목표는 연구 주제와 관련하여 연구참여자가 자신의 삶 속에서 직접 부대끼면서 겪고 있는 현재 삶의 체화된 경험에 초점을 맞춘다. 우리는 연구참여자들에게 연구 주제와 관련된 체화된 삶의 경험을 재구성하여 이야기해 달라고 부탁한다. 내가 주관했던 뉴잉글랜드교육연구기구(New England Educational Research Organization: NEERO)의 워크숍에서 한 참여자가 '체화된(lived)' 삶의 경험이 무엇을 의미하는지 용감하게 질문했다. "모든 경험은 체화된(lived) 것 아닌가요?"라고 물었다. 이 질문은 현상학적 접근의 핵심을 짚어 주는 좋은 질문이었다. 현상학적 접근에서 의미하는 직접 겪고 살아 낸 체화된 경험(lived experience)은 다른 누군가의 간접적인 경험이나 단순히 보고 들은 이야기가 아니라, 자신의 삶 속에서 부대끼면서 직접 보고 듣고 느끼고 관찰하고 행동한 것을 말한다. 그런데 우리는 종종 우리가 일상 속에서 경험하는 많은 것을 당연시하고, 특별한 의미를 두지 않는다.

교생과 실습지도교사에 대한 연구에서 우리는 연구참여자들에게 지금 현재 구체적으로 어떤 일을 하는지 묻는다. 구체적인 질문을 예로 들면, 아침에 일어나서 학생들을 가르치러 갈 준비를 어떻게 하는지 묻는다. 학교 정문을 걸어 들어갈 때, 교무실에 들렀을 때, 교실까지 걸어가는 복도에서 어떤 경험을 하는지 묻는다. 연구참여자들에게 학교에서의 체화된 경험에 대해 질문할 때, 우리는 그들의 생각과 감정, 인식과 행동을 재구성하여 이야기하도록 요청한다. 특히 학교에서 일어나는 일상의 경험 속에 그들이 당연시하고 있는 일은 무엇인지 생각해 보도록 질문한다. 연구참여자들의 의견을 묻는 것이 아니라, 의견을 형성하는 토대가 되는 그들의 구체적인 행동에 초점을 맞추는 것이다. 예를 들어, 교생들이 실습을 하면서 직접 보고 듣고 느낀 경험을 자신이 속해 있는 사회적 환경의 맥락 속에서 생각하도록 하기 위해, 구체적으로 학생과의 관계, 실습지도교사와의 관계, 학교의 다른 교사나 교직원들과의 관계, 학부모와의 관계에 대해 각각 이야기해 보도록 요청한다. 두 번째 면담에서 우리는 교생들에게 아침에 일어난 순간부터 밤에 잠이 들 때까지 교생으로서의 하루를 재구성해 보도록 요청하기도 한다. 같은 방법을 간호사들을 대상으로 한 연구에서 병원에서의 하루를 환자, 의사, 병원 직원들과의 상호작용과 관계에 대해 이야기해 보도록 하는 것에 적용할 수도 있고, 우편물을 배달하는 집배원의 하루에 적용할 수도 있으며, 하루 종일 다양한 물건을 계산하고 포장하는 마트 계산원의 하루에 적용할 수도 있다.

Freeman Dyson(2004)에 따르면, 케임브리지대학교에서 Dyson을 가르쳤던 Littlewood라는 저명한 수학자가 추정하기를, 우리는 깨어서 실제로 삶에 몰두하고 있는 동안 대략 1초당 한 번 꼴로 무언가를 보고 듣는다고 한다. 하루에

8시간 동안 일한다면, 아마도 3만 개의 사건에 연루되고 있는 것이다. 그러므로 이 두 번째 면담에서 우리의 과제는 연구 주제와 관련하여 설사 불완전하다 하더라도 연구참여자들이 경험하는 무수한 세부사항을 재구성해 보도록 최선을 다하는 것이다.

체화된 경험들이 쌓여 우리 삶과 일상을 만들지만, 누군가 그 경험에 대해 묻지 않는다면 굳이 그 경험에 대해 의미를 부여하지 않고 살아가기 때문에 이를 아직 성찰하기 전의 경험이라고 한다. 현상학적 심층 면담에서 연구참여자들이 이야기한 자신의 삶에 대한 체화된 경험은 세 번째 면담에서 이루어지는 의미 찾기의 토대가 된다. van Manen(2016)은 이 과정을 일상의 재구성에서 '특별함 찾기(discovering the extraordinary)'라 칭한다.

3) 세 번째 면담: 의미 반추하기

세 번째 면담에서 우리는 연구참여자들에게 두 번째 면담에서 공유했던 자신의 삶에 대한 체화된 경험이 갖는 의미에 대해 반추해 보도록 요청한다. 예를 들면, 우리 연구에서 교생들에게 "교생이 되기 전의 삶에 대해 이야기한 것과 지금 하고 있는 일에 대해 이야기한 것을 감안할 때, 당신의 삶에서 교생실습은 어떤 의미입니까?"라고 물을 수 있다.

의미에 대한 질문은 특정 경험에 대한 만족이나 실망에 대한 이야기를 뛰어넘지만, 때로는 그런 것들이 의미에 대한 성찰의 시발점이 되기도 한다. 의미에 대한 질문은 우리가 연구참여자들과 우리 자신에게 묻는 가장 중요한 질문 중 하나다. 그런데 이 의미는 종종 매우 복잡하다.

의미를 탐색하는 과정에서 중요한 것은 앞선 두 번의 면담에서 연구참여자가 한 이야기를 연구자가 신중하게 경청하는 것이다. 연구자는 면담의 모든 과정에서 사려 깊게 경청하는 태도로 연구참여자가 자신의 경험을 성찰할 수 있도록 이끌어야 한다. 연구자는 연구참여자의 경험에 대해 개방적이고 중립적인 입장을 취하며 이렇게 질문할 수 있다. "지금까지 당신이 살아왔던 삶에 대해 이야기한 것과 지금 하고 있는 일 그리고 앞으로의 삶의 방향을 생각할 때 교생실습은 당신에게 어떤 의미였습니까?"

또한 연구자는 앞선 면담에서 나왔던 이야기를 구체적인 예로 들어 질문할 수도 있다. "두 번째 면담에서 당신이 했던 이야기가 기억납니다. 고등학교 고학년 교실에서 학생들 앞에 섰을 때, 당신이 학생들보다 단지 몇 살 더 많다는 생각이 들었다고 했었지요. 학생들보다 나이가 단지 조금 더 많다는 것은 당신에게 어떤 의미였습니까?" 또 다른 예시로 이렇게 질문할 수도 있다. "영어 수업에서 Shirley Jackson의 소설 『제비뽑기(The Lottery)』에 대해 학생들과 진지한 토론을 했다고 했었지요. 그것은 당신에게 어떤 의미가 있었습니까?"

연구자는 연구참여자들에게 일상적인 삶과 구체적인 경험에서 잠시 벗어나서 그 경험의 의미를 성찰해 보도록 독려한다. 따라서 세 번의 면담을 할 때 첫 번째와 두 번째 그리고 세 번째 면담 사이에 일정한 시간 간격을 두는 것이 바람직한데, 면담과 면담 사이에 연구자와 연구참여자가 앞선 면담에서 나누었던 이야기에 대해 생각해 볼 수 있기 때문이다.

세 번째 면담을 통해 의미를 부여하거나 의미를 만들어 가는 것은 연구참여자들로 하여금 어떻게 삶의 여러 요인이 서로 복합적으로 상호작용하여 현재의 상황으로 이끌었는지에 주목하도록 한다. 이는 또한 연구참여자들로 하여금 그들의 현재 경험을 경험이 일어난 맥락 속에서 구체적으로 살펴보도록 한다. 연구참여자들을 현재의 상태로 이끈 사건들을 명백히 하기 위해 과거를 탐색한 것과 현재 경험을 구체적으로 묘사한 것을 결합함으로써 그들이 지금의 삶에서 무엇을 하고 있는지를 반추하기 위한 조건이 만들어지는 것이다. 세 번째 면담은 앞선 두 번의 면담을 통해 연구참여자가 자신의 경험에 대한 의미를 탐색할 수 있는 기반이 세워진 경우에 한해 풍부한 결과를 낼 수 있다.

비록 경험에 대한 연구참여자들의 이해에 초점을 맞추는 것은 세 번째 면담에서이지만, 연구참여자들은 세 번의 면담 모두에서 의미를 만들어 나간다. 경험을 언어화하는 바로 그 과정이 의미를 만드는 과정인 것이다(Vygotsky, 1987). 우리가 연구참여자들에게 그들의 경험을 구체적으로 재구성해 보도록 요청하면,

연구참여자들은 과거로부터 특정 경험을 선별하고 그렇게 함으로써 그 경험에 의미를 부여하게 된다. 다시 말하면, 우리가 연구참여자들에게 그들의 경험에 대한 이야기를 해 달라고 부탁하면, 연구참여자들은 도입, 전개, 결말의 형태로 경험에 대한 이야기를 조직하게 되고, 그럼으로써 첫 번째든 두 번째든 세 번째 면담에서든 상관없이 자신의 경험을 의미 있게 만들어 가는 것이다. 그러나 특히 세 번째 면담에서 연구자는 앞선 두 번의 면담에서 연구참여자가 했던 이야기들의 맥락 속에서 연구참여사의 경험에 의미를 부여하는 일에 집중하게 된다.

8. 구조 중시하기

우리는 세 번의 면담 구조를 따르는 것이 유용하고 중요함을 실감해 왔다. 각각의 면담은 그 자체로 목적이 있고, 연속되는 면담을 통해 성취되는 목적도 있다. 세 번의 면담 구조는 앞서 제시한 현상학적 접근의 기본 가정과도 연결된다. 때로는 첫 번째 면담에서 연구참여자가 자신의 현재 업무 상황에 대한 흥미로운 이야기를 시작할 수 있지만, 이것은 두 번째 면담의 초점이다. 그 이야기가 흥미로울 수 있기 때문에 면담의 구조를 버리고 연구참여자가 이끄는 대로 가고 싶은 마음이 생기기도 한다. 그러나 그렇게 하는 것은 각 면담의 초점과 목적에 대한 연구자의 인식을 흐리게 할 수 있다. 각 면담은 연구자가 내려야 하는 수많은 결정을 내포한다. 개방적이고 심층적인 면담은 연구자와 연구참여자 모두가 각 면담의 초점을 계속 인식할 수 있도록 돕는 구조 안에서 가장 잘 수행될 수 있다.

세 번의 면담은 연구자와 연구참여자에게 서로에 대한 신뢰와 연대감을 만들어 준다. 세 번의 면담을 통해 연구참여자는 자신의 경험을 존중하며 이야기를 경청하는 연구자의 노력을 인정하게 된다. 더 나아가 각 면담은 다음 면담에 대한 기대감을 불러일으키고, 면담의 내용을 더욱 공고하게 한다. 연속적인 면담이 제공하는 상호적이고 축적적인 특성을 잘 살리기 위해서는 연구자가 각 면담의 목적에 충실해야 한다. 세 번의 면담에는 나름의 논리가 있으며, 면담의 방향을 통제하지 못하는 것은 그러한 논리의 힘과 그로부터 얻을 수 있는 혜택을 잃는 것이라 할 수 있다. 그러므로 세 번의 면담을 수행하는 과정에서 연구자는 자신의 이야기를 들려주는 연구참여자들에게 충분히 개방적이면서도, 동시에 면담의 구조가 기능할 수 있도록 각 면담의 초점을 유지할 수 있어야 한다(세심한 균형에 대한 논의는 McCracken, 1998, p. 22 참조).

9. 대안적 구조와 절차

세 번의 면담이 가지고 있는 장점이 너무나 분명하지만, 연구 과정에서 세 번의 면담을 진행하기 어려운 경우도 많다. 그럴 경우, 연구자는 한 번의 면담을 아주 길게 진행하거나, 첫 번째와 두 번째의 면담을 하나로 합치거나 두 번째와 세 번째의 면담을 하나로 합쳐 총 두 번의 면담을 할 수도 있다. 중요한 것은 세 번의 면담 구조에서 강조한 각 면담의 목적에 충실하는 것이지, 면담의 형식이 아니다. 한 번이나 두 번의 면담을 통해 연구참여자의 생애사, 연구 주제와 관련된 연구참여자의 삶의 경험에 대한 재구성, 그 경험에 대한 의미 탐색이 가능할 수도 있다.

우리 연구팀은 면담 간의 간격에 다양한 변형을 시도해 보았는데, 대개는 연구참여자들의 일정 때문에 필요한 것이었다. 연구참여자가 예기치 못한 사정으로 면담을 못하게 된 경우, 우리는 첫 번째 면담과 두 번째 면담 사이에 며칠 혹은 일주일의 간격을 두기보다 같은 날 오후에 첫 번째 면담과 두 번째 면담을 함께 실행했다. 또한 연구참여자들이 2~3주 동안 면담에 참여하는 것이 불가능할 때도 있었다. 한번은 우리가 연락을 시도했을 때, 연구참여자가 그다음 날 여름휴가를 떠날 예정이었다. 우리는 그 연구참여자와 하루 동안 첫 번째, 두 번째, 세 번째 면담을 모두 실행했고, 타당한 결과를 얻었다.

면담의 세계에서 절대적인 것이란 없다. 다른 절차들을 능가하는 특정 절차를 따르는 것의 효과에 관한 연구는 거의 행해지지 않았다. 대부분의 현존하는 연구들은 면담을 자극-반응의 틀 안에서 이해하고 있는데, 이는 심층 면담에는 부적절한 것이다(Brenner, Brown, & Canter, 1985; Hyman, Cobb, Fledman, Hart, & Stember, 1954; Kahn & Cannell, 1960; Mishler, 1986; Richardson et al., 1965). 면담 연구 설계에서 가장 중요한 원칙은 반복할 수 있고 문서화할 수 있는 합리적인 절차를 따르기 위해 노력하는 것이다. 세상에 완벽한 것은 없다. 면담을 전혀 실행하지 않는 것보다는 이상적인 조건에 약간 못 미치더라도 면담을 실행하는 것이 거의 모든 경우에 더 바람직하다.

10. 면담의 길이

세 번의 면담 각각이 가지고 있는 목적을 달성하기 위해 우리는 90분 체제를 사용한다. 처음 이 방법을 학습하는 사람들은 종종 "면담 시간이 너무 길어요. 그렇게 많은 시간을 우리가 어떻게 다 채우나요? 그렇게 긴 시간을 면담한다고 하면 연구참여자에게 동의를 받을 수 있을까요?"라고 반응한다.

한 시간은 시간의 표준 단위에 대한 의식을 내포하기 때문에 연구참여자들로 하여금 '시계를 보게' 할 수 있다. 두 시간은 한 번에 앉아 있기에는 너무 긴 시간이다. 이 접근의 목적이 연구참여자들로 하여금 그들의 경험을 재구성하고, 그 경험을 그들의 삶의 맥락 속에 놓고, 그 의미를 반추하도록 하는 것임을 감안하면, 90분보다 짧은 면담은 너무 짧은 것이다. 그러나 이러한 시간 체제는 마법도 아니고 절대적인 것도 아니다. 젊은 연구참여자들에게는 좀 더 짧은 시간이 보다 적절할 수 있다. 중요한 것은 면담의 길이를 면담이 시작되기 전에 결정해야 한다는 것이다.

그렇게 하면 각 면담이 조화를 이룰 수 있게 된다. 면담은 적어도 시간적인 도입, 전개, 결말을 가지고 있어야 한다. 연구자가 정해진 시간 내에 면담을 하고, 거기에 면담 기법을 맞춘다면, 자신의 면담 기술을 연마할 수 있다. 더 나아가 만약 연구자가 많은 연구참여자와 면담을 하게 된다면, 하나의 면담을 마치고 다음 면담으로 넘어갈 수 있도록 면담 일정을 짜야 한다. 연구자가 심층 면담을 통해 얻은 광범위한 양의 자료를 가지고 분석을 시작하면, 각 면담에 할당된 시간이 제한되어 있음에 감사하게 될 것이다.

연구참여자들에게도 정해진 시간이 있는 것이 좋다. 연구참여자들은 얼마나 오랜 시간 동안 질문에 답해야 하는지 알고 있어야 다른 일정을 잡을 수 있다. 더욱이 시간이 정해지지 않고 제한이 없으면, 연구참여자의 불필요한 걱정을 양산할 수 있다. 내가 함께해 왔던 대부분의 연구참여자들은 90분의 면담 시간이 적절하다고 인정했다. 90분은 너무 길지 않으면서도 자신의 말이 진지하게 받아들여지고 있다고 느끼기에 충분한 시간인 것이다.

그 당시 이야기되던 것이 상당히 흥미롭기 때문에, 때로는 90분이 끝나갈 무렵에도 면담을 계속 진행하고 싶은 유혹에 빠지기도 한다. 비록 할당된 시간을 넘어 면담을 계속함으로써 새로운 통찰을 얻을 수 있을지 모르겠지만, 내 경험상으로는 대답이 감소되는 상황이 시작된다. 면담 시간을 연장시키는 것은 연구자가 달성하고자 했던 목적을 흐리게 만들고, 연구자가 하겠다고 약속한 것에 대한 연구참여자의 신뢰를 잃게 한다.

또 다른 문제 중 하나는 연구참여자가 면담이 종결되고 녹음기가 꺼진 후에도 계속해서 이야기하는 것이다. 이것은 연구참여자가 이전에는 언급하기를 회피했던 문제에 대해 갑자기 기꺼이 이야기하려는 것으로 보일 수 있기 때문에 연구자는 면담을 계속하고 싶은 유혹에 빠지게 된다. 문제는 정해진 시간 이후에 나누는 대화는 녹음되지 않을 뿐더러 대개 문서화된 연구참여동의서(informed consent document)에 포함되지 않는다는 것이다['제5장 기관생명윤리위원회(IRB)와 연구참여동의서' 참조]. 그러한 자료들이 흥미로워 보일지는 모르지만 궁극적으로는 사용하기 어렵다. [많은 사람이 문서화된 연구참여동의서를 연구참여동의의 유일한 형식으로 생각한다. 하지만 연구 내용에 대한 소개와 연구참여에 동의하는 방식은 다양한 형식을 취할 수 있다. 편지 형식으로도 가능하고 이메일로도 가능하다. 우리가 '**연구참여동의서(informed consent document)**'라고 할 때는 이러한 것들을 모두 포괄한다.]

11. 면담의 간격

내 경험상으로 보면, 세 번의 면담 구조는 연구자가 각 면담을 3일에서 일주일 정도의 간격으로 진행할 수 있을 때 가장 효과적이다. 이 간격은 연구참여자가 지난번의 면담에 대해 숙고해 볼 수 있도록 하면서도 두 면담 사이의 관련성을 잃지 않을 만큼의 시간을 제공해 준다. 또한 이 간격은 연구자가 연구참여자들과 2~3주가량 함께할 수 있도록 해 준다. 이러한 시간의 경과는 일반적이지 않고 특이할 가능성이 있는 면담이 초래할 수 있는 영향을 감소시켜 준다. 예를 들면, 연구참여자가 그날의 면담의 질에 영향을 미칠 만큼 충분히 끔찍한 날을 보내고 있거나 아프거나 마음이 산란할 경우가 있을 수 있다는 것이다.

또한 연구자가 90분 동안 진행되는 세 번의 면담을 하러 재차 방문한다는 것은 연구참여자와 연구자 간의 관계 형성에도 긍정적인 영향을 미친다. 연구자는 연구참여자에게 많은 요청을 한다. 그러나 연구자도 이에 상응하는 시간과 노력을 기울이고 있다. 면담 참여를 타진하기 위해 사전 방문을 하고, 일정과 약속을 확인하기 위해 전화를 하고 편지를 보내고('제4장 연구참여자: 접근하고 연락하고 선정하기' 참조), 실제적으로 세 번의 면담을 진행하면서 연구자는 연구참여자와 특별한 관계를 형성해 나갈 수 있는 기회를 얻게 된다.

12. 타당도와 신뢰도

면담을 통해 드러나는 연구참여자의 이야기와 연구자가 면담을 토대로 논문이나 저서, 발표의 형태로 보고하는 내용은 누구의 의미인가? 연구참여자가 만들어 낸 의미인가, 아니면 연구자가 만들어 낸 의미인가? 이것은 단순한 질문이 아니다. 연구자는 면담의 모든 과정과 구조를 통해 자신과 면담 상황이 연구참여자의 경험을 재구성하는 데 미치는 영향을 최소화하기 위해 노력한다. 그러나

이를 위해 아무리 열심히 노력한다 할지라도 연구자도 면담 상황의 한 부분이라는 사실은 부인할 수 없다. 연구자는 질문하고, 연구참여자에게 반응하며, 때로는 자신의 경험을 공유하기도 한다. 또한 연구자는 자료를 만들고, 자료에서 선택을 하며, 자료를 해석하고 기술 및 분석하는 일을 한다. 비록 연구자가 면담을 연구참여자들이 의미를 만들어 가는 과정이 될 수 있도록 하기 위해 훈련받고 헌신한다 할지라도, 연구자 또한 그 과정의 일부인 것이다(Ferrarotti, 1981; Kvale, 1996; Mishler, 1986).

연구자와 연구참여자 간의 상호작용은 면담의 본질에 내재되어 있다. 이는 또한 참여관찰과 같은 다른 질적 연구 접근에도 내재되어 있다. 이를 통제하기 위해 개발된 무수하고 매우 복잡한 측정 방법이 있음에도 불구하고, 나는 연구자와 연구참여자 간의 상호작용이 인간에게 적용되는 대부분의 실험 연구나 준실험 연구 방법론에도 내재되어 있다고 믿는다(Campbell & Stanley, 1963).

그러나 질적 접근을 지지하는 연구자들은 질적 접근과 양적 접근 간의 중요한 차이로 심층 면담을 수행하는 연구 도구로써의 연구자의 역할을 인정하고 지지한다. 자료 수집에 사용된 도구가 자료 수집 과정에 영향을 미친다는 사실을 비판하기보다, 심층 면담을 수행하는 연구자는 오히려 자신이 가지고 있는 지식과 기술을 활용하여 다양한 상황에 적절히 대응할 수 있는 놀랍도록 현명하고 변화 가능한 융통성 있는 도구가 될 수 있다(Lincoln & Guba, 1985, p. 107).

연구자가 면담에서 만들어지는 의미에 연구참여자의 재구성과 반추가 가능한 한 많이 포함되도록 노력할 수는 있지만, 그럼에도 불구하고 연구자는 면담에서 얻은 의미의 상당 부분이 연구참여자와 연구자 간의 상호작용과 관련이 있음을 인식해야 한다. 그러한 상호작용을 인식하고 상호작용의 가능성을 받아들임으로써, 연구자는 면담에서 자신의 역할에 따라 발생할 수 있는 왜곡을 최소화(Patton, 2015, p. 430, p. 471 참조)하기 위한 면담 기술('제6장 전부는 아니지만 중요한 면담 기법' 참조)을 사용할 수 있다.

1) 누구의 의미인가?

연구참여자가 우리에게 말하는 것이 진실임을 어떻게 알 수 있는가? 만약 그것이 이 연구참여자에게 진실이라면, 다른 사람들에게도 진실일 것인가? 만약 다른 사람이 면담을 했다면, 다른 의미를 얻었을 것인가? 만약 우리가 다른 시기에 면담을 했다면, 연구참여자가 자신의 경험을 다르게 재구성했을 것인가? 만약 우리가 다른 연구참여자를 면담에 참여시켰다면, 이 주제에 대해 지금과 전혀 다르거나 심지어 상반되는 결과를 얻었을 것인가? 이러한 문제들은 연구자가 직면하게 되는 타당도(validity), 신뢰도(reliability), 일반화가능성(generalizability)에 관한 근원적인 쟁점들이다.

많은 질적 연구자는 타당도라는 개념의 기저를 이루는 인식론적 가정에 동의하지 않는다. 질적 연구자들은 타당도와 신뢰도를 논의하기 위한 새로운 용어와 정의가 필요하다고 주장한다(Mishler, 1986, pp. 108-110). 예를 들면, Lincoln과 Guba(1985)는 타당도 대신에 '신뢰성(trustworthiness)'이라는 개념을 사용한다. 그들은 질적 연구자들이 '신빙성(credibility)' '전이가능성(transferability)' '신뢰가능성(dependability)' '확증가능성(confirmability)' 등의 개념을 사용하여 자신들의 노력을 알려야 한다고 주장한다(pp. 289-332).

다른 학자들은 신뢰도와 타당도라는 개념의 근원이 되는 객관성(objectivity)에 대해 비판한다. Kvale(1996, pp. 241-244)과 Brinkmann과 Kvale(2014, p. 283)은 타당도를 연구자의 '장인으로서의 자질'에 대한 문제로 보는데, 이는 연구자가 자신이 방어할 수 있는 지식을 주장하기 때문이다. Ferrarotti(1981)는 대부분의 심오한 지식은 연구하고 있는 것에 대한 연구자들 간의 심오한 상호주관성(intersubjectivity)을 통해서만 얻어질 수 있다고 주장한다. 이러한 논의는 '타당도(validity)'라는 용어도, '신뢰성(trustworthiness)'이라는 용어도 모두 적합하지 않음을 시사한다.

그럼에도 불구하고 심층 면담을 하는 연구자들은 '연구참여자의 말이 타당한가?'라는 질문에 답할 수 있다. 세 번의 면담 구조는 타당도를 높일 수 있는 요소들을 포함한다. 이 구조는 연구참여자들의 말을 맥락 속에 놓도록 해 준다. 이 구조는 연구참여자들이 1~3주에 걸쳐 특정한 경험들에 대해 설명하도록 격려하고, 자신들이 말하는 것에 대한 내적 일관성(internal consistency)을 점검해 볼 수 있도록 격려한다. 더 나아가 많은 연구참여자와 면담을 함으로써 연구자는 연구참여자들의 경험을 연결시키고, 다른 연구참여자들의 말과 상반되는 연구참여자의 말을 점검할 수 있다. 결국 이 면담 절차를 실행하는 목적은 연구참여자들이 자신들의 경험을 어떻게 이해하고 어떻게 의미를 만들어 내는지를 이해하고자 하는 것이다. 만약 연구참여자들이 연구자뿐만 아니라 자신들에게도 이 면담 구조가 적절하다고 느낀다면, 타당도가 높아지고 있는 것이다(질적 연구에서의 타당도에 대한 자세한 논의는 Morse, 2018 참조).

2) 타당도를 높이는 방법

우리 대학의 중등교사교육 프로그램에 다니는 한 연구참여자는 수년 동안 천주교 재단이 설립한 학교에서 학생들을 가르쳐 왔지만, 교사 자격증은 없는 여성이었다. 그녀는 고등학교에서 사회과 교육을 가르칠 수 있는 자격증을 취득하기 위해 프로그램에 등록했으며, 그 프로그램에서 교생실습을 하며 겪은 경험에 대해 면담하는 것에 동의해 주었다.

연구자는 "교생이 된다는 것은 당신에게 어떤 의미입니까?"라는 기본적인 질문으로 그녀와의 세 번째 면담을 시작했다. 그녀는 다음과 같이 대답했다.

> 글쎄요, 제가 생각하기엔, 음 (잠시 멈춤) (약간의 웃음) 이건 (잠시 멈춤) 음 (잠시 멈춤) 이건 정말 제가 실제로 하고자 했던 일에 거의 다 다다랐다는 의미인 것 같아요. 그러니까 어떤 의미냐 하면, 전문가인 교사가 되기 위해 헌신하는 마지막 관문인 거죠. 제가 앞으로 평생 할 일이거든요. 담당 학년이 올라갔다 내려갔다 하고 교직에 몸담았다가 나갔다가 하면서 여기까지 왔지만, 내가 이 일을 해야 하는 걸까, 아닐까 고민도 많았죠. 전 사람들이 '할 수 있는 게 없는 사람들은 교사가 돼라. 할 수 있는 게 많은 사람

들은 할 수 있는 일을 하라.'라고 흔히들 말하는 상황에 놓여 있었어요. 가르친다는 것이나 교육이 내포하고 있는 부정적인 의미나 지위를 보여 주는 말이지요. 정말 부정적인 것으로 가득 차 있는 느낌이에요. 그리고 제가 교생실습을 해야 한다는 사실도 정말 견디기 어려웠죠. 무슨 말이냐면, 제가 10년 전 쯤에, '안 돼. 나도 언젠가는 교생이 되어야 할 거야.'라고 생각했었던 게 떠오르더라고요. 제가 고등학교에 다닐 때 교생들이 어땠었는지도 기억났죠. 그때 저는, '아, 나는 절대 저런 식의 창피스러운 일은 하지 않을 거야.'라고 생각했었어요. (약간의 웃음) 그래서 교생실습이 마지막 (잠시 멈춤) 꾹 참고 고통을 참아 내야 하는 (잠시 멈춤) 전념이었던 거라고 생각해요.

그녀가 말한 것이 타당한가? 첫 번째 면담에서 그녀는 그녀가 어떻게 해서 대학을 중도에 포기하고 돈을 벌기 위해 천주교 재단의 여러 학교에서 초등학생들을 가르치게 되었는지를 자세히 이야기했다. 그녀는 또한 그 면담에서 어떻게 교직과목들을 철회하게 되었는지도 이야기했는데, 교직과목에서 충분히 얻을 것이 없다고 생각했기 때문이었다. 그래서 인문학으로 전공을 바꾸었는데, 후에 자신이 정말로 좋아하는 것은 교직임을 깨달았다고 했다.

그녀와의 세 번째 면담에서 얻은 자료는 2주 전에 실시한 첫 번째 면담에서 얻은 자료와 일관성이 있었다. 일정 기간 이상 지속되는 내적 일관성(internal consistency)은 그녀가 연구자에게 거짓을 말하고 있지 않다고 믿도록 해 주었다. 더 나아가 그녀의 문장 구성, 말의 멈춤, 적당한 말을 찾기 위한 노력, 내적 상태를 표현하는 웃음 등은 독자로 하여금 그녀가 교생실습이 자신에게 어떤 의미인가 하는 질문을 진지하게 받아들이고 있으며, 말하는 그 시점에 자신에게 진실인 것을 말하고 있음을 믿게 해 주기에 충분했다.

또한 전사본을 읽으면서 우리는 연구자가 그녀를 방해하지 않고, 그녀가 생각하는 동안 그녀의 생각을 다른 방향으로 돌리려 하지 않으며 조용히 면담에 임했음을 알 수 있다. 즉, 그녀의 생각은 연구자의 것이 아니라 그녀 자신의 것이었다. 전사본에 나타난 이야기들은 그녀의 것이고, 면담 당시에 자신의 경험에 대한 이해를 반영하는 것이었다.

면담 내용을 읽으면서 나는 이 특별한 학생에 대해, 그리고 이전에는 나에게 분명하게 다가오지 않았던 교생실습이라는 경험의 양상에 대해 배울 수 있었다. 나는 우리가 학생들에게 전념(commitment)의 필요성을 높여 주기 위해 교생실습 이전에 요구하는 과정들에 대해, 그리고 그러한 필요성을 약화시키는 우리 프로그램의 다른 측면들에 대해 생각하기 시작했다. 또한 어떤 조건이 인간이 전념할 수 있도록 돕는지에 대해서도 고민하기 시작했다.

결국 이 연구참여자가 직업으로서의 교사의 위상에 대해 언급했던 것과 그것이 그녀의 개인적인 결정에 어떻게 연관되었는지는 교직 전문성에 대해 우리가 문헌을 통해 알고 있는 것, 이 연구의 다른 연구참여자들이 이야기한 것과 일관성이 있었다. 나는 이 면담 내용을 이 쟁점에 관한 광범위한 담론과도 연결시킬 수 있었다.

면담은 내가 설문지나 관찰 등의 방법들을 통해 할 수 있는 것보다 이 교생의 경험을 더 가깝게 이해할 수 있도록 도와주었다. 비록 그녀가 말한 내용과 다른 교생들의 면담에서 나온 내용들이 서로 연관되어 있기는 하지만, 교생실습을 전념이라고 보는 그녀의 이해가 다른 사람들에게도 타당하다고는 말할 수 없다. 내가 말할 수 있는 것은 이러한 이해가 그녀의 일생 중 그 시점에서 그녀에게 타당해 보인다는 것이다. 또한 이제까지는 기꺼이 할 수 없었던 전념을 교생실습의 의미라고 보는 그녀의 이해가 변치 않을 것이라고 말할 수는 없다. 물리적 법칙과는 달리, 인간의 삶과 사회적 상호작용을 좌우하는 법칙은 우리가 죽는다는 것만이 예외일 뿐 항상 변화한다. 사람의 일에 대한 이해에 기초한 기반은 견고하고 변치 않는 것이 아니라 항상 유동적이다. Heisenberg의 불확실성의 원리(Lincoln & Guba, 1985; Polanyi, 1958)는 적어도 물리학의 세계에서만큼 사람의 일에도 직접적으로 적용된다.

세 번의 면담 구조, 면담 간 시간의 흐름, 구절, 문장 구성, 용어 선택, 심지어는 비언어적인 측면에서의 내적 일관성과 외적 일관성, 그리고 그 내용을 읽으면서 얻은 나의 발견과 배움의 느낌은 면담의 진정성(authenticity)에 대해 확신을 갖게 했다. 우리는 연구참여자 자신의 경험에 대한 이해에 관심이 있기 때문에, 연구참여자의 말에 진정성이 있다면 그에 대한 타당도를 확신하는 것이 온당하다.

3) 기계적 반응 피하기

세상에는 타당도에 접근하는 다양한 방법이 존재할 수 있다. 문제는 다양성에 있는 것이 아니다. 문제는 오히려 타당도에 접근하는 특정한 방법만을 독단적으로 옹호하는 사람들에게 있다(Gage, 1989 참조). 질적 접근을 옹호하는 사람들은 한때 교육학 연구를 독점하고 양적 접근을 옹호했던 사람들만큼이나 독단적이 될 수 있는 위험에 처해 있다.

때때로 나는 박사학위논문에서 박사과정 학생들이 '도구의 퇴화(instrument decay)'와 '실험 손실률(experimental mortality)'에 대응하기 위한 절차들을 열심히 고안했던 내 세대의 학자들만큼이나(Campbell & Stanley, 1963, p. 79, p. 182) 기계적으로 '외부 감사(audit trail)'를 계획하거나 '삼각측정(triangularization)' 방법들을 고안해 내는 것을 보게 된다(Lincoln & Guba, 1985, p. 283). 하지만 보다 중요한 것은 타당도나 신뢰성을 높이기 위한 공식을 따르는 것이 아니라 이러한 용어에 잠재되어 있는 쟁점들을 이해하고 존중하는 것이다. 우리는 앎의 다양한 방법과 무지를 피하는 다양한 방법을 찾는 데 최선을 다하면서도 이러한 쟁점들을 해결하기 위해 노력해야 한다. 또한 우리의 노력이 전체적으로 보았을 때는 아주 작은 것임을 깨닫는 것도 필요하다[타당도에 대한 신중한 논의는 Maxwell, 2013, pp. 121-138 참조. 타당도에 관한 '장인적(craftsmanship)' 접근은 Brinkmann & Kvale, 2014 참조. 타당도에 관한 고도의 개인적 견해는 Wolcott, 1994 참조. 질적 연구에서의 타당도에 대한 대안은 Merriam & Tisdell, 2016, pp. 237-266 참조. 타당도와 신뢰도에 대한 현상학적 관점은 van Manen, 2016, pp. 347-352 참조].

13. 스스로 면담 과정 경험하기

나는 독자들이 면담의 이러한 접근에 대해 더 공부하기 전에, 면담에 대한 자신의 흥미를 점검해 보고 연습을 통해 다양한 쟁점을 탐색해 볼 것을 제안한다. 동료들과 팀을 구성하고, 현재의 직업에 관한 경험이나 대학원생으로서의 경험에 대해 서로 면담을 실시해 보는 것이다(만약 이 연습을 수업의 일부로 진행한다면, 그 학교에서 대학원 공부를 하는 것이 어떠한지에 대한 뜻깊은 이해를 얻을 수도 있다).

연습에서도 세 번의 면담 구조를 사용한다. 이 활동은 면담 기술에 친숙해지도록 돕는 연습의 과정이므로, 원한다면 각 면담에 할당하는 시간을 90분에서 30분으로 줄일 수 있다.

첫 번째 면담에서는 동료 참여자(peer participant)에게 현재 하고 있는 일이나 대학원 공부를 어떻게 시작하게 되었는지에 대해 질문한다. 직업에서 현재의 위치에 도달하게 한, 혹은 대학원생의 지위에 이르게 한 동료 참여자의 삶의 맥락에 대해 가능한 한 많이 알아내도록 한다.

두 번째 면담에서는 동료 참여자에게 자신의 직업에서의 경험이나 대학원생으로서 학업에 대한 세부적인 내용을 가능한 한 많이 이야기해 달라고 요청한다. "당신이 하고 있는 일은 무엇입니까? 그 일을 하는 것이 당신에게 어떻습니까?"라고 질문한다.

세 번째 면담에서는 동료 참여자에게 자신의 일이나 대학원생으로서의 경험이 어떤 의미인지를 질문한다. "지금까지 하고 있는 일을 어떻게 시작하게 되었는지(혹은 어떻게 대학원생이 되었는지)와 그 일을 하는 것이(대학원생이 되는 것이) 어떠한지를 이야기해 주셨는데, 당신에게 어떤 의미가 있습니까?"라고 말할 수 있다.

각 면담을 위해 약속을 정하고, 면담 내용을 녹음한다. 반드시 동료 참여자와 역할을 바꾸어 면담을 실행해 본다.

이러한 면담 연습의 핵심은 면담을 하는 경험과 면담에 참여하는 경험을 가져 보도록 하는 것이고, 그 과정에서의 가능성들을 서로 연관시켜 볼 수 있는지를 알아보고자 하는 것이다. 이 연습은 당신이 한 인간으로 존재하는 방식이 어떻게 당신의 면담에 영향을 미치는지에 대해 깨달을 수 있도록 할 것이다. 적극적인 경청자가 되어 동료 참여자가 말하는 것을 이해하는 동시에, 조용히 앉아서 동료 참여자가 충분히 말할 수 있도록 돕는 것이 얼마나 어려운 일인지도 알게 될 것이다. 또한 이 면담 연습을 통해 통제와 초점의 문제를 인식하게 될 수도 있다. 다른 사람의 이야기에 인내심이 없거나 관심이 없음을 알게 될 수도 있고, 반면에 다른 사람들의 이야기가 주는 가능성들을 연결시킬 수도 있을 것이다.

제3장

박사학위논문 연구계획서: 아이디어에서 실행 가능한 문서로

박사학위논문의 연구계획서(proposal)[1]를 쓴다는 것은 매우 중요하고 상징적인 일이다. 연구계획서 작성을 주제로 한『실행가능한 연구계획서(Proposals that Work)』의 저자인 Locke 등(2014, p. 3)은 박사학위논문 연구계획서가 다른 연구계획서와는 구분되는 세 가지 중요한 기능이 있다고 강조한다. 바로 계획의 기능, 의사소통의 기능, 계약의 기능이다. 나는 여기에 네 번째 기능으로 통과의례의 기능을 추가하고자 한다. 박사학위논문 연구계획서를 작성하고, 연구계획서가 논문지도위원회를 통과한다는 것 자체가 박사과정 학생에게는 박사학위를 받기 위한 일련의 통과의례 중 가장 중요한 단계를 통과했다는 의미이기 때문이다. 이러한 통과의례의 기능 때문에 박사과정 학생들에게는 연구계획서를 쓰는 것 자체가 큰 부담으로 느껴질 수밖에 없다. 하지만 이러한 통과의례를 통해 비로소 학생의 신분에서 연구자의 신분으로 탈바꿈하게 되는 것이다.

1. 통과의례로서의 연구계획서

어떤 의미에서 학술적인 연구자가 된다는 것은 멤버십 클럽에 가입하는 것과 같다. 대부분의 배타적인 멤버십 클럽에는 인사이더와 아웃사이더가 있고, 주류집단과 비주류집단이 있다. 물론 멤버십에는 그에 맞는 혜택이 있지만, 주어진 의무나 책임을 다하지 못했을 때는 불이익이 따르기 마련이다. 따라서 그 안에

---

[1] 미국은 석사학위논문을 쓰는 경우가 드물기 때문에, 원 저자는 박사학위논문을 가정하고 내용을 기술한 것으로 보인다. 우리나라의 경우, 석사학위논문이 필수는 아니지만 여전히 많은 대학원 과정에서 석사학위논문을 쓰고 있다. 따라서 이 책에 제시된 내용은 박사학위논문을 준비하는 학생들뿐 아니라 석사학위논문이나 학술지논문을 준비하는 학생들에게도 도움이 될 것이다. - 역자 주

서 성공한다는 것은 어느 정도는 개인의 장점과 노력에 달려 있지만, 때로는 그 성공이 애초에 클럽 가입을 좌우하는 인종, 성별, 사회계층 등의 조건에 따라 영향을 받을 수도 있고, 그 클럽에 이미 속해 있는 사람들 중에서 누가 파워를 지니고 있느냐에 따라 달라질 수도 있다.

조직 내에서 다른 사람들과 함께 일할 때는 어느 경우에나 사람들 사이의 긴장감과 일에 대한 중압감, 때로는 모순적인 상황을 경험하기 마련이다. 물론 대학이라는 사회에 소속되어 그 안에서 일하는 경우도 그렇지만, 대학의 교수진이나 연구진은 글을 읽고 쓰고 가르치고 연구를 수행하는 즐겁고 보람된 활동에 대한 대가로 돈을 번다는 점에서 다른 사회집단과는 차이가 있다. 또한 주로 가르치는 일을 하는 교사 집단의 경우와 비교해 보아도, 우리의 일은 시간 활용과 전문가로서의 삶에서 상당한 자율성을 지닌다. 물론 모든 박사과정 학생이 이후에 대학 교수가 되는 것은 아니다. 하지만 박사학위를 받고 나면, 어떤 분야에서 일을 하든 간에 어느 정도 리더십을 발휘할 수 있는 위치에 서게 되는 경우가 많기 때문에 자신의 일에서 보통 사람들이 부러워할 만한 자율성을 누릴 수 있다.

하지만 이러한 자율성의 특권을 누릴 수 있는 클럽에 새로 가입하는 것이 쉬운 일은 아니다. 연구계획서라는 관문을 반드시 통과해야만 한다. 그런데 종종 박사학위를 먼저 받은 사람들이 이 관문의 수문장 역할을 하곤 한다. 그 이유는 연구계획서를 제출하고 심사를 거쳐 연구계획서가 논문지도위원회를 통과하는 일련의 통과의례 과정에서 박사과정 학생과 지도교수 간의 권력 관계가 동등할 수 없기 때문이다(박사과정 학생과 교수들 간에 일어날 수 있는 역기능에 대한 논의는 Locke, Spirduso, & Silverman, 2000, 제2장 참조). 또한 눈에 보이지 않는 성차별, 인종차별, 계급차별, 정치 논리가 연구계획서 심사 과정에 개입될 수도 있다. 이처럼 지도교수와의 관계가 불공정한 경우, 연구계획서라는 통과의례가 박사과정 학생에게 너무나 큰 부담이 될 수 있다. 따라서 연구계획서 단계에서는 박사과정 학생과 논문지도위원들 간의 권력 관계를 최대한 공정하고 동등하게 유지하기 위해 모든 사람의 사려 깊은 배려가 필요하다.

2. 전념

박사과정이 잘 진행되었다면, 학위논문의 주제는 자연스럽게 정해진다. 학위 과정에 따라 다를 수 있지만 대부분의 경우는 교과목 수강, 현장실습, 현지조사, 임상실습, 종합시험의 과정을 통해 관심이 있거나 열정이 있는 논문 주제를 찾는다. 하지만 박사과정이 잘 진행되지 못한 경우(예를 들면, 지도교수가 변경되었다거나, 학생의 의지나 선택과 무관하게 지도교수의 연구 분야에 따라 논문 주제를 정한 경우)에는 학생이 자신에게 의미 있는 주제를 찾지 못한 채 연구계획서를 준비해야 할 수도 있다. Kenneth Liberman(1999)은 만약 박사과정 학생이 자신의 논문 주제에 대한 신념이 부족하거나 스스로 가치를 부여하지 못한다면, 그 연구는 진정성이 결여될 수 있다고 지적한다. 그러한 경우라면, 연구계획서를 쓰는 것 자체가 힘들지만 의미 있는 과정이 되는 것이 아니라 마치 고문을 당하는 것처럼 괴로운 과정이 될 수 있다.

간혹 박사과정에 입학하면서 자신의 학위논문 주제가 이미 정해진 학생도 있다. 그 학생은 박사과정 초기 단계에서는 동기들에 비해 앞서 가고 자신의 공부에 확신이 차 있는 것으로 보여 동기들을 불안하게 할 수 있다. 하지만 내 경험에 비추어 보면, 그러한 자신감과 확신은 종종 그 학생을 잘못된 위치에 서게 할 수 있다. 다시 말하면, 박사과정의 공부는 그 과정 동안 다양한 경험을 통해 새로운 분야에 대한 관심을 불러일으키고 새로운 관점을 접해 보는 개인적인 성장의 기회가 되어야 한다. 하지만 박사과정을 통해 그러한 경험을 하지 못한다면, 그 학생은 어떤 의미에서는 퇴보하는 것이라고 볼 수 있다.

실질적으로 연구계획서의 가장 중요한 기능은 연구를 계획하는 데 있다 (Locke et al., 2014). 물론 Joseph Maxwell은 『질적 연구 설계(Qualitative Research Design)』라는 책에서 연구 설계 과정과 연구계획서 작성 과정을 엄밀하게 구분하고 있지만, 내 경험에 따르면 박사과정 학생은 연구계획서 작성 과정을 통해 자신의 연구 설계를 명확히 하는 기회를 갖는다. 연구의 계획 단계에서 박사과정 학생은 그동안 자신이 해 왔던 공부를 되돌아보고 앞으로 자신이 신념을 다해 전념(commitment)할 수 있는 연구 방향을 설정해야 한다. 이러한 일련의 과정은 박사과정 학생에게 크나큰 부담과 스트레스가 될 수밖에 없다.

나는 지금도 내가 지도했던 박사과정 학생 중 한 명이 연구계획서를 쓰기 시작하면서 꼬박 6개월 동안 한 줄도 작성하지 못했던 것을 또렷하게 기억한다. 그 학생은 논문 주제를 잡지 못했던 것도 아니고, 적절한 연구 방법을 찾지 못했던 것도 아니었다. 그 학생은 글을 쓰는 것 자체에 대한 두려움으로 자신의 글 속에 얼어 버린 것 같았다. 그렇게 6개월이 지나고 나서야 마침내 그 학생은 자신의 감정을 고백했다. 특히 그 학생은 박사과정을 마치고 자신이 경험하게 될 변화를 받아들이는 것에 대한 두려움이 컸다. 그 학생은 비유적인 표현을 통해 자신의 감정을 이야기해 주었다. 그 학생은 아주 서민적인 동네에서 자랐는데, 어린 시절에 여름밤이면 동네 사람들이 집 앞 현관에 앉아서 시원한 맥주를 마시면서 이야기하던 모습이 생생하다고 했다. 물론 그 학생의 부모는 여전히 그런 생활을 하고 있다. 그런데 그 학생은 자신이 교수가 되어 교수들과의 모임에서 우아하게 와인을 마시기 위해 맥주를 마시던 그 현관을 떠날 준비가 아직 안 된 것 같다고 이야기했다. 박사과정 학생들에게 박사학위논문을 끝마치고 박사학위를 받는다는 것은 전문가로서의 새로운 정체성을 형성해야 하는 것이고, 그에 따른 삶의 변화를 받아들인다는 의미다. 하지만 그러한 변화가 쉽지 않을 수도 있다. 많은 경우, 박사학위논문의 연구계획서 작성 과정이 그러한 발달단계에서 가장 중요한 이정표가 되기 때문에 그 과정에서 성장통과 같은 고민을 겪지 않는 사람은 거의 없다.

3. 생각을 글로 옮기기

많은 학생이 연구계획서를 쓰는 것에 어려움을 겪는데 그 이유 중 하나는 자신의 글을 읽을 독자들을 지나치게 의식하기 때문이다. 때로는 글을 쓰는 과정이 논문지도위원들과 기관생명윤리위원회(Institutional Review Board: IRB)로부터 지배당하는 것처럼 보이기도 한다[기관생명윤리위원회에 대해서는 '제5장 기관생명윤리위원회(IRB)와 연구참여동의서' 참조]. 이처럼 연구계획서를 쓰는 사람이 아니라 읽는 사람이 주도적인 역할을 하게 되면, 당연히 글쓰기가 더 어려워진다. 글을 쓰는 사람은 자신이 말하고 싶은 것에 집중하는 것이 아니라 모든 단어와 문장 하나하나를 심사위원들의 기준에 비추어 심사를 통과할 수 있느냐에만 초점을 맞추게 된다.

연구에 대한 초기 아이디어는 종종 학생들의 내적 언어(inner speech) 속에 갇혀 글로 표현되지 못하는 경우가 많다. 이렇게 연구자의 내적 언어 속에 갇혀 있는 아이디어는 아주 잠깐 스쳐 지나가기도 하고 불안정하며 단정적이기 때문에 (Vygotsky, 1987) 다른 사람들에게 명확히 전달하기 어렵다. 하지만 내적 언어는 반드시 글을 통해 명확하게 표출되어야 한다. 특히 연구계획서를 쓰고 있는 박사과정 학생들은 자신의 생각을 명확하게 글로 표현하여 논문지도위원들과 소통해야 한다.

연구계획서가 연구자의 아이디어와 구체적인 계획을 다른 사람과 공유하는 수단임을 감안한다면, 좋은 연구계획서는 연구자의 의도와 생각이 담긴 내적 언어에 의미를 담아 외적 언어인 글로 표현하는 것이다. 따라서 연구자에게 가장 의미 있는 내용이 무엇인지를 생각하고 그것에 집중하는 것이 중요하다. 하지만 박사학위논문 연구계획서의 통과의례적인 특성 때문에 연구계획서의 형식과 내용이 외부에서 부과되는 경우가 많다. 때로는 연구계획서의 형식이 내용보다 중시되어 연구계획서의 글쓰기가 형식적이고 기계적으로 이루어지기도 한다.

4. 어떻게 써야 하는가?

Peter Elbow(1981)가 제안한 글쓰기 방법은 연구계획서를 쓰는 데 유용하다. Elbow에 따르면, 글을 쓸 때 글을 읽을 독자를 염두에 두고 처음부터 완벽하게 써야 한다는 생각은 글을 쓰는 사람에게 너무나 큰 심적 부담이 된다. 따라서 Elbow는 처음에 글을 쓰는 과정과 교정 작업을 분리하라고 조언한다. 특히 자신의 글을 읽을 독자에 대한 생각은 일단 초벌 원고를 바탕으로 교정 작업을 할 때 해도 늦지 않다고 강조한다.

두 가지 작업을 분리하는 효과적인 방법으로 Elbow가 제안한 것은 소위 말하는 '자유롭게 글쓰기(free-writing)'와 '초점을 맞춰 자유롭게 글쓰기(focused free-writing)'다. 초점을 맞춰 자유롭게 글을 쓴다는 것은 글 쓰는 사람이 자신이 생각하는 주제에만 집중하고, 자신의 글을 읽을 독자에 대한 생각은 잠시 접어 두는 것을 의미한다. 특히 특정한 주제에 초점을 맞춰 자유롭게 글을 쓸 때는 주제를 중심으로 떠오르는 생각을 일정 시간 동안 쉬지 않고 적어 나가는 것이 중요하다. 그리고 생각이 막히거나 더 이상 글이 써지지 않을 때는 자신이 써 놓은 마지막 단어를 반복해서 써 보거나 '막히다 또는 갇히다(stuck)'라는 단어를 반복해서 쓰면서 다시 생각의 끈을 이어 나갈 수 있다. 특정한 주제에 초점을 맞춰 자유롭게 글쓰기를 처음 해 보는 초보자라면, 처음에는 5분 정도로 시작해서 연습을 하고, 서서히 글 쓰는 시간을 늘려 나가는 것이 도움이 된다.

이렇게 특정한 주제에 초점을 맞춰 자유롭게 글쓰기가 어느 정도 진행되면, 연구자는 자신이 쓴 글을 읽으면서 그중에서 가장 설득력 있고 적절한 부분들을 추려 내서 연구계획서의 초벌 원고를 시작할 수 있다. Elbow의 책에는 이 방법 외에 글을 쓸 때 지나치게 독자를 의식함으로써 겪는 두려움을 극복할 수 있는 다른 방법들도 소개되어 있다. 다시 한번 강조하지만 연구계획서를 쓸 때는 일단 자신이 정한 주제에 따라 의미 있는 내용을 글로 표현한 후에, 교정하는 단계에서 자신의 글을 읽을 독자들을 염두에 두고 연구계획서의 형식에 따라 글을 다듬어 나가는 것이 중요하다. 내가 생각하기에 연구계획서의 글쓰기에 많은 도움이 되는 책으로는 Elbow(1981)의 『힘 있는 글쓰기(Writing with Power)』, Locke, Spirduso와 Silverman(2014)의 『실행 가능한 연구계획서(Proposals that Work)』, Maxwell(2013)의 『질적 연구 설계(Qualitative Research Design)』(pp. 142-160), Schram(2003)의 『질적 탐구의 개념화(Conceptualizing Qualitative Inquiry)』 등이 있다.

5. 연구계획서의 구성 요소

1) 무엇을?

연구계획서를 쓰는 사람들은 스스로에게 몇 가지 기본적인 질문을 해야 한다. 첫 번째 질문은 '무엇?'이라는 범주로 묶일 수 있는데, '나는 무엇에 관심이 있는가?' '나는 무엇을 배우려고 하는가?' '나는 무엇을 이해하려고 하는가?' '내 생각과 관심은 무엇에서 비롯된 것인가?' 등이다.

면담 연구를 수행하고자 하는 연구자들은 보통 특정한 분야에 관심을 가지고 있다. 연구 초기에는 그러한 관심이 잘 드러나지 않지만, 그러한 관심이 어떻게 시작되었는지를 잊지 않는 것은 중요하다. 특히 면담 연구에서는 기존의 실험 연구나 양적 연구에서는 거의 다루어지지 않는 중요한 질문을 할 수 있다. 예를 들어, '내가 이 주제에 관심을 가지게 된 배경은 무엇인가?' '나는 어떻게 이 주제에 관심을 갖게 되었는가?' '관심 있는 주제를 탐색해 가는 과정에서 나는 어떤 입장을 취하는가?' '면담을 통해 내가 관심 있는 주제에서 나는 무엇을 얻고 무엇을 배우고자 하는가?' '연구 주제에 대해 나는 무엇을 기대하는가?'와 같은 질문을 할 수 있다.

우리의 삶에서 경험하는 모든 일처럼, 연구는 자서전적 요소를 가지고 있다. 특히 면담 연구를 수행하고자 하는 연구자는 자신의 연구 주제와 관련된 자서전적 요소를 반드시 살펴보아야 한다(Locke et al., 2004, pp. 217-218 참조). 연구가 어려운 작업임은 누구나 알고 있다. 그런데 면담 연구는 특히 더 어렵다. 따라서 연구를 수행하는 동안 요구되는 에너지를 유지하기 위해 연구자는 자신의 연구 주제에 대한 열정이 있어야 한다. 이러한 연구자의 열정과 관심은 실험 연구에서 연구자가 '객관적' 자세를 유지하기 위해 노력하는 것과는 그 성격이 다르다. 또한 중요한 것은 연구자의 열정과 관심의 근원이 무엇이었는지를 명확히 인식하고 있어야 한다는 점이다. 그렇게 해야만 면담을 통해 자신이 찾고자 하는 것이 왜곡될 가능성을 최소화할 수 있기 때문이다. 따라서 면담 연구의 연구계획서에는 연구자의 연구 주제에 관한 자서전적 요소가 반드시 포함되어야 한다(예는 Hooser, 2015; Maxwell, 2013, p. 167 참조).

다음으로, 연구자는 연구계획서를 통해 연구 주제와의 연관성이나 자서전적 경험으로 인해 연구가 지나치게 개인적인 경험으로 치우치지 않도록 균형을 잡을 수 있어야 한다. 따라서 연구계획서에는 연구자가 진정으로 면담을 통해 얻고자 하는 것이 명확히 제시되어야 한다. 그렇지 않으면 연구 주제에 대한 이해가 지나치게 익숙한 자신의 경험에서 비롯되어 면담을 통해 더 이상 이해의 폭이 넓어지지 않거나 자신의 경험을 재확인하는 것이 될 수 있어, 연구 주제와 면담 간의 충분한 거리두기에 실패할 수 있다. 즉, 연구자가 이미 정답을 알고 있다면 그 질문은 질문으로서의 의미가 없는 것이다.

연구 주제의 선택은 본래부터 역설적이다. 한편으로, 연구자는 자신이 관심과 열정을 가지고 있는 주제를 선택해야 힘들고 기나긴 연구의 과정을 지속해 나갈 수 있는 내적 동기와 에너지를 유지할 수 있다. 따라서 연구 주제는 개인적인 경험과 관련된 것일 가능성이 높다. 하지만 다른 한편으로는 면담 연구의 특성상 연구참여자의 이야기를 열린 마음으로 듣고, 그 속에서 연구자가 탐색하고자 하는 주제에 집중하기 위해 사전 지식이나 선입견을 배제하고 소박하고 순수한 마음으로 연구에 임할 필요가 있다(Moustakas, 1994, p. 85). 결론적으로 말하면, 이러한 역설을 현명하게 조율할 수 있는 연구자가 면담을 통해 연구참여자의 이야기를 경청하고, 좋은 질문을 던지고, 면담을 통해 얻게 된 자료들을 잘 분석할 수 있는 것이다.

2) 왜? 맥락의 고려

다음 질문은 '왜 이 연구 주제가 연구자 이외의 다른 사람들에게도 중요한가?'다. '왜 이 주제가 중요한가?' '이 주제의 배경은 무엇이고, 그 배경을 이해하는 것은 왜 중요한가?' '이 주제와 관련된 것들에는 무엇이 있는가?' '이 주제의 복잡성을 이해하는 것으로 얻을 수 있는 이득은 무엇이며, 누가 그 이득을 얻게 되는가?' '이 주제에 대해 이루어진 선행연구의 맥락은 무엇인가?'(Locke et al., 2000) '이전의 선행연구를 바탕으로 한 나의 연구는 어떻게 진행될 것인가?'(중요성에 대한 논의는 Locke et al., 2014, pp. 17-19; Rubin & Rubin, 2012, pp. 47-48 참조)

'왜?'라는 질문에 답하기 위해 박사학위논문 연구계획서에는 '이론적 배경(review of the literature)'이 반드시 포함되는데, 이에 대한 Locke 등의 논의가 특히 설득력 있다. 이들은 때로는 선행연구에 대한 기계적인 요약으로 주제에 관련된 문헌조사의 핵심을 놓치는 경우가 많음을 강조한다. 문헌조사의 목적은 연구자가 자신이 수행하고자 하는 연구의 이론적 배경과 연구의 맥락을 설정하는 데 있다. 이를 통해 새로 수행하고자 하는 연구의 의미와 중요성을 찾고, 선행연구들이 어떻게 수행되었는지를 파악하여 연구에서 놓친 부분이나 부족한 부분을 채워 나갈 수 있다. 연구계획서에는 이러한 연구자의 이해가 글로 표현되어야 하는데, '이론적 배경'에만 제시하는 것이 아니라 연구계획서의 여러 영역에 걸쳐 통합될 필요가 있다(이 쟁점에 관해서는 Locke et al., 2014, pp. 68-76; Maxwell, 2013, pp. 40-41 참조).

자신이 택한 주제가 역사적으로 왜 중요한지를 묻는 것과 함께, 비판적인 질적 연구자들은 연구 주제에 내포되어 있는 권력 관계 및 사회 정의에 대한 문제도 제기하기를 권한다. 그 이유는 면담 연구를 통해 드러내고 싶은 주제에 내포된 권력 관계가 특히 중요하기 때문이다(Solsken, 1989). John Rowan(1981)은 연구자는 연구를 통해 자신의 개인적 관심뿐 아니라 다른 사람들의 관심과 이해관계에 어떻게 기여할 것인지도 고려해야 한다고 강조하며, 다음과 같은 질문들을 생각해 볼 것을 제안한다. '면담에 참여하는 연구참여자의 관심은 무엇인가?' '연구참여자는 참여를 통해 무엇을 얻게 되는가?' '연구참여자들은 무엇을 감수하는가?' '내 연구가 이미 존재하는 사회적 억압을 답습하고 있는가?' '아니면 내 연구가 사회적 제약이나 차별로부터 자유로워질 수 있는 가능성을 열어 주고 있는가?' '불공정한 현실에서 이 연구 주제는 왜 중요한가?'(비판적 사회과학의 토대에 대한 의미 있는 논의는 Fay, 1987 참조)'

3) 어떻게?

다음 질문은 방법론적인 것으로, '어떻게 연구를 진행할 것인가?'다. 일단 연구자가 심층 면담이 자신의 연구 방법으로 가장 적합하다고 결정한 후에는, 제2장에서 논의한 현상학적 심층 면담의 구조를 어떻게 자신의 연구에 적용할 것인가를 생각해 보아야 한다. 이와 같은 방식을 통해 연구를 수행했던 두 박사과정 학생의 면담을 예로 소개하면 다음과 같다(이들의 면담 결과는 부록 '두 개의 프로파일' 참조).

첫 번째 예는 매사추세츠대학교의 유아교육전공 박사과정 학생인 Marguerite Sheehan(1989)이 실시한 면담으로, 다음과 같은 연구 문제를 제기했다. 그녀는 보육을 전문직으로 보는 시각과 그에 관한 연구에 관심을 가지고 있었다. 그녀는 이론적 배경에서 대부분의 선행연구들이 몸과 마음을 소진해서 현장을 떠나는 보육교사들에게 초점을 맞추고 있음을 밝혀냈다. 하지만 그녀의 연구에서는 현장을 지키고 있는 교사들에게 관심을 가지고, 특히 보육을 전문직으로 생각하는 교사들을 면담했다. 그녀는 교사들의 경험을 통해 보육 현장의 특성에 대한 이해의 폭을 넓히고, 교사들이 지치지 않고 현장을 오랫동안 지킬 수 있는 방안을 찾을 수 있기를 희망했다. 그녀는 다음과 같이 세 번의 면담을 구조화했다.

면담 1(개인사): 연구참여자는 어떻게 보육교사가 되었는가? 연구참여자가 보육교사가 되기까지의 개인사에 대한 개관.

면담 2(현재의 경험): 보육교사로서의 연구참여자의 삶은 어떠한가? 보육교사로서의 일상 업무에 대한 구체적인 내용은 무엇인가?

면담 3(자신의 삶에 대한 의미 부여): 연구참여자에게 보육교사라는 것은 어떤 의미를 지니는가? 앞선 두 번의 면담에서 연구참여자가 이야기한 것에 근거할 때, 연구참여자는 보육교사로서의 자신의 업무에 어떤 의미를 부여하는가?

두 번째 예는 매사추세츠대학교의 교육학전공 박사과정 학생인 Toon Fuderich (1995)가 실시한 면담으로, 어린 시절 전쟁에 대한 공포를 경험한 캄보디아 난민의 경험에 초점을 맞추었다. 그녀 역시 다음과 같이 크게 세 번의 면담을 구조화했다.

면담 1(개인사): 연구참여자는 어떻게 난민이 되었는가? 연구참여자가 미국에 오기 전의 경험은 어떠했는가?

면담 2(현재의 경험): 연구참여자의 미국에서의 삶은 어떠한가? 현재 그녀의 일, 가족, 학교생활은 어떠한가?

면담 3(자신의 삶에 대한 의미 부여): 연구참여자에게 미국에서의 삶은 어떤 의미를 지니는가? 연구참여자는 삶의 경험의 맥락 속에서 현재의 삶에 어떤 의미를 부여하는가?

4) 누구를? 언제? 어디서?

그다음에 물을 질문은 연구자가 '누구를 면담할 것인가?'와 '어떻게 연구참여자에게 접근하여 참여동의를 얻을 것인가?'다. 연구참여자 선정과 관련된 일련의 복잡한 과정에 대한 논의는 다음 장(제4장)에 구체적으로 제시했다. 이 시점에서 고려할 것은 연구자가 사용할 전략에 대한 것이다. '연구참여자의 범위는 어떻게 정할 것인가?' '연구자는 어떤 전략을 가지고 연구참여자에게 접근할 것인가?' 연구가 진행되는 동안 시간차를 두고 자연스럽게 연구참여자를 선정해 나갈 수도 있지만, 연구자는 연구계획서 단계에서 연구참여자 선정 방식과 전략을 반드시 세심하게 고민해야 한다.

일부 학자들은 질적 연구에서는 '어떻게'라는 질문 자체가 연구가 진행되면서 자연스럽게 발현된다고 보기도 한다. 즉, 질적 연구는 양적 연구처럼 검증할 가설을 세우고 시작하는 것이 아니기 때문에 변수에 대한 엄격한 통제가 필요하지 않다는 것이다. 더욱이 질적 연구의 목적은 연구자가 잘 모르는 어떤 쟁점이나 문제가 지니는 복잡성(complexities)이나 맥락에 대한 이해를 높이기 위한 것이기 때문에, 연구 설계뿐 아니라 심지어는 연구 초점도 '발현적(emergent)'(Lincoln & Guba, 1985, pp. 208-211, 224-225)이고 '유연한(flexible)'(Rubin & Rubin, 2012, p. 42) 특성을 지닌다.

물론 연구자가 연구 설계를 할 때 유연성을 기반으로 하는 것은 이해 가능하지만, 질적 연구의 연구 설계에서 발현적 특성을 지나치게 강조하는 것은 위험하다. 특히 경험이 부족한 초보 연구자들에게 연구를 수행하기 위해 중요한 철저한 준비와 계획의 필요성을 간과하는 여지를 남길 수 있다. 또한 질적 연구가 말로 표현하기 어렵고(incommunicable) 공유하기 힘든 '예술'이라는 생각을 심어 줄 수도 있고, 양적 연구자들이 갖는 기본 가정을 공유하지 않음으로써 자신은 특별한 지위를 갖는다는 생각을 갖게 할 수도 있다(McCracken, 1988, pp. 12-13). 다시 한번 강조하면, 질적 연구 설계에서 유연성과 발현적 특성을 지나치게 강조함으로써 생길 수 있는 위험은 질적 연구를 수행하는 사람들이 연구에 대한 인식이 해이하고, 연구 초점이 불분명하며, 연구 목적, 방법, 절차에 대해 크게 아랑곳하지 않는다는 인식을 심어 줄 수 있다는 것이다. Lincoln과 Guba(1985) 또한 질적 연구의 발현적 특성이 "훈련되지 않고 계획성 없이 움직이는"(p. 251) 것에 대한 면책권으로 쓰여서는 안 된다고 강조한다.

6. 이론적 근거

최근 들어 사회과학 분야에서 연구 방법의 토대가 되는 패러다임이 빠르게 변화하고는 있지만(Kvale, 1996; Lincoln & Guba, 1985), 연구자들이 심층 면담을 연구 방법으로 택하기 위해 정당화해야 하는 정도는 자신의 학문 분야에 따라 다를 수 있다. 어떤 분야는 여전히 실험 연구나 다른 형태의 양적 연구 방법만 가능하고, 어떤 분야는 양적 연구의 경향이 지배적이기는 하지만 질적 연구에 대해서도 개방적이다. 또한 어떤 분야는 교수진의 대다수가 질적 연구에 대한 강한 선호도를 보이는 경우도 있다.

이처럼 학문 분야별로 연구 경향이 다르기는 하지만, 면담이 자신에게 의미 있을 뿐 아니라 심사위원들에게 설득력이 있으려면, 연구자가 자신이 왜 실험 연구나 준실험 연구 방법이 아니라 심층 면담을 통한 질적 연구 방법을 택했는지를 설명할 수 있어야 한다. 이를 위해 연구자는 사회과학 분야의 역사적 맥락에 대해 이해할 필요가 있는데, 사회과학 연구의 철학적 기반이 되었던 실증주의 전통과 사회과학, 특히 교육학에 적용된 실증주의에 대한 비판을 이해해야 한다.

실증주의 전통에 대한 이해가 필요한 이유는, 최근 들어 교육학 분야의 대학원 과정에서 질적 연구를 수용하는 분위기가 조성됨에 따라 초보 연구자들이 실험 연구나 준실험 연구의 기반이 되는 기본 가정과 실제에 대해 배울 기회가 부족하기 때문이다. 이러한 토대 없이는 질적 연구자들이 연구 방법론에 대해 자신이 모르는 것이 많다는 사실조차도 모를 수 있다. 결과적으로 질적 연구자들이 양적 연구 방법 대신 질적 연구 방법을 택한 것에 대해 확실한 이론적 근거와 설득력이 부족할 수밖에 없게 된다.

따라서 최소한 Campbell과 Stanley(1963)가 실험 연구와 준실험 연구의 내적 타당도와 외적타당도에 영향을 미치는 요소들에 대해 논의한 글 정도는 심층 면담이나 다른 질적 연구 방법으로 연구를 수행하고자 하는 연구자들이 반드시 읽어야 한다. 그 글을 통해 교육학 연구의 근간을 이루고 최근까지도 많은 연구에 영향을 미치고 있는 방법론상의 여러 쟁점에 대한 이해를 높일 수 있으리라 기대한다. 물론 과학의 역사와 현상학에 대한 깊이 있는 논의가 담긴 책들을 읽는다면 더더욱 도움이 될 것이다(James, 1947; Johnson, 1975; Lincoln & Guba, 1985; Mannheim, 1975; Matson, 1966; Polanyi, 1958 참조).

7. 수집한 자료의 정리와 분석

연구계획서는 연구자가 어떻게 연구 자료를 수집하고, 수집된 자료를 분석하고자 하는지를 자세히 담고 있어야 한다. 하지만 면담과 같은 경험적인 연구 방법으로 처음 연구를 수행하는 연구자는 이 과정을 연구계획서에 미리 자세히 설명하는 것이 상당히 어려울 수 있다. 특히 면담을 한 번도 수행해 보지 않은 연구자라면 자신이 수집한 자료들을 어떻게 정리하고 분석할지 미리 생각해 보기가 더 어려울 것이다. 수집한 자료의 분석에 대해서는 제8장에서 자세히 다룰 것이므로, 여기서는 연구참여자가 한 말에 주의를 기울이는 것이 매우 중요하다는 것만 강조하고자 한다. 즉, 각 면담에서, 또한 면담들과 참여자들 간에서 두드러지는 이야기나 단어를 찾아내고, 연구참여자의 말을 최대한 그대로 연구 결과에 활용하는 것이 중요하다는 것이다.

연구자가 실제로 자신이 수집한 자료를 분석하고 해석하는 과정에서는 자신이 근거로 삼은 이론이 중요한 역할을 한다. 하지만 질적 연구에서 이론의 역할에 대해서는 학자들마다 견해가 조금 다르다. 어떤 학자들은 이론은 연구자가 연구참여자와의 면담을 통해 얻어 낸 이야기와 말 속에서 찾아내는 것이라고 주장한다. 그 이유는 이론이라는 것이 면담을 통해서 얻어 낸 이야기를 지배할 수도 없고 지배해서도 안 되기 때문인데, 이는 Glaser와 Strauss(1967)를 통해 질적 연구 분야에서 비교적 설득력 있게 받아들여져 온 견해다. 이러한 접근 방식은 다른 맥락에서 발달된 이론의 틀 속에 연구참여자들의 이야기를 억지로 끼워 맞추려는 시도에 대한 비판에서 나온 것으로 충분히 설득력이 있다.

하지만 다른 측면에서 생각해 보면, 이러한 접근 방식을 연구자들이 이론으로부터 자유롭다는 것으로 받아들여서는 안 된다. 물론 모든 사람은 나름대로 자신의 이론을 가지고 있다. 이론은 일련의 사건에서 공통적으로 발생하거나 어떤 행동 간의 관련성을 설명하는 도구로 볼 수 있다. 따라서 이론이라는 것은 연구자의 개인적인 소유물이 될 수 없다. 심층 면담을 통해 연구를 수행하는 연구자는 이미 인간 행동, 배움과 가르침, 학교 조직, 사회에 대한 이론적 틀을 가지고 다른 사람들을 면담한다. 물론 연구자가 가지고 있는 이론적 틀 중 일부는 다른 사람들로부터 충분한 공감과 지지를 얻기도 하고, 일부는 연구자만의 개인적인 주장에 기반을 두기도 한다. 또 어떤 이론은 연구와 관련된 문헌을 읽는 과정에서 얻어질 수도 있다.

어떤 학자들은 질적 연구를 수행하는 경우에 문헌을 통한 이론적 학습은 최소한으로만 이루어져야 한다고 주장한다. 왜냐하면 연구자가 특정한 이론적 틀이나 시각을 가짐으로써 관점과 이해의 폭이 제한될 수 있기 때문이다(Glaser & Strauss, 1967). 나도 어느 정도는 이러한 견해에 동의한다. 연구자가 이미 책이나 선행연구를 통해 얻은 이론적 틀이나 관점에 치우쳐서 면담을 한다면, 연구참여자가 충분히 자신의 경험을 면담에 담아낼 수 없기 때문이다.

연구자가 갖는 이론에 대한 인식은 1996년에 Linda Miller Cleary와 했던 면담에서 잘 드러난다. 그녀는 동료인 Thomas Peacock와 미국의 인디언 교육자들과 했던 면담을 통해 배운 내용을 나에게 들려주었다(Cleary & Peacock, 1997). 그녀는 특히 다른 문화권의 사람들을 면담하는 경우에는 면담에 앞서 관련된 책을 너무 많이 읽지 않기 위해 주의를 기울인다고 했다. 물론 연구 주제에 대한 정보를 수집하고 깊이 있게 생각해 볼 수 있는 정도의 문헌은 반드시 읽지만, 그 문헌들로 인해 선입견이나 고정관념을 갖지 않기 위해 주의를 기울인다는 것이다. 그녀는 "아주 많은 양의 문헌을 읽지는 않았기 때문에 면담에서 진짜 질문(real questions)을 할 수 있었다."(L. M. Cleary와의 개인적 의견교환, 1996년 8월 11일)라고 했다.

면담을 하려는 연구자는 반드시 자신이 선택한 연구 주제의 기반이 되는 선행연구와 관련 문헌에 대해 충분한 검토와 이해를 바탕으로 면담을 위한 만반의 준비를 갖추어야 한다(Yow, 2015, p. 77). 어떤 학자들은 더 나아가 면담을 시작하기 전에 연구자가 자신의 연구 주제에 관한 전문가가 되어야 한다고 강력하게 주장하기도 한다(Brinkmann & Kvale, 2014, p. 71).

나는 연구계획서를 쓰는 단계에서는 이러한 상반된 두 견해의 중간 정도의 위치에 서는 것이 합리적이라고 생각한다. 자신이 선택한 연구 주제에 대한 고민과 이해를 위해 많은 문헌을 읽어 그 주제와 관련된 역사적 맥락을 충분히 알고, 추후에 참고할 만한 문헌을 반드시 숙지하고 있어야 한다. 동시에 이러한 맥락적 이해를 바탕으로 면담을 수행하는 과정에서는 연구참여자의 이야기를 진정성을 가지고 개방적인 자세로 경청할 수 있어야 한다. 이후 면담을 마치고 전사한 자료를 가지고 내용을 분석하는 단계에서는 이전에 읽은 문헌이 자료 분석과 해석의 틀을 제공해 줄 수 있다. 물론 이전에 읽은 문헌에서 자신이 수집한 연구참여자의 경험이나 이야기에 들어맞는 것을 찾지 못할 수도 있다. 하지만 면담의 전후에 읽은 문헌의 내용은 면담을 통해 얻은 자료의 분석에 필요한 맥락과 단서를 찾는 데 도움이 된다.

교육학 분야의 연구계획서 단계에서 반드시 읽어야 하는 문헌의 분량과 범위는 너무나 방대하다. 따라서 우리가 읽어 내는 선행연구와 관련 문헌은 언제나 부족하다고 느껴진다. 하지만 진지한 태도로 연구에 임하는 연구자라면 문헌을 읽는 과정을 연구자가 최우선시해야 하는 지적 작업으로 받아들여야 한다. 따라서 자신이 읽어 낸 방대한 분량의 문헌들을 정리하여 연구계획서에 반영하고, 면담 전이 아니라 연구 완료 전까지 이를 소화하는 것이 필요하다. 즉, 문헌조사를 면담 시작 전에 완전히 끝내야 하는 것이 아니다. 하지만 이러한 입장을 갖는 것은 면담을 통한 질적 연구를 처음 수행하는 연구자에게는 불확실하고도 어려운 일이다. 때로는 관련 문헌에 제시된 여러 주장과 연구참여자의 경험 간에서 섬세하게 균형을 유지해야 하기 때문이다.

8. 예비연구

연구자로서 내가 받았던 최고의 조언은 내가 작성한 연구계획서를 바탕으로 예비연구(pilot)를 수행하라는 것이었다. 웹스터 사전에 나와 있는 'pilot'이라는 동사의 정의는 "낯선 길을 따라 혹은 위험한 장소를 통과하여 인도해 주다(to guide along strange paths or through dangerous places)."(Gove, 1971, p. 1716)다. 물론 이 말이 질적 연구가 누군가를 낯선 길이나 위험한 장소로 안내한다는 의미는 아니지만, 면담의 세계에 처음 입문하는 연구자에게 면담의 과정에서 예상하지 못했던 변화나 면담을 통해 연구참여자와 맺게 되는 관계의 복잡성에 대해 미리 경험해 보게 함으로써 실제 연구를 수행하는 데 도움을 줄 수 있다는 것이다.

따라서 나는 면담으로 연구를 수행하려는 모든 연구자에게 연구계획서를 준비하는 과정에서 예비연구를 실시하여 적은 수의 연구참여자를 대상으로 면담을 연습해 볼 것을 적극적으로 권한다. 예비연구를 통해 연구자가 계획하고 있는 것이 방법론적으로 적절한지를 판단할 수 있다. 구체적으로는 예비연구를 통해 연구참여자를 선정하고 면담에 대한 동의를 얻고 실제 면담을 수행하는 일련의 과정을 미리 경험해 볼 수 있다. 또한 예비연구에서 연구자 본인이 가지고 있는 면담 기술에 대해서도 생각해 볼 수 있다. 실제로 예비면담을 수행해 보면, 자신의 장단점을 파악해서 연구의 의도를 더욱 잘 살릴 수 있는 방향으로 본 면담을 이끌어 갈 수 있다. 따라서 예비연구를 마친 후에 연구자는 한 걸음 물러서서 보다 객관적인 시각으로 자신이 수행한 예비연구 과정을 검토해 보아야 한다. 그리고 자신의 경험을 논문지도위원들과 논의하고, 필요한 경우에는 본 연구의 방법이나 접근 방식을 수정할 수도 있다(예비연구에 대한 자세한 논의는 Locke et al., 2014, pp. 76-79; Marshall & Rossman, 2016, p. 105; Maxwell, 2013, pp. 66-68 참조).

9. 결론

교사가 학생들을 가르치기 위해 수업의 목표를 세우고 교수법이 그에 적합한지를 꼼꼼하게 계획하는 것처럼, 연구자도 자신의 연구 계획에 신중해야 한다. 연구자는 무엇을, 왜, 어떻게, 누구를, 언제, 어디서에 대해 진지하게 고민해야 한다. 연구자는 연구를 시작할 때, 자신의 연구에 초점을 맞추고 가능한 한 명확할 수 있어야 한다. 이러한 계획은 연구가 진행되면서 발생하는 것들에 대해 사려 깊고 신중하게 대응하기 위한 선행조건이 된다.

심층 면담은 본질적으로 개방적인 특성을 갖기 때문에, 이를 위한 준비, 계획, 구조화가 절대적으로 중요하다. 실제 면담을 수행해 보면, 면담은 연구자에게 끊임없이 즉각적인 결정과 판단을 요구한다. 따라서 계획 없이 면담을 시작하게 되면, 예상치 못한 상황에 대처하거나 면담의 방향을 조정해야 할 경우에 연구의 목적에 적합한 판단을 내리지 못하게 된다. 또한 면담의 틀을 신중하게 구조화하지 못하면, 연구참여자에게 자신의 생각이나 관점을 강요하거나 연구참여자에게 배운 것을 왜곡할 가능성이 높아진다(Hyman et al., 1954).

제4장

연구참여자:
접근하고 연락하고 선정하기

면담을 위한 연구참여자를 선정하기 전에 연구자는 잠정적인 연구참여자에게 접근할 수 있는 방법과 적절하게 연락을 취할 수 있는 방법을 찾아야 한다. 면담의 특성상 면담을 진행하는 연구자와 면담에 응하는 연구참여자 간의 관계가 중요하기 때문에, 연구자가 처음에 어떤 방식으로 연락을 하고 연구참여에 대한 동의를 얻는지가 관계 형성 및 이후의 모든 과정에 영향을 미친다. 제4장과 제5장에서는 면담에서 가장 중요한 다음의 원칙들에 대해 설명한다.

- 공정할 것
- 연구참여자와 자신을 존중할 것
- 면담을 통해 연구참여자와 관계를 발전시킬 때 무엇이 연구참여자와 자신에게 올바르고 합리적인지 고려할 것

1. 연구참여자에게 쉽게 접근하는 것의 위험성

초보 연구자들은 연구참여자들을 찾는 가장 쉬운 방법이 무엇인지를 먼저 알아보기 마련이다. 그래서 초보 연구자들은 자신이 이미 알고 있는 사람들을 통해 연구참여자를 찾고 싶어 하는 경우가 많다. 예를 들어, 친구나 직장 동료, 자신이 가르치는 학생, 아니면 잘 알지는 못하지만 그래도 안면이 있는 사람들을 먼저 떠올린다. 물론 이러한 접근이 충분히 이해는 되지만 문제의 소지가 많다. 내 경험에 의하면, 연구참여자를 쉽게 구할수록 실제 면담은 더 어렵게 진행된다.

1) 자신이 관리 · 감독하는 사람을 면담하는 경우

이해 관계의 충돌은 연구자 자신이 직접 관리 · 감독하는 사람을 면담하는 경우에 발생한다. 예를 들면, 나는 한 초등학교 교장을 박사과정 학생으로 지도한 일이 있었다. 그 교장은 자기가 재직하는 학교의 교사들을 대상으로 학급에서 학생들과 실시하고 있는 협동 학습 경험에 대해 면담하고 싶어 했다. 그 교장은 협동 학습 프로젝트를 시작할 때 교사들과 많은 시간을 함께 연구하고 경험과 지혜를 나누었기 때문에 자기 학교에서 해 오고 있는 프로젝트에 대한 애정과 관심이 매우 컸다. 더 나아가 그러한 경험이 어떻게 교사들을 변화시켰으며, 교사들은 실제로 어떤 생각을 가지고 있는지에 대해 연구해 보고 싶어 했다.

나와 논의하며, 그 교장은 자기 학교는 규모가 작기 때문에 큰 규모의 학교처럼 관료적인 분위기는 아니라고 했다. 또한 자신은 교사들과 친밀한 업무 관계를 유지해 오고 있으며, 교사들이 자신을 신뢰하고 있다고 했다. 따라서 협동 학습 프로젝트에 자신이 많은 관심과 애정을 가지고 있고 직접적으로 관여하기는 했지만, 객관적이고 편견 없이 교사들을 면담할 수 있을 것이라고 했다.

면담 관계에서 공정성을 지키는 첫 번째 원칙은 면담에 응하는 연구참여자가 면담을 통해 절대로 상처받거나 신분상의 위험에 처해서는 안 된다는 것이다. 아무리 소규모의 학교라고 할지라도 학교라는 조직의 위계적 특성상 교장은 교사들을 채용하거나 해고할 수 있는 권력을 가지고 있고, 교사들의 업무를 관리 · 감독하는 위치에 있다. 그러므로 교장이 하는 면담에 참여하는 교사들은 아무래도 자신의 생각이나 감정을 솔직하게 이야기하기 힘들 수 있다. 특히 이 경우에 교사들은 교장이 협동 학습 프로젝트에 대해 애정과 관심이 크다는 것을 잘 알고 있다. 따라서 이 경우에 생각해 봐야 할 쟁점은 연구자가 연구참여자와 어떻게 객관적인 거리를 유지하면서 원하는 주제를 충분히 탐색할 수 있는가의 문제가 아니라 연구참여자인 교사들이 면담 과정에서 얼마나 안전감을 느낄 수 있느냐의 문제다. 만약 교사들이 면담 과정에서 안전감을 느낄 수 없다면, 면담의 결과는 그다지 생산적일 수 없기 때문이다.

결론적으로 말하면, 면담의 기본 원칙은 자신이 관리·감독하는 사람들은 면담을 하지 않는다는 것이다(de Laine, 2000, p. 122; Morse, 1994, p. 27). 그렇다고해서 교장인 그 박사과정 학생이 자신이 택한 주제에 대해 연구할 수 없다는 것은 아니다. 자기 학교가 아닌 다른 학교 교사들을 대상으로 협동 학습 프로젝트에 대한 초등교사들의 경험을 주제로 면담 연구를 수행하면 되는 것이다.

2) 자신이 가르치는 학생을 면담하는 경우

자신이 교사이면서 연구 경험이 풍부하지 못한 연구자들은 학생들을 대상으로 한 연구를 설계하기 쉽다. 특히 자신이 가르치고 있는 학생들을 직접 면담하는 방식으로 연구를 설계하고 싶은 유혹에 빠지게 된다. 자신의 교수방법의 효율성이나 교육과정에 대한 이해를 높이고 싶은 교사들의 생각은 충분히 이해가되지만, 자신이 가르치고 있는 학생들을 직접 면담한다면, 학생들의 입장에서는솔직하게 자신의 생각을 이야기하기 어렵다. 따라서 교사-연구자가 학생들을대상으로 하는 연구를 구상한다면, 자신이 가르치는 학생이 아니라 자신과 유사한 교수방법이나 교육과정으로 가르치고 있는 다른 학교 교사의 학생들을 대상으로 연구를 수행하는 것이 바람직하다.

3) 자신이 아는 사람을 면담하는 경우

때로 초보 연구자들은 연구 주제와 관련이 있기보다는 자신이 아는 사람들을대상으로 면담을 하려고 하는 경우가 있다. 예를 들면, 한 박사과정 학생이 사회과교육을 전공하는 교생들을 지도하는 실습지도교사들의 경험을 주제로 면담연구를 수행하려고 계획했다. 이 연구자는 자신과 같은 학교에서 일하지는 않지만 같은 교회에 다니고 있어서 평소에 알고 지내던 한 교사와 면담하기를 원했다. 하지만 이 경우에도 생각해 봐야 할 문제가 있다. 매우 숙련되고 경험이 풍부한 연구자라도 면담에서 발생할 수 있는 불편한 상황들을 명확하게 예측하기는 어렵다. 이 경우는 면담을 통해 형성되는 관계뿐 아니라 교회를 통해 형성되어 온 기존의 관계까지 함께 고려해야 하기 때문에, 면담에서 얻을 수 있는 최대의 성과가 제한될 수 있다.

예를 들어, 실습지도교사의 경험에 대한 면담에서 교회에서 알고 지내던 교사가 자신이 실습지도를 하는 이유는 특별한 사명감이나 교육적인 목적이 아니라 단지 남는 시간을 활용하기 위해서라고 말할 수도 있다. 보통의 면담에서라면 연구자는 연구참여자의 생각이나 견해에 대해 보다 자세하게 질문을 이어 나간다. 그러나 이 경우에 연구자는 자신이 평소에 알고 있던 연구참여자의 모습과 연구참여자의 입장을 생각해서 보다 자세한 후속 질문을 이어 가는 것을 망설일 수도 있다. 그렇다면 결과적으로 연구자는 자신과 연구참여자의 관계를 생각해서 자신의 연구 주제에 대한 탐색을 충분히 수행하지 못하게 되는 것이다. 즉, 불충분한 면담으로 인해 연구 주제의 핵심적인 측면을 깊이 있게 탐색하지 못하는 결과를 초래할 수 있다.

4) 자신의 친구를 면담하는 경우

때로 초보 연구자들은 접근이 쉬운 친구들을 면담하려는 경향이 있다. 이 경우는 당연히 연구자와 연구참여자 간의 관계 설정에 어려움이 생길 수 있다. 이미 형성되어 있던 연구자와 연구참여자의 친분 관계가 면담에 직간접적인 영향을 미치게 되기 때문이다.

이 경우에 문제가 되는 것은 연구자와 연구참여자가 서로를 잘 알고 있고 서로의 경험을 잘 이해하고 있다고 가정하기 때문에, 연구 주제와 관련된 쟁점이나 문제에 대해 보다 심층적으로 접근하기 어렵다는 점이다. 연구자는 연구참여자의 경험이나 생각에 대해 보다 명확한 분석이나 질문이 필요함에도 불구하고 상대방의 의도를 나름대로 판단해 버리는 실수를 범할 수도 있다. 결론적으로 말하면, 연구자와 연구참여자는 서로에 대한 객관적인 거리감을 유지해서 어떤 것도 당연하게 여기지 않도록 노력해야 한다(Bell & Nutt, 2002; Bogdan & Taylor,

1975; Hyman et al., 1954; McCracken, 1988; Spradley, 1979 참조. 동료나 친구 면담의 복잡성은 McDermid, Peters, Jackson, & Daly, 2014에 포함된 논문 참조).

5) 자신을 연구자로 진지하게 인식하기

연구 경험이 많지 않은 박사과정 학생들은 면담 과정에 대해 부담스러워하고 면담을 통해 누군가를 만나는 것이 쑥스러워서(Hyman et al., 1954) 자신이 아는 사람을 면담하려는 경향이 있는데, 이 문제는 보다 심각하게 조금은 다른 각도에서 바라볼 필요가 있다. 내가 보기에 일부 박사과정 학생들은 자신을 연구자로 진지하게 인식하지 못하기 때문에 연구참여자를 선정하는 데서도 자꾸 쉬운 방법을 먼저 생각하는 것 같다. 특히 면담 연구를 처음 하는 연구자들은 자신이 전혀 모르는 누군가를 만나서 4시간 반 이상 함께 이야기를 나누고 면담하는 상황을 상상하는 것만으로도 힘겨워한다.

많은 박사과정 학생이 연구는 자신이 아닌 다른 누군가가 하는 것이라고 생각한다. 우리의 교육체제는 사람들이 누군가의 연구 결과를 소비하는 쪽으로 구조화되어 있어서 대부분의 사람들이 직접 연구 결과를 만들어 내는 것보다는 다른 사람의 연구를 수용하고 소비하는 것에 더 익숙하다. 박사과정 학생들도 이러한 태도가 몸에 배어 있어서 출판된 연구 결과는 신성한 것으로 받아들이고 무조건적으로 수용하려는 경향이 강하다. 또한 연구를 소수 엘리트 집단의 전유물로 여겨 연구를 수행하는 일을 지나치게 신성시하고 어려운 일로 생각한다(Bernstein, 1975 참조).

또한 박사과정 동안에 이루어지는 수업, 임상경험, 또는 선행연구에 대한 검토나 이론 공부를 통해 자연스럽게 자신의 박사학위논문 주제를 선정하고 논문으로 발전시키지 못한 경우에는 박사학위논문이 또 하나의 통과의례가 된다. 특히 연구 경험이 적은 경우나, 박사학위논문을 준비하고 연구를 수행하는 과정을 자신에게 주어진 좋은 기회가 아니라 걸림돌로 생각하는 경우에는 연구 주제를 선정하는 과정에서 자신의 관심 분야를 명확하게 드러내지 못하고, 연구자로서의 위치나 역할을 제대로 이해하지 못하며, 선택한 연구 방법에 확신을 갖지 못해 결과적으로는 박사학위논문을 졸업을 위한 하나의 필수 요건으로만 받아들이게 된다.

또 다른 관점에서 생각해 봐야 할 것은 연구나 연구자에 대한 사회적 인식의 문제다. 우리 사회에서 연구라는 분야는 전통적으로 남성의 영역으로 여겨져 왔다. 특히 서구사회의 경우에 연구는 백인 남성의 전유물로 여겨졌고, 여기에는 사회계층이나 특권의식이 함께 내재되어 있다. 따라서 연구를 처음 시작하는 박사과정 학생이 중산층의 백인 남성이 아니라면, 연구자로서 자신의 지위와 역할에 대해 진지하게 고민할 때 사회적 관습의 벽을 함께 허물어야 하는 큰 부담을 안게 된다. 그러므로 이 단계에서 연구자로서의 자신에 대한 확신을 갖기 위해서는 지도교수의 격려와 동료 학생들의 지원이 필요하다. 무엇보다 연구자 자신이 스스로를 연구자로 명확하게 인식하고 받아들이는 것은 이후 심층 면담을 통해 연구를 진행할 때 연구자와 연구참여자 간의 관계를 공정하게 만드는 첫걸음이 된다.

2. 공식적 관문을 통한 접근

연구자가 자신이 모르는 잠정적인 연구참여자에게 접근하려고 할 때, 종종 공식적인 절차나 제한에 직면하는 어려움을 겪기도 한다. 공식적인 절차나 제한은 법적으로 반드시 그 과정과 절차를 거쳐야 하는 경우부터 지나치게 까다로운 조건을 만들어 놓은 경우까지 다양할 수 있다.

연구참여자의 특성상 그 사람이 속한 기관을 통해서만 접근이 가능한 경우도 있다. 예를 들어, 연구자가 교도소 내의 교육 프로그램에 대한 연구를 위해 수감자를 대상으로 심층 면담을 수행하고자 한다면, 수감자에게 접근할 수 있는 유일한 방법은 교도관을 통해서다(수감자에 대한 연구 관련 규정은 Federal Policy for the Protection of Human Subjects, §46.305, §46.306, 2018 참조). 또한 연구자가 특정한 기관(예: 공장, 학교, 교회, 사업체)에서 일하는 사람들의 경험에 대한 연구를 수행하고자 한다면, 그 기관의 책임자를 통해 연구참여자에게 접근해야 한다(Lincoln & Guba, 1985, p. 252; Richard et al., 1965, p. 97).

이에 반해, 특정 기관에 한정된 연구가 아니라 여러 기관에서 이루어지는 경험이나 과정을 주제로 한 연구라면, 공식적 관문인 특정 기관의 책임자를 거칠 필요는 없다. 예를 들어, 여러 학교를 순회하는 고등학교 교사들의 경험에 대한 연구를 한다면, 연구자는 그 교사가 가르치는 모든 학교 교장들의 허가 없이 직접 그 교사에게 접근할 수 있다. 또 다른 예로, 연구자가 특정 고등학교가 아니라 고등학교에 다니는 학생들의 일반적인 경험을 주제로 면담 연구를 수행하고자 한다면, 그 학생들이 다니는 학교의 교장을 통해서가 아니라 그 학생들의 부모를 통해 접근하면 된다. 하지만 앞의 두 경우에도 교장의 허가 없이는 학교에서 교사나 학생을 면담할 수 없다. 일반적으로 특정 기관을 대상으로 연구를 수행하는 경우가 아니고 연구참여자가 성인이거나 자율적으로 자신의 의사를 결정할 수 있다면(예를 들어, 교도소 수감자는 자율성이 거의 없다), 연구참여자에 대한 접근이 훨씬 직접적으로 이루어질 수 있다.

커뮤니티칼리지의 교수진에 대한 연구(Seidman, 1985)에서 나와 동료들은 매사추세츠, 뉴욕, 캘리포니아 주의 25개 커뮤니티칼리지에 소속되어 있는 76명의 교수를 면담했다. 우리는 특정한 대학을 연구하고자 한 것이 아니었기 때문에 대학의 책임자를 통해 연구참여자들에게 접근하지 않았다. 그렇다고 해서 우리가 면담을 하는 것을 대학에 비밀로 부치지도 않았다. 연구의 초기 과정을 촬영하기 위한 목적으로 우리가 가지고 다니던 커다란 카메라와 녹음기를 숨기기는 어려웠다(Sullivan & Seidman, 1982). 물론 우리가 주머니에 들어갈 정도로 작은 소형 녹음기를 사용했다 하더라도, 우리는 연구를 비밀스럽게 수행할 이유가 없었다. 캠퍼스 안에서 우리가 무엇을 하는지 누군가가 물으면, 우리는 언제든 연구에 대해 명확하게 설명해 주었다.

하지만 잠정적인 연구참여자들 중 한 사람은 우리가 대학을 통하지 않고 직접 자신에게 접근한 것을 불편해했다. 우리는 그에게 우리 연구에 대해 대학에 알려도 좋다고 말해 주었고, 다시 한번 우리 연구가 특정한 대학을 대상으로 한 것이 아님을 명확히 했다. 만약 대학의 책임자가 우리를 만나기를 원한다면, 우리는 언제든지 연구에 대해 설명해 줄 수 있다고 했다. 그는 대학에 자신이 면담에 참여한다고 알렸지만, 대학에서 누구도 우리를 만나고 싶어 하지는 않았다.

이렇듯 연구의 주제나 연구참여자의 특성에 따라 공식적인 관문과 절차를 거쳐 연구참여자에게 접근해야 하지만, 그 과정에서 또 다른 문제가 야기될 수도 있다. 예를 들면, 어떤 회사의 대표가 연구자에게 그 회사 직원들과의 면담을 허가해 주고, 더 나아가 직원들에게 면담에 참여할 것을 권장할 수도 있다. 이 경우에 윤리적인 문제가 발생할 수 있는데, 회사 대표가 권장한 일에 대해 얼마나 자유롭게 반대 의견을 표현할 수 있느냐 하는 것이다(Birch & Miller, 2002, pp. 99-100).

3. 비공식적 관문을 통한 접근

때로는 연구참여자에게 접근하기 위한 공식적인 관문은 존재하지 않지만, 비공식적이며 암묵적인 관문이 존재하기도 한다(Richardson et al., 1965). 교수 집단을 예로 들어 보면, 많은 사람으로부터 존경을 받고 중요한 의사결정에서 주변 사람들에게 영향력을 행사하는 소수의 교수들이 있다. 이처럼 어느 집단이나 공식적인 직함도 없고 그 집단의 대표자도 아니지만, 그 집단에 속한 사람들의 의사결정에 영향을 미칠 수 있는 도덕적인 잣대를 제공하는 사람이 적어도 한 명은 있기 마련이다. 이 경우에 그 사람이 연구에 참여한다면 다른 사람들도 연구에 참여하는 것에 별 어려움이 없지만, 그렇지 않은 경우는 다른 사람들도 참여하지 않으려는 경향이 있다. 따라서 연구자는 집단의 특성에 따라 사람들의 의사결정에 영향을 미칠 수 있는 사람을 우선 파악하는 것이 필요하다. 물론 그 사람을 통해 연구참여자들에게 접근해야 하는 것은 아니지만, 그 사람을 연구참여자에 포함시킨다면 자연스럽게 다른 사람들의 참여를 독려할 수 있다.

이와는 달리 집단 내에는 다른 사람들에게 자연스럽게 인정을 받는 것이 아니라 자기 스스로 집단 내에서 일어나는 모든 일에 대해 알려고 하고, 집단 내의 의사결정에 영향력을 행사하려는 사람도 있을 수 있다. 이 경우에는 그 사람을 연구참여자에 포함시키지 않는 것이 다른 사람들의 참여를 독려하는 최선의 방법이다.

4. 아동과의 면담 연구

아동 연구참여자와의 면담 연구는 상당히 큰 의미가 있다. 의미가 큰 만큼 아동을 연구참여자로 선정하고, 연구참여동의를 얻고, 실제 면담을 수행하는 과정이 연구자에게는 상당한 도전이 될 수 있다. 아동과의 면담에서 가장 기본적인 특성은 성인 연구자와 아동 연구참여자 간의 힘의 불균형이다(Hart, 1991; O'Reilly & Dogra, 2017, pp. 105-108).

따라서 아동을 연구참여자로 고려할 때는 아동을 연구참여로 인한 잠재적인 위험에서 보호해야 하는 취약한 연구 대상으로 인식하는 것이 필요하다. 이러한 아동의 취약성을 보호하기 위해 아동에 대한 추가적인 보호조치를 명시한 「연구윤리 규정」(Protection of Human Subjects-Part 46, Subpart D. Additional Protections for Children Involved as Subjects in Research)이 마련되어 있다.

아동을 보호하고 교육하는 기관에는 아동의 권리와 복지에 대한 책무를 지닌 책임자가 있고, 이들이 아동을 대상으로 한 연구에서 아동을 보호하는 공식적인 관문으로서의 역할을 수행한다. 따라서 연구자는 이들에게 자신의 연구가 수행할 만한 가치가 있고, 혹여라도 아동의 신체적·정서적 안녕(well-being)에 미치는 영향이 있다면 최소한일 것임을 잘 설명해야 한다. 또한 연구윤리 치침에 명시되어 있지는 않지만, 아동을 대상으로 한 연구의 수행 과정이 아동이 속한 기관의 일상적인 활동을 방해하지 않을 것이며, 기관에 속한 사람들에게 연구로 인한 추가적인 업무가 부과되지 않을 것임을 분명히 해야 한다. 첫 번째 공식적 관문인 기관장의 허가를 얻었다면, 두 번째 관문은 아동의 부모나 법정대리인이다. 아동을 연구에 참여시키고자 한다면, 연구자는 아동에게 접근하기 전에 반드시 먼저 아동의 부모나 법정대리인에게 연구참여동의를 얻어야 한다[아동과 부모나 법정대리인에게 연락을 취하기 이전에 이루어져야 하는 IRB 승인 절차에 대한 설명은 '제5장 기관생명윤리위원회(IRB)와 연구참여동의서' 참조].

아동과의 면담 수행은 매우 신중하게 이루어져야 한다. 아동의 특성상 면담의 과정에서 예측하기 어려운 상황이 발생할 수 있기 때문이다. 그렇다면 성인 연구참여자와의 면담과 아동 연구참여자와의 면담은 어떻게 다른가? 예를 들어, 만일 면담 도중에 성인 연구참여자가 울음을 터뜨린다면, 연구자는 일단 중지하고 잠시 기다렸다가 연구참여자에게 면담을 계속해도 좋은지, 혹은 면담의 주제를 바꾸기 원하는지를 물을 것이다. 하지만 아동 연구참여자가 면담 도중에 울음을 터뜨리거나 괴로워하는 상황이 발생한다면, 연구자와 면담의 진행 과정을 지켜보고 있던 부모가 아동을 보호하기 위해 면담을 그만두게 하거나 아동의 연구참여를 철회할 수 있다. 아동을 대상으로 하는 연구를 설계하는 과정에서 연구자가 아동의 관점에서 더욱 세심하게 면담을 준비하고, 연구에 대해 좀 더 확신을 가질 수 있도록 공부하며, 연구참여에 대한 허가 및 동의를 얻는 과정에서 기관장과 아동의 부모를 자신 있게 설득하고, 아동과 라포를 잘 형성할 수 있다면, 면담의 과정이 아동과 연구자 모두에게 긍정적인 경험이 될 수 있다.

『4학년에 대한 이야기(Speaking of Fourth Grade)』(Schaenen, 2014)는 연구자가 아동과의 면담 연구에서 경험하는 도전에 어떻게 대처했는지를 보여 주는 좋은 예다. 이 책의 서론과 부록 A에 제시된 연구 방법에는 초등학교 4학년 아동을 연구참여자로 현상학적 접근을 하게 된 이론적 근거가 잘 설명되어 있다. 또한 이 책에는 접근 허가를 얻고, 부모의 동의를 받고, 마침내 아동의 동의를 얻고, 수많은 면담을 성공적으로 실행하는 데 필요했던 시간, 노력, 의사소통 기술, 감수성 등도 자세히 기록되어 있다.

1) 추가적 논의

전 세계적인 아동 착취에 대응하기 위해 1989년 UN 총회에서 '아동권리협약 (the Convention on the Rights of the Child: CRC)'이 채택되었다(UNICEF, 1989). 특히 이 협약의 12조와 13조에서는 관련된 사안에 대한 아동의 의견 존중과 표현의 자유를 강조하고 있다. 아동의 의견 존중과 표현의 자유에 대한 조항은 전 세계적으로 아동을 연구참여자로 하는 면담 연구를 촉진시키는 데 중요한 역할을 했다. 최근의 한 연구에 따르면, 아동을 연구참여자로 하는 질적 연구에서 가장 많이 쓰는 연구 방법이 면담이라고 한다(Huang, O'Connor, Ke, & Lee, 2016, p. 352).

아동권리협약은 UN 가입 196개국이 비준했는데, 미국만이 유일하게 아직 비준을 하지 않고 있다. 그럼에도 아동을 연구참여자로 하는 면담 연구는 미국에서도 점차 증가하고 있다. Piaget로부터 영향을 받은 미국 연구자들은 초창기의 아동 대상 연구 방법이 아동의 복잡한 인지과정과 인지수준을 담아내지 못했으며, 아동과의 면담이 이러한 복잡한 인지과정을 효과적으로 보여 줄 수 있는 방법임을 강조하고 있다(명예교수인 G. Forman과의 개인적 의견교환, 2018년 5월 11일).

5. 연구참여자에게로의 접근과 위계질서의 고려

학술 연구와 달리 정책 연구나 평가 연구는 연구참여자와 관련된 정부 부처나 기관에서 연구비를 지원을 받는 경우가 많다. 그러한 경우에는 연구참여자에 대한 접근이 공식적으로 허용된다. 따라서 연구자와 연구참여자는 연구가 공적인 목적을 위해 재정 지원을 받아 수행된다는 사실을 공유하게 되는데(Lincoln & Guba, 1985), 그러한 사실이 연구자와 연구참여자 간의 관계에 영향을 미치게 된다. 그 이유는 연구자와 연구참여자 간의 관계가 동등한 것이 아니라 연구자가 연구참여자보다 높은 위치에 있는 것처럼 느껴지기 때문이다.

따라서 연구참여자에게 접근할 때 가능하면 연구참여자보다 사회적 지위나 신분이 높거나 낮은 사람들을 통해서가 아니라 연구참여자와 동등한 위치에 있는 사람들을 통하는 것이 중요하다. 물론 아동을 대상으로 하는 경우에는 적용되기 어려운 원칙이지만, 이 외의 경우에는 연구자와 연구참여자 간의 관계를 고려하여 최대한 이 원칙을 지키도록 해야 한다. 예를 들어, 학교의 교사들을 면담하는 경우에는 동료 교사들을 통해, 상담교사를 면담하는 경우에는 동료 상담교사를 통해 연구참여자에게 접근하도록 한다.

6. 잠정적인 연구참여자에게 연락하기

연구자가 연구참여자에게 직접 연락한다. 연구참여자에게 처음 연락할 때는 제3자를 통하지 않고 연구자가 직접 연락을 해야 한다. 연구참여자를 잘 아는 누군가가 연구에 대해 먼저 설명을 해 주고 나서 연구자가 연락을 하면 얼마나 좋을까 하는 유혹에 빠지기 쉽지만, 그러지 말아야 한다. 연구자와 연구참여자의 관계는 제일 처음 연구자가 자신의 연구에 대한 설명을 하는 순간부터 시작되기 때문이다. 제3자는 잠정적인 연구참여자에 대해 잘 알고 있을 수는 있지만, 연구자가 수행하고자 하는 연구에 대해서는 자세히 알 수 없다. 잠정적인 연구참여자가 연구에 대한 설명을 듣고 그에 대한 질문을 한다면, 더욱이 제3자는 그 질문에 적절한 답을 할 수 없다. 따라서 제3자는 처음에 잠정적인 연구참여자에게 접근하는 과정에서는 도움이 되지만, 일단 연구참여자에게 직접 연락을 하는 단계부터는 최대한 개입하지 않도록 해야 한다.

심층 면담을 실제적으로 수행하기 전에 연구참여자를 직접 만나 보는 것은 연구자와 연구참여자가 관계를 형성하고 발전시켜 나가는 데 든든한 기반을 마련해 준다. 이처럼 연구자가 실제 면담을 수행하기 이전 단계부터 연구참여자를 배려하고 철저하게 준비한다면, 연구참여자와의 관계를 발전시키고 좋은 면담을 수행하는 데 많은 도움이 된다.

7. 잠정적인 연구참여자와 직접 만나기

전화는 연구참여자와 처음 연락을 취하는 단계에서 가장 유용한 도구가 된다. 전화로는 연구에 대한 설명이 최대한 간략하고 명료하게 전달되어야 한다. 또한 어떻게 연구자가 잠정적인 연구참여자의 이름과 전화번호를 알게 되었는지 설명하고, 연구에 대한 보다 자세한 설명을 위해 직접 만날 시간과 장소를 정하는 것이 필요하다. 이때 중요한 것은 처음 한 전화통화에서 연구참여 여부를 물어서는 안 된다는 것이다. 연구자를 직접 만나 보지도 않고 연구에 대한 자세한 설명을 듣지도 않은 채 처음부터 너무 쉽게 연구참여에 동의한 경우, 나중에 자신의 의사결정을 번복하게 될 수 있기 때문이다. 반면에 처음부터 연구참여에 대한 부담을 가지고 부정적인 의사를 밝힌다면, 연구자의 입장에서 더 이상 연구참여자를 설득할 힘을 잃게 된다(Richardson et al., 1965, p. 97). 다시 한번 강조하면, 전화의 가장 중요한 목적은 연구자가 잠정적인 연구참여자와 직접 만나서 연구에 대한 이야기를 나눌 기회를 만들기 위한 시간 약속을 정하는 것이다.

잠정적인 연구참여자와 직접 만날 기회를 만들기 위해서는 시간과 돈, 노력이 모두 필요하다. 하지만 그 모든 노력과 정성이 결코 무의미하지 않다. 잠정적인 연구참여자와 직접 만나는 목적은 적어도 세 가지 측면에서 찾아볼 수 있다. 무엇보다 중요한 첫 번째 목적은 앞으로의 면담 과정을 위해 서로 간의 신뢰를 구축하는 것이다. 시간을 투자하여 자신을 소개하고 연구에 대해 설명하는 과정을 통해 연구자는 연구참여자에게 암묵적으로 다음과 같은 메시지를 전달하고 있는 것이다. "연구참여자인 당신은 소중합니다. 저는 당신을 존중하고 제가 하려는 연구를 아주 소중하게 생각하기 때문에, 특별히 시간을 할애해서 당신을 만나고 저의 연구에 대해 자세히 설명하는 것입니다."

잠정적인 연구참여자가 여럿일 때는 각각의 연구참여자를 개별적으로 만나야 하지만, 경우에 따라 집단으로 함께 만날 수도 있다. 이렇게 한 번에 여러 명을 만나면 무엇보다 시간을 절약할 수 있다. 하지만 이 경우에 누군가가 연구에 대해 회의적인 태도를 보인다면, 다른 사람의 결정에 영향을 미칠 수도 있다.

물론 연구자가 잠정적인 연구참여자를 모두 직접 만나지 못할 수도 있다. 그럴 경우에는 전화나 이메일 등의 다른 방법에 의존해야 한다(전화나 화상 면담에 대해서는 '제7장 관계로서의 면담' 참조). 최근에는 이메일이 연구참여자에게 연락하는 과정에서 유용한 도구로 활용되고 있다. 하지만 내가 지도했던 박사과정 학생의 경우에는 이메일을 통해 잠정적인 연구참여자에게 처음 연락을 취하는 것에 다소 회의적인 결과를 얻었다. 왜냐하면 모르는 사람에게서 온 이메일은 내용도 확인하지 않고 삭제하거나 메일의 내용에 대해 의구심을 가질 수 있기 때문이다. 그렇지만 일단 연구참여자와 직접 만나거나 전화나 우편을 통해 연락이 된 이후라면, 이메일은 면담 시간을 정하거나 면담이 진행되는 과정에서 긴밀하게 연락을 주고받는 데 많은 도움이 된다.

잠정적인 연구참여자를 직접 만나거나 전화나 이메일로 연락이 된 이후에 연구자가 해야 할 가장 중요한 일은 자신이 하고자 하는 연구에 대해 최대한 자세히 설명을 제공하는 것이다. 무엇보다도 면담이 어떤 방식으로 이루어질 것인지에 대한 설명이 필요하다. 연구자의 설명은 진지하고 친근한 어조를 유지하면서도 명확해야 하고, 연구참여자의 이해 정도에 따라 유연하고 개방적인 자세로 임해야 한다. 또한 설명은 최대한 간단하게 이루어지는 것이 좋다(Dexter, 1970, p. 34; Hyman et al., 1954, p. 201; Marshall & Rossman, 2016, p. 107, pp. 120-122).

잠정적인 연구참여자를 직접 만나는 것이 유용한 이유는 면담이 이루어지기 전에 연구참여자가 생활하거나 일하는 환경에 대해 미리 알 수 있는 기회가 되고, 연구참여자와 미리 접해 봄으로써 서로 면담 약속을 더 잘 지키게 되기 때문이다. 이처럼 잠정적인 연구참여자와의 직접적인 만남은 상호 신뢰를 구축하고 연구에 대한 충분한 설명을 제공하는 첫 번째 목적이 있다. 두 번째로 중요한 목적은 잠정적인 연구참여자가 연구에 대한 흥미를 보이는지의 여부를 판단하는 것이다. 심층 면담은 연구자와 연구참여자 모두에게 많은 시간과 에너지를 요구하는 일이다. 심층 면담에서는 한 번의 면담에 최소한 90분 정도의 시간이 소요되고, 보통 일주일 간격을 두고 세 번 정도의 면담이 이루어지는 경우가 많다. 따라서 그 정도의 시간을 누군가에게 허락해 주기 위해서는 연구참여자가 연구의 목적과 절차를 이해하는 것에 그치는 것이 아니라 연구에 어느 정도 흥미를 가지고 있는 것이 도움이 되기 때문이다.

또한 잠정적인 연구참여자와의 직접적인 만남을 통해 연구자는 연구참여동의서에 대한 설명을 하는 기회를 가질 수 있다['제5장 기관생명윤리위원회(IRB)와 연구참여동의서' 참조]. 나는 개인적으로 잠정적인 연구참여자와의 첫 만남에서는 연구참여동의서를 보여 주거나 서명을 요구하지 않는다. 대신에 연구에 대한 내용을 설명하면서 자연스럽게 연구참여동의서의 형식과 내용을 추가적으로 이야기한다. 그런 다음에 실제로 면담을 시작하기 직전에 연구참여동의서에 서명을 받는다. 나는 연구참여자가 연구참여동의서에 서명을 하는 순간이 상당히 의미 있다고 생각하는데, 이 과정을 통해 연구참여자는 비로소 면담에 공식적으로 참여한다는 인상을 받고, 면담을 보다 진지하게 받아들이게 되기 때문이다(Corbin & Morse, 2003, p. 341).

8. 잠정적인 연구참여자 확보하기

잠정적인 연구참여자를 직접 만나는 것의 또 다른 중요한 목적은 연구참여자로서의 적합성을 평가하기 위해서다. 적합성은 연구참여자의 경험이 연구 주제와 높은 관련성이 있는가에 따라 결정된다.

잠정적인 연구참여자와 처음 만나서 이야기하는 동안 연구자는 자신의 연구 주제와 관련된 연구참여자의 특성을 꼼꼼하게 기록해 두어야 한다. 첫 만남에서 연구에 참여해 달라고 요청하든 혹은 그 이후에 요청하든 간에 연구자는 목적 표집을 하기 위해 다양한 잠정적 연구참여자의 특성을 인지하고 있어야 한다(p. 108에 제시된 '10. 연구참여자 선정하기' 참조).

9. 몇 가지 고려사항

잠정적인 연구참여자를 처음 만나기 위해 시간 약속을 정하는 과정을 통해 연구자는 이후의 연구에서 연구참여자와 실제 면담 약속을 정하는 것이 어떨지 예상할 수 있다. 처음부터 약속이 순조롭게 진행되는 경우는 이후에도 그럴 가능성이 높지만, 처음부터 약속을 정하는 것이 힘들고 여러 가지 어려움이 있다면 그 사람을 실제 연구참여자로 선정해야 하는지에 대해 신중하게 고민해야 한다.

심층 면담은 연구자와 연구참여자 모두에게 많은 시간과 에너지를 요구하는 일이기 때문에, 연구자의 입장에서 면담을 위해 필요한 모든 절차를 순조롭게 진행할 수 있어야 실제 면담에 보다 잘 집중할 수 있다. 따라서 연구자는 잠정적인 연구참여자와 처음 전화로 연락을 취하고, 연구에 대한 자세한 설명을 위해 연구참여자를 직접 만나고, 실제 면담을 위한 시간 약속을 정하는 모든 단계가 체계적으로 이루어질 수 있도록 준비하는 것이 필요하다.

연구자는 연구참여자와의 원활한 의사소통과 효율적인 시간 관리를 위해 연구참여자의 정보를 기록할 수 있는 간단한 서식을 만들어 놓는 것이 좋다. 이 서식은 첫 만남부터 연구참여자에 대한 자료를 구축할 수 있도록 돕고, 기록된 내용은 연구참여자를 최종 선정하고 연구를 진행하는 과정과 논문을 작성하며 연구참여자에 대한 정보를 기재할 때 기본 자료로 활용할 수 있다. 따라서 이 서식에는 최소한 연구참여자의 집과 직장 관련 정보, 전화번호, 이메일 주소, 연락가능한 시간과 불가능한 시간에 대한 정보가 포함되어야 한다. 이렇게 처음부터 연구자와 연구참여자 간의 원활한 의사소통과 정확한 시간 약속이 이루어진다면, 이후에 생길 수 있는 혼란을 방지할 수 있다.

잠정적인 연구참여자와의 첫 만남에서 이후의 면담을 위해 가장 편안한 날짜, 시간, 장소가 정해지기 쉽기 때문에 첫 만남은 매우 중요하다. 면담 장소는 연구참여자가 편안함과 안전감을 느낄 수 있고, 사생활이 존중될 수 있는 곳이어야 한다. 예를 들어, 커피 전문점이나 카페테리아 같은 장소는 접근성은 좋을 수 있지만, 소음의 문제나 사생활을 보호하기 어려울 수 있어 면담 장소로 적합하지 않다.

가장 이상적인 상황은 잠정적인 연구참여자와의 첫 만남에서 연구참여에 대한 동의를 얻고 실제 면담을 위한 시간과 장소를 바로 정하는 것이다. 이때 연구자는 되도록 연구참여자가 가능한 시간을 최대한 존중해서 이후 면담 시간을 정해야 한다. 앞서 제2장에서 설명했듯이, 심층 면담을 위한 가장 효율적인 구조인 세 번의 면담을 적당한 간격(적어도 하루 이상, 최대 일주일 이내)으로 실행할 수 있도록 시간 약속을 정해야 한다. 그 이유는 각각의 면담이 유기적으로 연결되어야 연구자와 연구참여자 간의 신뢰를 바탕으로 면담의 내용이 점차 풍성해질 수 있기 때문이다.

연구참여자와 연구자 모두가 세 번의 면담에서 편안함과 안전감을 느낄 수 있도록 서로를 충분히 배려하는 것에 더해서(Smith, 1992, p. 103), 면담의 날짜, 시간, 장소를 정하는 데 최우선으로 고려해야 할 원칙은 공정성(equity)이다. 연구참여자는 연구자에게 연구자가 원하는 무언가를 제공하고 있는 것이기 때문에, 연구자는 연구참여자가 가능한 날짜, 시간, 장소를 선택할 수 있도록 충분한 유연성을 가지고 있어야 한다. 하지만 연구자의 입장도 고려되어야 한다. 공정성은 유연성을 필요로 하지만, 연구자는 자신에게도 지나치게 무리가 되지 않는 면담 시간과 장소를 정할 수 있는 방법을 습득해 나가야 한다. 연구참여자나 연구자 누구에게든 좋지 않은 감정이 발생한다면, 궁극적으로는 면담에 좋지 않은 영향을 미칠 수 있기 때문이다.

연구 설명을 위한 첫 만남 이후에, 연구자는 선정한 연구참여자와 선정하지 않은 사람들 모두에게 후속 편지(follow-up letters)나 이메일을 보내야 한다. 그 편지에는 연구자를 만나 준 것에 대한 감사를 전하는 내용이 포함되어야 하고, 선정된 연구참여자들에게는 면담을 위해 약속된 일정을 재확인하는 내용이 포함되어야 한다.

이러한 상세한 후속 작업은 앞으로 면담 연구를 수행하고자 하는 연구자에게는 귀찮은 일로 보일 수 있지만, 이러한 세심한 배려의 과정을 통해 연구자와 연구참여자 간의 공정한 관계가 형성될 수 있다. 또한 이러한 종류의 단계적 배려는 연구자에게 막대한 실제적 이익을 안겨 줄 수 있다. 면담 연구에서 면담 약속에 맞춰 몇 시간 동안 운전해 갔는데 연구참여자가 나타나지 않는 것보다 더 좌절스러운 일은 없다. 연구참여자가 약속에 나타나지 않는 것은 의사소통이 잘못된 결과일 수도 있고, 연구참여자의 면담에 대한 열의 부족을 의미하기도 한다. 이는 연구참여자가 매우 많은 것을 주도록 부탁받았으나, 그 보답으로 어떠한 배려도 받지 못했다고 느끼기 때문에 발생한다. 면담 연구에서 면담을 시작하기 전에 연구참여자에게 접근하고 연락을 취하는 데 세심한 주의를 기울이는 것은 연구자가 연구참여자를 선정하고 면담을 시작할 준비를 하면서 할 수 있는 최선의 투자인 것이다.

10. 연구참여자 선정하기

잠정적인 연구참여자를 직접 만나는 과정이나 만남 직후에 연구자는 신중하게 연구참여자를 선정하는 매우 중요한 단계를 거친다. 심층 면담의 목적은 면담을 한 사람들의 경험을 이해하기 위해서이지 연구자가 임의대로 연구의 결과를 예측하거나 연구참여자의 경험을 통제하려는 것이 아니다(현상학적 접근의 기본 특성에 대해서는 van Manen, 1990, p. 22; van Manen, 2016, p. 298 참조). 심층 면담을 통한 질적 연구의 목적은 양적 연구처럼 연구자가 설정한 가설을 검증하는 것이 아니기 때문에, 연구자는 면담을 통해 수집한 자료를 분석한 결과를 일반화하는 것에 관심을 두지 않는다. 대신에 연구자의 과업은 면담을 통해 수집한 연구참여자의 경험을 자신의 논문에 최대한 자세하고 깊이 있게 제시하는 것이다. 그래야만 그 글을 읽는 사람들이 그 경험에 공감하고, 그 경험을 바탕으로 전달하고자 하는 의미를 통해 특정한 쟁점이나 주제에 대한 이해를 높일 수 있는 것이다. 다시 한번 강조하지만 심층 면담을 통한 질적 연구의 기본 가정과 전제는 양적 연구와는 다르기 때문에 연구참여자의 선정을 위한 접근 방식도 달라야 한다.

1) 연결 짓기

미국에는 이십만 명이 넘는 커뮤니티칼리지 교수들이 있다. 앞서 여러 번 예로 들었던 커뮤니티칼리지 교수진의 경험에 관한 연구(Seidman, 1985)에서 우리는 그중 76명만을 면담할 수 있었다. 따라서 우리가 직면한 문제는 어떻게 76명을 선정해야 그들의 경험이 단지 그들만의 특이한 경험으로 생각되지 않고 보다 많은 사람이 공유하는 경험으로 받아들여질 수 있는가 하는 것이었다. 실험 연구 및 준실험 연구의 설계에 많은 영향을 미친 Campbell과 Stanley(1963)는 이를 연구의 외적타당도(external validity)의 문제로 설명했다.

외적타당도에 대한 전통적인 접근 방식은 선정된 연구참여자들로부터 얻은 면담 결과가 보다 많은 사람에게로 일반화될 수 있는가를 판단하는 것이다. 일반화를 위한 가장 확실한 방법은 모집단을 대표할 수 있는 대표성이 높은 표본을 선택하는 것이다. 실험 연구나 준실험 연구에서 대표성을 확보하기 위해 가장 많이 사용되는 방법은 무선으로 연구 대상을 선정하는 것이다. 이론적으로는 충분히 큰 크기의 표본이 무선으로 선정되거나 층화 표집을 통해 선정된다면, 결과적으로 연구 대상의 대표성을 확보할 수 있다.

그러나 심층 면담 연구에서는 무선 표집이나 층화 표집이 불가능하다. 무선(randomness)이란 통계적인 개념으로, 연구 대상의 수가 매우 많을 경우에 적용할 수 있다. 심층 면담 연구에서는 엄밀한 의미에서 무선으로 연구참여자를 선정해서는 안 된다. 더욱이 심층 면담을 수행하기 위해서는 연구참여자가 연구참여동의서에 서명하는 절차를 반드시 거쳐야 하기 때문에 연구참여자의 자기선택권이 있다고 보아야 한다. 즉, 자기선택과 무선 표집은 양립할 수 없는 개념이다.

심층 면담 연구의 특성상 면담을 통해 드러낼 수 있는 한 사람의 경험의 깊이를 고려한다면, 연구참여자의 선정 과정에서 일반화나 대표성의 문제보다는 한 개인의 흥미로운 경험을 어떻게 소환해 내느냐가 더 중요한 고려사항이 된다. 즉, 연구자가 연구참여자의 경험을 깊이 있게 포착해 낼 수 있다면, 일반화의 문제를 다른 방식으로 생각해 보아야 한다(일반화 개념에 대한 심화된 논의는 Lincoln & Guba, 1985 참조).

첫째, 연구자는 여러 명의 연구참여자와의 심층 면담을 통해 공통적인 경험을 찾아볼 수 있다. 그러한 공통점을 통해 연구참여자들이 개인적으로는 각기 다른 삶을 살아왔지만, 공통적으로 사회구조적 문제나 특정한 사회적 영향으로 유사한 삶의 경험을 하고 있음을 드러낼 수 있다. 연구자는 연구참여자들의 경험 속에서 나타나는 나름대로의 공통점이나 유사한 패턴을 찾아냄으로써 이에 대해 탐색하고 관심을 가질 수 있도록 독자들을 이끌 수 있다.

둘째, 심층 면담을 통해 연구참여자들의 이야기를 깊이 있게 담아냄으로써 글을 읽는 독자들이 자신의 경험과의 유사성을 찾거나 공감하도록 할 수 있다. 물론 독자들이 연구참여자의 경험을 통해 자신의 경험을 통제하거나 예측하는 법을 배울 수는 없겠지만, 자신과 유사한 연구참여자들의 삶의 경험을 통해 인간의 삶에 대한 복잡성을 한층 더 깊이 이해할 수 있을 것이다. 또한 개인의 삶이 사회적이고 구조적인 문제와 어떻게 얽히고설켜서 서로 영향을 주고받는지를 더 잘 이해할 수 있게 되어 자신의 삶에 대해 보다 깊이 이해하고 복잡한 삶의 모습을 겸허하게 받아들일 수 있게 될 것이다.

2) 목적 표집

무선 표집이 불가능하다면, 연구참여자들을 어떻게 선정하는 것이 최선인가? 대체로 모두가 동의하는 답은 목적 표집(purposeful sampling)이다. 목적 표집의 다양한 기법에 대한 Patton(2015, pp. 264-309)의 논의는 매우 포괄적이고 유용하다. 그는 '전형적 사례' '극단적 혹은 특이한 사례' '결정적 사례' '민감한 사례' '편의 표집' '최대 다양성 추구 표집' 등을 제안했다(현상학적 접근을 표방하는 연구에서의 목적 표집의 예는 Dana, Delane, & George, 2010 참조).

최대 다양성 추구 표집(maximum variation sampling)은 기관이나 사람 모두에게 적용될 수 있다. 표본으로 선정된 사람들이나 기관들은 모집단에 놓고 보아도 온당한 것이어야 한다. 이 기법은 그 연구를 읽는 독자에게 자신이 읽고 있는 것을 연결시킬 수 있는 가능성을 최대화하는 것이다. 개인적으로 내가 연구에서 가장 많이 사용하는 기법이기도 하다.

예를 들어, 연구자가 매사추세츠주 도시 지역의 학군에서 지역 교사노동조합에 가입한 소수민족 교사들의 경험을 탐색하는 연구를 한다고 가정하자(Galvan, 1990). 최대 다양성 추구 표집을 사용하여, 연구자는 모집단을 형성하는 기관들과 사람들의 최대 범위를 파악하기 위해 모집단의 특성을 분석해야 한다.

첫째로 연구자는 자신이 '**도시**(urban)'라는 용어를 사용할 때 무엇을 의미하는지를 명확히 해야 한다. 그리고 나서 자신의 정의에 맞는 매사추세츠주에 있는 학교의 범위를 결정해야 한다. 그 범위 안에서, 연구자는 모든 소수민족 교사의 경험에 관심이 있는지, 유치원(K)부터 12학년에 해당하는 소수민족 교사들의 경험에 관심이 있는지, 혹은 특정 학년에 해당하는 소수민족 교사들의 경험에 관심이 있는지를 결정해야 한다.

매사추세츠주의 지역 교사노동조합들은 주로 국가교육협회(the National Education Association)나 미국교사연합(the American Federation of Teachers)에 가입되어 있다. 연구자는 양쪽 중 어느 쪽에 가입되어 있든 상관없는지, 아니면 특정한 한쪽에 가입되어 있는 소수민족 교사들의 경험에 관심이 있는지를 결정해야 한다.

기관의 범위를 고려한 다음에는, 소수민족 교사이며 지역 교사노동조합에 속해 있는 사람들의 범위를 고려해야 한다. 연구자는 전체 모집단을 대표할 수 있도록 남녀 교사의 수, 소수민족의 범위, 가르치는 교과목, 가르치는 학년, 교사의 경력과 연령을 결정해야 한다.

앞에 제시한 특성들은 연구자가 고려하는 모집단을 나타내는 다양성 중 일부의 예이지 전부는 아니다. 다양성이 너무 많다면, 연구자는 연구의 범위를 제한할 수 있다. 예를 들어, 많은 지역에 분포해 있는 한 소수민족 교사들의 경험으로 제한하거나, 일부 지역의 모든 소수민족 교사의 경험으로 제한할 수 있다. 여전히 목표는 연구의 제한된 범위 내에서 기관이나 사람들의 다양성을 최대화할 수 있도록 의도적으로 표집하는 것이다.

　연구하고자 하는 모집단의 다양성을 반영하여 연구참여자를 선정하는 것에 더하여, 또 다른 유용한 기법 중 하나는 그 범위 밖에 있거나 부정적인 사례라고 할 수 있는 연구참여자들을 포함시키는 것이다(Lincoln & Guba, 1985; Locke et al., 2004, pp. 222-223; Weiss, 1994, pp. 29-32). 예를 들면, 앞서 제시한 소수민족 교사에 관한 연구에서, 지역 교사노동조합의 일원이면서 소수민족 교사가 아닌 교사들을 포함시키는 것이다. 연구자가 면담을 통해 소수민족 교사와 소수민족이 아닌 교사 모두가 유사한 경험을 한다고 밝혀낸다면, 이는 민족이나 주류/소수의 문제가 아닌 것이다.

　또 다른 예로, Schatzkamer(1986)는 커뮤니티칼리지로 돌아온 중년 여성들의 경험을 연구하는 데 관심이 있었다. 그녀는 자신이 연구참여자로 선정한 여성들의 경험과 어떤 관련이 있는지 알아보기 위해 대학으로 돌아온 중년 남성들도 면담하기로 결정했다. 연구의 중심이 되는 대상의 범위 밖에 존재하는 연구참여자를 포함시키는 것은 연구자가 자신의 연구로부터 쉽게 결론을 이끌어 내는 것에 대해 주의하고 점검해 볼 수 있게 하는 효과적인 방법이다.

11. 연구참여자 선정 과정에서 피해야 할 유혹

　면담을 처음 해 보는 연구자들은 잠재적인 연구참여자가 연구참여를 꺼리는 것을 지나치게 자신의 문제로 받아들이는 경향이 있다. 그 사람들에게 면담에 참여해 달라고 설득하는 것은 결코 좋은 방법이 아니다. 연구참여에 대해 꺼리는 표정을 감지하고도 연구자가 장황하게 설득하는 것은 결국 면담 자체를 끊임없는 어려움에 직면하게 할 뿐이다(Richardson et al., 1965). 특히 아동이 면담에 참여할지 말지를 결정할 수 있도록 자율성을 존중하는 것은 중요하다. 부모나 보호자가 연구참여에 동의했더라도, 연구참여를 꺼리는 아동을 억지로 참여하게 하는 것은 적절하지도 않고 불행한 결과를 초래할 뿐이다(O'Reilly &

Dogra, 2017, pp. 96-97). 연구자는 잠재적인 연구참여자의 얼굴에 잠시 스쳐 지나가는 무심한 표정을 너무 크게 받아들이거나 꺼리는 잠재적인 연구참여자에게 반드시 참여해 달라고 너무 열심히 설득하는 것 사이에서 중심을 잡을 수 있어야 한다.

또 다른 유혹은 지나치게 면담에 참여하고 싶어 하는 잠재적인 참여자들이다. 사전 방문을 통해 연구자는 그 사람에게 다른 의도가 있는지를 확인할 수 있다. Sullivan과 내가 한 커뮤니티칼리지에 사전 방문했을 때, 우리는 그 대학이 학장을 막 해임했다는 것을 알게 되었다. 대학은 학장의 해임을 주도한 파, 반대한 파 등 여러 파로 나뉘어 있는 상태였다. 우리가 접촉했던 일부 교수들은 면담에 참여하는 것을 매우 꺼려 한 반면, 일부 교수들은 매우 적극적으로 참여하기를 원했다. 우리 연구의 목적은 커뮤니티칼리지 교수들의 업무를 이해하는 것이었다. 비록 대학의 정치성(politics)이 교수 업무의 일부인 것은 사실이지만, 이 경우는 대학에서의 당파적인 정치성이 연구참여자라기보다는 정보원에 더 가까운 사람들을 우리 연구에 참여시킬 위험성을 내포하고 있었다(Dean & Whyte, 1958; Lincoln & Guba, 1985; Richardson et al., 1965).

사전 방문에서 사람들은 종종 우리에게 상을 받은 동료나 이야기를 잘하는 동료를 면담하라고 말한다. 우리의 조언은 항상 그러한 '인기인'을 피하라는 것이다. 심층 면담은 인기나 유명세에 관계없이 모든 사람의 경험이 의미 있다는 것을 보여 주는 방법으로 사람들의 이야기를 끌어내고자 하는 것이기 때문이다.

12. 연구참여자의 수는 몇 명이 충분한가?

초보 연구자들은 종종 면담 연구에 몇 명의 연구참여자가 필요한지 묻는다(연구참여자의 수에 대한 논의는 Patton, 2015, pp. 311-315 참조). 어떤 연구자들은 면담할 연구참여자의 수를 처음부터 정하지 않고 연구를 진행해야 한다고 주장하기도 한다. 면담을 진행하다 보면, 새로운 쟁점이 추가될 수 있고, 그에 따라 연구참여자의 수를 더할 수 있기 때문이다(Lincoln & Guba, 1985; Rubin & Rubin, 2012). 다른 연구자들은 '눈덩이 표집' 방식을 선호하기도 하는데, 이는 연구참여자가 다른 연구참여자를 소개하면서 연구참여자의 수를 늘려 나가는 것이다(Bertaux, 1981). 연구자가 연구참여자의 선정을 최대한 공정하고 다양하게 하기 위해 먼저 목적 표집을 하고, 그다음에 눈덩이 표집을 통해 연구참여자를 더한다고 하더라도, 연구자는 몇 명에서 면담을 종결해야 하는지 알아야 한다. 즉, 몇 명의 연구참여자가 충분한지는 연구자가 판단해야 하는 것이다.

충분하다는 판단의 준거로는 두 가지가 있다. 첫째는 수적인 충분함이다. 연구참여자의 다양성과 함께 연구참여자가 소속된 기관이나 맥락이 충분히 포괄적이어서 연구참여자의 경험이 충분히 다른 사람들에게 공감대를 형성할 수 있는지를 고려하는 것이다. 커뮤니티칼리지의 교수진에 대한 면담 연구에서 우리는 전공, 남 · 녀 · 소수자의 비율, 나이와 경력을 모두 고려해야 했기 때문에 충분히 많은 연구참여자가 필요했다. 우리는 또한 박사학위를 가진 교수들과 그렇지 않은 교수들을 모두 포함했다. 나아가 우리는 하나의 범주에 한 명의 연구참여자만 포함되는 것은 너무 편향적이라고 생각해서 되도록 한 명 이상을 선정하기 위해 노력했다.

둘째는 연구참여자가 제공하는 정보의 포화 정도다. 연구자들(Douglas, 1976; Glaser & Strauss, 1967; Lincoln & Guba, 1985; Rubin & Rubin, 2012; Weiss, 1994)은 면담을 진행하다 보면 어느 순간부터 연구참여자들로부터 같은 정보나 유사한 이야기를 듣기 시작한다고 한다. 그 순간부터 연구자는 더 이상 새로운 것을 배우지 않게 된다는 의미다. Douglas(1985)는 자신의 연구에서 이를 평가해 보고는, 숫자를 하나 정하라면 25명이 적절하다고 주장했다.

심층 면담을 하는 연구참여자의 수가 몇 명이면 충분하다고 이야기하기는 어렵다. '충분함'이라는 것은 상대적인 것으로, 연구 주제에 따라, 연구자의 특성에 따라, 연구 절차에 따라 다를 수 있기 때문이다. 수적인 충분함과 정보의 포화 정도를 준거로 하는 것이 유용하지만, 실제 연구를 수행할 때는 소요 시간, 비용, 자원도 연구참여자의 수를 정하는 데 중요한 고려사항이 된다. 박사학위논문을 준비하는 연구자의 경우에는 더욱 그렇다(연구참여자의 수에 대한 준거로서 포화의 대안은 Malterud, Siersma, & Guassora, 2016 참조).

하지만 판단이 어려운 경우에는 연구참여자의 수를 줄이는 모험을 하기보다는 연구참여자의 수를 늘리는 쪽을 택하는 것이 더 낫다. 박사과정 학생들을 지도하다 보면, 종종 적은 수의 연구참여자를 대상으로 면담을 진행하고, 수집된 자료의 양이 충분하지 않아 분석하는 과정에서 힘겨워하는 경우가 많다. 적은 수의 연구참여자를 면담하면 연구 초반에 시간이 훨씬 단축되는 것처럼 보이지만, 면담 자료를 분석하고 해석하는 과정에서 너무나 큰 어려움과 좌절감을 경험할 수 있다.

현상학적 심층 면담을 통해 수집한 연구참여자들의 이야기에서 유사한 사회적 상황과 사회구조적 문제로 인해 비슷한 사회적 경험과 삶의 과정이 도출된다면, 그 이야기가 전하는 힘은 다른 어떤 것과도 견줄 수가 없다. 따라서 연구자는 면담을 시작하기 전에 최대한 폭넓게 연구참여자의 특성과 연구참여자가 소속된 기관이나 맥락이 다양하게 포함될 수 있도록 적절한 연구참여자의 수를 정해야 한다. 하지만 면담을 수행하다 보면, 어느 순간엔가 자연스럽게 연구참여자들의 이야기가 더 이상 새롭지 않고, 면담이 즐겁기보다는 반복적이고 인내를 필요로 하는 일처럼 느껴지게 된다(Bertaux, 1981). 그러면 "이제 됐어. 충분해!"라고 말할 수 있는 순간이 된 것이다.

제5장

기관생명윤리위원회(IRB)와
연구참여동의서

　최근 많은 관심을 받고 있는 연구윤리는 지난 20세기에 유럽과 미국에서 자행된 상상할 수 없을 정도로 끔찍한 인간 대상 연구들에서 비롯되었다. 제2차 세계대전 당시 나치 정권이 강제수용소의 유대인들을 대상으로 자행했던 인체실험이 가장 잘 알려진 예다. 제2차 세계대전 이후 당시 실험을 주도했던 독일 의사들이 뉘른베르크에서 열린 전범 재판에 회부되었고, 재판에 관여했던 미국 판사들과 의학전문가들이 1947년에 '뉘른베르크 강령(Nuremberg Code)'을 제정했다(Annas & Grodin, 1992). 뉘른베르크 강령은 국제적으로 채택된 최초의 의학연구 윤리강령으로, 이후 인간을 대상으로 한 「연구윤리강령」과 법규의 기초가 되었다. 강령의 핵심은 모든 연구 대상은 반드시 자발적으로 연구에 참여해야 한다는 것이다(Annas, 1992; Mitscherlich & Mielke, 1949; Reynolds, 1979).

　인간의 기본권을 침해한 연구는 미국에도 있었다. 그중 의학 역사상 최악의 임상실험으로 악명 높은 '터스키기 매독 연구(Tuskegee Syphilis Experiment)'는 1932년에 시작되어 이후 40년 동안 지속된, 매독의 자연적인 진행 경과와 치료에 대한 임상연구였다. 매독을 치료할 수 있는 페니실린이 나온 이후에도 이를 연구 대상인 가난하고 문맹인 아프리카계 미국인들에게 제공하지 않은 채 연구를 진행하여 사람들이 매독이나 합병증으로 사망하고, 배우자와 자녀도 매독에 감염되는 결과를 초래했다(Heller, 1972; West, 2014). 연구윤리와 관련된 최근의 연구 사례는 Rebecca Skloot(2011)의『헨리에타 랙스의 영생(The Immortal Life of Henrietta Lacks)』에 잘 나타나 있다.

1. 벨몬트 보고서

이처럼 인간의 기본권을 침해하는 연구들이 미국 내에서도 자행되었다는 사실에 직면하자 미국 연방정부의 여러 부처는 연구참여자의 기본권을 보호하기 위한 정부 지침을 1950년대, 1960년대, 1970년대에 걸쳐 지속적으로 발표했다(Anderson, 1996; Applebaum, Lidz, & Meisel, 1987; Faden & Beauchamp, 1986). 특히 터스키기 매독 연구가 알려진 후 대중의 분노에 대응하고, 연구참여자의 권리를 보호하기 위한 정부의 노력에 일관성을 높이기 위해, 1974년에 의회에서 「국가연구법(National Research Act)」을 통과시키고, '생명의학 및 행동 연구의 인간 대상 보호를 위한 국가위원회(National Commission for the Protection of Human Subjects of Biomedical and Behavioral Research, 1979)'를 설립했다(Shamoo & Resnik, 2015).

이후 여러 해 동안의 심의를 토대로, 이 위원회는 1979년에 이후 많은 영향력을 발휘하게 되는 인간 대상 보호를 위한 윤리 원칙과 지침을 정리한 '벨몬트 보고서(the Belmont Report)'를 발표했다. 벨몬트 보고서에는 인간을 대상으로 하는 모든 연구에서 반드시 지켜야 하는 세 가지 기본 윤리 원칙이 명시되어 있다.

- 인간 존중(Respect for Persons): 인간의 자율성을 존중할 것, 자율성의 침해 위험이 높은 취약한 대상에 대한 추가적인 보호장치를 마련할 것
- 선행(Beneficience): 인간에게 해를 끼치지 않을 것, 이익은 극대화하고 위험은 최소화할 것
- 정의(Justice): 연구참여자의 공정한 선정을 보장할 것, 모든 참여자를 공정하게 대할 것

벨몬트 보고서는 매우 간략하고 명쾌하지만, 이후 제정된 많은 연구윤리 원칙과 지침의 기반이 되었기 때문에 연구자라면 누구나 그 내용을 숙지할 필요가 있

다. 벨몬트 보고서의 구체적인 내용은 인터넷 검색으로 자세히 살펴보기 바란다.

2. 기관생명윤리위원회의 설립

벨몬트 보고서를 기반으로 연방정부는 여러 정부기관에서 제정한 지침들을 '기본 규정(the Common Rule; 45 CFR 46)'이라는 명칭하에 통합하기 시작했다. 이 기본 규정은 연방정부의 인간 대상 보호 정책(Title 45, Part 46, Subpart A of the Federal Policy for the Protection of Human Subjects)에 구체적으로 명시되어 있으며, 2018년의 개정본을 온라인에서 확인할 수 있다. 이 규정의 자세한 역사적 맥락은 Anderson(1996)과 Resnik(2018)을 참조하기 바란다.

연방정부는 기본 규정을 제정하면서 연구참여자 보호를 위한 실질적인 장치를 분권화하기 위한 중대 결정을 내렸다. 이 규정에 의하면, 인간 대상 연구를 수행하며 연방정부의 재정 지원을 받는 대학, 병원, 연구소, 단체는 각기 기관생명윤리위원회(Institutional Review Board: IRB)를 설립해야 한다.[1] 기관생명윤리위원회의 기능은 해당 기관에서 수행되는 연구에 참여하는 인간의 권리와 안녕을 보장하는 것이다. 각 기관과 기관생명윤리위원회는 인간 대상 연구를 어떻게 심의할 것인지를 결정하는 데 있어서 어느 정도의 융통성을 가질 수 있다.

기관생명윤리위원회마다 차이가 있을 수 있지만, 연구참여자의 존엄성과 안녕에 미치는 영향이 최소한인 주제로 자발적인 성인 연구참여자를 면담하는 대부분의 연구는 심의면제 대상으로 간주되거나 '심의면제' 혹은 '신속심의'를 신청하여 승인을 받게 된다. 미국 내의 다양한 기관생명윤리위원회에서는 종종 '심의면제'와 '신속심의'를 다르게 규정하는 경우도 있다. 예를 들면, '심의면제'

---

1) 우리나라의 경우, 「생명윤리 및 안전에 관한 법률」이 제정되어 시행되고 있으며, 이 법률에 기관생명윤리위원회의 설치가 명시되어 있다. 또한 자신이 속한 기관에 기관생명윤리위원회가 없을 경우, 공용생명윤리위원회의 심의를 거칠 수 있다. 구체적인 내용은 기관생명윤리위원회 정보포털(http://www.irb.or.kr/MAIN.aspx)을 참고하기 바란다. —역자 주

가 기관생명윤리위원회의 정규심의는 면제하지만 최소한의 행정적인 심의 절차는 거쳐야 하는 것을 의미하기도 하고, '신속심의'가 기관생명윤리위원회의 심의위원들이 모두 참여하는 정규심의는 받을 필요가 없지만 적어도 1~2명의 심의위원에게 심의를 거쳐 승인을 받아야 하는 것을 의미하기도 한다. 그러므로 연구자는 연구의 초기 단계에서 자신이 속한 기관생명윤리위원회의 규정과 절차를 확인하고 그에 맞게 심의를 준비해야 한다. 또한 생명윤리에 관한 법률과 규정들이 지속적으로 개정되고 있는 상황이기 때문에, 현재의 법률과 규정들에 대해 확인하여 변화된 부분들을 인지하고 그에 맞게 대처할 필요가 있다.

연구자가 계획한 심층 면담 연구에서 연구참여자가 식별될 수 있는 위험이 존재한다면, 반드시 기관생명윤리위원회의 심의 절차를 거쳐야 한다. 연구자는 지나치다 싶을 정도로 세심하게 주의를 기울여야 하고, 정규심의든 신속심의든 심의면제심의든 간에 기관생명윤리위원회의 심의를 받을 것임을 가정하고 준비해야 한다. 만약 계획한 심층 면담 연구에 대해 심의면제를 받더라도, 연구자는 모든 연구에 핵심적인 윤리적 의무를 잊지 말아야 한다. 즉, 연구참여자에게 연구에 대해 상세히 설명하고, 연구참여자가 자발적으로 참여를 결정할 수 있도록 해야 한다. 다시 한번 강조하지만, 연구자는 연구 계획을 시작하는 단계에서 자신이 속한 기관생명윤리위원회의 현재 규정과 심의 절차를 확인하고 이에 따르는 것이 무엇보다 안전한 방법이다. 미국 연구자들의 경우는 '개정된 기본 규정에 대한 질문과 대답(Companion Q&As About the Revised Common Rule)'이라는 제목으로 검색되는 온라인 가이드라인을 참고하기 바란다.[2]

1) 기관생명윤리위원회의 구성과 심의 절차

기관생명윤리위원회의 심의가 필요한 경우, 연구자는 연구 자료 수집 전에 심

---

2) 우리나라 연구자들의 경우에는 '기관생명윤리위원회 정보포털'의 '정보마당' FAQ(http://www.irb. or.kr/Menu04/FAQList.aspx)를 참고할 수 있다.―역자 주

의를 위한 연구계획서를 제출해야 한다. 학위논문을 준비하는 박사과정이나 석사과정 학생의 경우, 기관생명윤리위원회의 심의는 논문지도위원회의 연구계획서 심사와는 별개로 수행해야 하는 부가적인 절차다.

초보 연구자에게 기관생명윤리위원회의 심의는 또 하나의 거대한 장벽으로 받아들여질 수도 있고, 큰 부담감을 줄 수도 있다. 기관생명윤리위원회의 심의에 대한 부담감을 떨쳐 버리고 자신감을 얻고자 한다면, 기본 규정(45 CFR 46)의 인간 대상 보호 조항을 자세히 읽고, 가능하다면 기관생명윤리위원회의 심의위원이나 행정간사를 만나 보는 것이 도움이 될 수 있다. 물론 기관생명윤리위원회에서 요구하는 규정 관련 용어들이 처음에는 지나치게 형식적이고 어렵게 느껴질 수 있지만, 규정을 꼼꼼하게 읽고 그 내용을 이해하면 초보 연구자가 느끼는 두려움이나 부담감을 극복할 수 있다. 내 경험에 따르면, 기관생명윤리위원회의 심의는 철저하게 준비하면 연구자가 자신의 연구 속에 내포되어 있는 윤리적 문제에 대해 진지하게 고민하고 새로운 연구윤리 의식을 갖게 하는 계기를 마련해 준다.

각 기관생명윤리위원회는 심의 신청을 위한 고유한 서식을 가지고 있다. 서식에는 기본적으로 연구 목적, 연구참여자의 특성, 연구 방법, 연구 수행을 위한 연구자의 교육적 배경과 경력, 연구참여를 통해 얻을 수 있는 이익과 위험, 연구참여자에게 연구참여동의를 받는 방법과 절차에 대한 설명이 포함된다.

미국뿐 아니라 다른 나라에도 이와 유사한 기관생명윤리위원회의 절차가 있다. 미국 연방정부 산하 연구참여자보호위원회(The Office for Human Research Protection: OHRP)는 '인간 대상 연구의 국제 표준(International Compilation of Human Research Standards)'을 편찬했는데(U.S. Dept. of Health & Human Services, 2018), 여기에는 100개국 이상의 관련 법령, 규정, 지침에 대한 정보와 함께 주요 관련 기관과 법령을 볼 수 있는 링크가 수록되어 있다. 만일 연구자가 외국에서 연구를 수행하고자 한다면, 자신이 속한 기관의 기관생명윤리위원회의 심의 절차와 함께 연구를 수행하고자 하는 국가의 심의 절차도 따라야 한다. 그 국가에 공식적인 심의 절차가 있든 없든 간에 중요한 것은 연구자가 무엇이 윤리적인가에 대한 해당 국가의 사회문화적 기대에 민감해야 한다는 것이다 (Cleary, 2005, 2013).

따라서 연구자가 외국에서 연구를 수행하고자 한다면, 연구의 초기 단계에 해당 국가의 연구윤리 심의 절차를 확인하고 준비해야 한다. Hubbell(2003)과 Cleary(2005, 2013)의 연구를 참고하면, 외국에서 면담 연구를 수행할 때 발생할 수 있는 복잡한 상황들을 이해하는 데 도움이 될 것이다. 또한 이 장의 후반부에 제시된 외국의 연구참여자들에게 연구참여동의를 구하는 방법에 대한 설명도 참고하기 바란다.

3. 연구참여동의서

기관생명윤리위원회가 연구자에게 제출하도록 요구하는 서류의 서식이나 내용은 기관마다 다소 차이가 있을 수 있지만, 그중 가장 핵심적인 것은 '연구참여동의서'다(Resnik, 2018; Ritchie, 2003, p. 217). 면담으로 처음 연구를 수행하는 연구자들은 연구참여동의서를 받는 것에 대해 주저하는 경향이 있다. 연구자들은 자신이 선한 의도로 연구에 임하고 있다는 것에 어떠한 의심도 있을 수 없으며, 연구참여동의서라는 형식적인 절차가 오히려 연구참여자와의 관계를 어색하게 할까 봐 걱정한다. 하지만 연구자들의 이런 생각은 자칫하면 면담 수행 과정에서 발생할 수 있는 위험 요소를 충분히 고려하지 못하는 우를 범하게 할 수 있다 (Smith, 1992, p. 102).

물론 의학적인 실험에 참여하는 과정에서 경험할 수 있는 죽고 사는 정도의 위험 요소는 심층 면담에 없지만, 그렇다고 해서 면담에 어떠한 위험 요소도 없다고 단정해서는 안 된다. 이 책이나 다른 질적 면담 연구 방법에서 제안하는 면담 구조에 따라 심층 면담을 하는 경우에는 연구자가 주제에 대한 연구참여자의 경험을 깊이 있게 탐색하게 된다. 세 번의 면담을 통해, 연구자와 연구참여자 간에는 어느 정도의 친밀감이 형성된다. 그러한 친밀감을 바탕으로 연구참여자는 자신의 삶에 대한 구체적인 경험을 나누게 되는데, 때로는 자신에게 불편한 것들이나 감정적으로 괴로운 것들까지 떠올릴 수 있다. 또한 이후에 연구자가 면담 내용을 바탕으로 논문을 쓸 때 연구참여자의 말을 잘못 인용하거나 그 의미를 잘못 해석해서 연구참여자를 곤경에 빠지게 하거나 상처를 줄 수도 있다. 따라서 연구참여자는 면담의 진행 과정에서 혹은 연구물을 통해 자신의 이야기가 알려져서 경험할 수 있는 부담감이나 심리적인 상처로부터 보호받을 권리가 있다(Kelman, 1977). 연구참여동의서는 연구참여자가 면담에 응하기로 한 순간부터 연구의 전 과정에 걸쳐 경험할 수 있는 여러 가지 잠재적인 위험 요소에 대해 연구참여자가 이해하도록 돕는 첫걸음이 된다.

뉘른베르크 강령과 벨몬트 보고서에도 나와 있듯이, 인간 대상 연구의 윤리 원칙 중 핵심은 어떠한 형태의 압력도 없는 연구참여자의 지극히 자발적인 참여다. 연구참여자가 기꺼이 연구참여에 동의하고 연구에 참여하기 위해서는 반드시 연구 내용을 충분히 이해할 수 있어야 한다. 즉, 연구참여동의서의 역할은 연구참여를 고려하는 사람들에게 연구 내용을 상세히 설명하고 자발적인 참여의사를 확인하는 것이다['연구참여동의(informed consent)'의 역사적 맥락에 대해서는 Capron, 2018 참조].

연방정부의 연구참여동의에 대한 지침(Federal Policy for the Protection of Human Subjects, §46.116~§46.117, 2018)은 의학 연구를 염두에 두고 만들었기 때문에 연구에 참여함으로써 얻을 수 있는 이익과 위험을 중요하게 다룬다. 즉, 이 지침이 인간을 대상으로 한 실험 연구에 적절한 조항으로 구성되어 있기는 하지만, 질적 연구에도 충분히 적용 가능하다(질적 연구에 연방정부의 지침을 적용하는 것에 대한 구체적인 논의는 Cassell, 1978과 van den Hoonaard & van den Hoonaard, 2013의 제13장, 제14장 참조). 다음에서는 질적 면담 연구에 적용될 수 있도록 조정한 연구참여동의의 필수 내용들을 제시한다.

4. 연구참여동의서의 일곱 가지 주요 내용

연구참여동의서에 포함되어야 할 내용을 설명하기에 앞서 나는 실제로 사용한 연구참여동의서의 샘플을 제시하고 싶은 유혹을 억지로 참았다. 그 이유는 연방정부의 지침을 준수하는 범위 내에서 각 기관생명윤리위원회마다 어느 정도의 자율성을 가지고 있고, 고유한 연구참여동의서 서식을 사용하기 때문이다.[3] 또한 어떤 샘플을 그대로 따라서 연구참여동의서를 만들면, 결국 연구자가 곤경에 처하게 될 수 있기 때문이다. 나는 연구계획서를 준비하는 연구자가 자신의 연구에 맞게 연구참여동의서의 모든 내용을 고민해 볼 것을 강력히 권고한다. 그래야만 연구참여동의서에 포함된 일곱 가지 내용이 각기 나름대로의 목적을 가지고 있음을 이해하고, 연구의 학문적·실제적 기여도뿐 아니라 연구참여자 입장에서의 이익과 위험을 모두 고려하며, 기관생명윤리위원회가 기대하는 바를 명확히 이해할 수 있어 자신의 연구에 맞는 연구참여동의서를 만들어낼 수 있기 때문이다. 내 경험상, 이렇게 고민하며 연구참여동의서를 작성해 봄으로써 연구자는 자신의 연구에 내재된 윤리적인 쟁점들에 대해 다시 한번 내적으로 숙고할 수 있고, 자신의 연구 수행 능력을 발전시키는 데에도 많은 도움을 받게 된다. 다음에서는 연구참여동의서에 포함되는 일곱 가지 내용을 심층 면담 연구에 적용하여 보다 구체적으로 설명하고자 한다.

---

3) 소속 기관에 기관생명윤리위원회가 있는 경우는 해당 홈페이지에서 제출 서류, 심의 절차, 심의 일정 등을 확인할 수 있으며, 해당 제출 서식을 다운받아 사용해야 한다. 연구참여자(법정대리인용 포함)에게 제시하는 설명문 및 동의서도 그중 하나로, 대체로 들어가야 하는 내용과 예시가 제시되어 있으니 이를 참고하기 바란다. 공용기관생명윤리위원회를 이용하는 경우는 '기관생명윤리위원회 정보포털' 홈페이지에 제시된 제출 서류를 확인한 후, '정보마당'의 '자료실(http://irb.or.kr/Menu04/ReferenceList.aspx)'에 제시된 해당 권고 서식을 다운받아 사용하면 된다.−역자 주

1) 연구에 대한 소개: 무엇을, 얼마나 오래, 어떻게, 무엇을 위해, 누구를 위해?

무엇을, 얼마나 오래, 어떻게?　연구참여동의서의 첫 부분에서 연구자는 전문 용어를 사용하지 않고 간단명료하게 참여를 요청하는 연구에 대해 소개해야 한다. 심층 면담 연구의 경우, 반드시 이 부분에 동의된 주제에 대한 심층 면담을 진행할 것임과 세 번의 면담이 어떻게 진행될지를 명확히 설명해야 한다. 즉, 첫 번째 면담은 연구참여자의 생애사에 대해, 두 번째 면담은 연구 주제와 관련된 연구참여자의 구체적인 경험에 대해, 세 번째 면담은 연구참여자가 자신의 경험에 부여하는 의미에 대해 면담이 이루어질 것임을 밝혀야 한다. 또한 심층 면담은 보통 90분 정도의 시간이 소요되고, 각각의 면담은 1~2주의 간격을 두고 이루어지게 됨을 알려야 한다. 나아가 연구자는 심층 면담의 내용이 녹음될 것임도 반드시 연구참여자에게 설명해야 한다(연구참여자의 비밀보장에 대한 자세한 설명은 p. 136에 제시된 '5) 수집된 자료에 대한 비밀보장' 참조).

무엇을 위해?　이 부분에서 연구자는 간결하게 연구의 학문적 · 실제적 목적을 설명해야 한다. 첫째, 왜 특별히 이 주제에 관심을 가지고 연구를 하려는지 설명해야 한다. 둘째, 예를 들어, 박사학위논문을 준비하는 연구자의 경우에는 이 연구가 박사학위논문과 그 이후의 학술대회 발표 및 학술논문 출판으로 이어질 수 있음을 밝혀야 한다.

누구를 위해?　연구참여자는 심층 면담을 수행하는 연구자가 누구인지를 명확히 알 수 있어야 한다. 예를 들어, 연구자가 대학에서는 박사과정 학생이고, 동시에 교육청에서는 고용된 직원이라면, 이 두 가지 신분을 모두 밝혀야 한다.
　또한 연구참여자는 자신의 면담 내용이나 전사본이 논문으로 발표되기 전에 누구에게 공유되는지도 알 수 있어야 한다. 예를 들어, 연구참여자가 학생이라면 그 학생의 담임교사나 교장이 전사본을 읽을 수 있는지, 아니면 논문지도위원회의 위원장이 녹음본을 직접 들을 수 있는지 등을 밝혀야 한다. 연구참여자가 아동인 경우에는 부모가 녹음본을 직접 듣거나 전사본을 읽을 수 있는지 등을 밝혀야 한다(Duncan, Drew, Hodgson, & Sawyer, 2009).

마지막으로 연구가 어떠한 형태든 지원을 받아 이루어지는 것이라면, 연구자는 연구참여자에게 지원기관과 어떤 지원을 받는지에 대한 정보를 제공해야 한다.

2) 연구참여로 인해 발생할 수 있는 위험, 불편, 취약성

연구참여로 인해 발생할 수 있는 위험은 크게 두 가지로 나눌 수 있다. 면담 과정에서의 위험과 면담이 끝난 이후의 위험이다(위험에 대한 상세한 설명은 Corbin & Morse, 2003 참조. 연구참여로 인한 이익과 위험에 대한 IRB의 관점에 대해서는 Opsal et al., 2016 참조). 앞서 설명했듯이, 심층 면담이 진행되는 동안 연구참여자가 정서적으로 불편함을 느낄 수 있는 내용이 나올 수 있다. 물론 연구 주제에 따라 다르겠지만, 연구자는 연구참여자가 때때로 면담 과정에서 불편함을 느낄 수 있음을 알리고, 연구자는 면담을 중지하는 것을 포함해서 그러한 경우가 발생하는 것을 최소화하기 위해 노력할 것임을 명확히 해야 한다. 연구의 특성에 따라 연구자가 불편함을 표출하는 연구참여자에게 도움을 받을 수 있는 기관(예: 상담전화, 웹사이트)의 목록을 제공할 수도 있다. 예를 들어, 연구참여자가 자해의 경험에 대해 이야기한다면, 연구자는 관련 상담 기관을 안내해 줄 수 있다.

또한 논문작성 과정에서 연구자가 연구참여자의 말을 상당 부분 그대로 인용하는 경우, 그 내용이나 분량에 따라 연구참여자의 신분이 드러날 수도 있다. 이처럼 동의한 것과 다르게 연구참여자의 신분이 노출되어 연구참여자의 삶이 대중에게 알려진다면 연구참여자는 그로 인해 불편함과 당혹감을 느낄 수 있다. 다시 말해서, 연구참여자는 자신의 사적 경험을 연구자가 다른 사람들에게 알려 자신의 존엄성이 훼손되었다고 느낄 수 있다(Kelman, 1977).

3) 연구참여자의 권리

연구참여자가 위험에 노출될 수 있는 가능성을 최소화하기 위한 가장 기본적인 예방책은 연구참여자에게 권리를 명확히 인식시켜 주는 것이다. 따라서 연구참여동의서에 연구참여자의 권리와 연구자가 연구참여자의 권리보호를 위해 노력할 것임을 함께 명시해야 한다. 연구참여자의 권리는 다양하지만 기본적으로는 다음의 내용이 포함된다.

자발적 참여　연구참여는 반드시 전적으로 자발적이어야 한다. 따라서 잠재적인 연구참여자가 갖는 가장 기본적인 권리는 연구에 참여하지 않을 권리다. 만약 어떤 사람이 연구에 참여하지 않겠다고 했을 때, 그 선택이 그 사람에게 어떤 형태로든 불이익을 주어서는 안 된다. 예를 들어, 한 교실의 전체 학생을 대상으로 연구가 이루어지는 경우에 개별 학생(그리고 그 학생의 부모)은 연구에 참여하지 않겠다고 할 권리가 있다. 이때 그 학생의 불참 의사가 이후 학업이나 성적에 절대로 영향을 미쳐서는 안 된다. 연구참여자의 연구참여 결정은 반드시 자신이 참여하는 연구에 대한 정확한 정보를 바탕으로 이루어져야 한다. 마찬가지로 연구에 참여하겠다고 동의한 학생들도 단지 연구참여를 이유로 특별대우를 받지 않아야 한다.

연구참여를 철회할 권리　연구참여자는 연구의 진행 과정 중 어느 때라도 그만둘 수 있는 권리가 있다. 심층 면담 연구의 특성상 보다 충실한 내용의 면담을 위해서는 연구자와 연구참여자 간에 친밀함 및 신뢰 관계가 형성될 수 있어야 한다. 따라서 심층 면담은 보통 1~2주 정도의 간격을 두고 3회로 나누어 90분 정도씩 이루어지는 경우가 많다. 그런데 면담을 진행하다 보면, 연구참여자가 면담을 끝마치고 나서 개인적인 이야기를 너무 많이 했다고 생각하여 면담한 것을 후회하는 경우가 있다(Kirsch, 1999). 그런 경우, 연구참여자는 더 이상 면담을 하고 싶지 않을 수 있다. 따라서 연구자는 연구참여자가 원한다면 언제라도 연구참여를 철회할 권리가 있음을 미리 명확히 알려 주어야 한다. 즉, 면담 도중, 면담 직후, 면담 자료를 분석하여 책이나 논문으로 출판하기 이전에는 참여 철회가 가능하다. 또한 연구자는 연구참여자가 연구 도중에 철회하는 경우, 녹음본 또는 전사본을 어떻게 처리할지도 알려 주어야 한다.

면담 자료를 검토하고 보류할 권리 연구 진행 과정에서 연구참여를 완전히 철회하는 것 외에, 연구참여자는 자신과 관련된 면담 자료를 보류할 수 있는 권리가 있다. 이러한 권리를 충분히 행사하기 위해 연구참여자는 연구물 출판 전에 자신의 면담 자료를 검토할 권리를 가져야 한다.

연구자는 연구참여자가 요구할 경우 면담 자료(녹음본, 전사본)에 접근할 수 있도록 해야 한다. 또한 연구자는 수집한 면담 자료로 어떤 작업을 할지와 연구물로 작성할 때 어떻게 그 자료를 분석하고 해석할지에 대해 연구참여자와 의견을 나눌 수 있다['연구참여자 검토(member check)'에 대해서는 Schwandt, 2014 참조. 연구참여자 검토에 대한 비판적인 관점에 대해서는 Birt, Scott, Cavers, Campbell, & Walter, 2016 참조]. 마지막으로 연구자는 연구물 출판 전에 전체나 면담 내용이 포함된 부분을 연구참여자에게 공유할 수 있다.

일부 질적 연구자들은 이러한 과정이 연구의 신뢰성을 높이는 데 매우 중요한 역할을 한다고 생각한다(Lincoln & Guba, 1985). 나 역시 심층 면담 연구를 수행할 때, 언제나 전사본을 연구참여자의 인적사항 및 연락처와 함께 철해 놓는데, 그 자료들을 보면 연구참여자의 의견이 메모되어 있는 경우가 많다. 예를 들어, 나는 면담 자료를 토대로 한 연구물을 출판하기 전에 연구참여자에게 연락해서 면담 자료를 검토하고 싶은지 묻는다. 만약 연구참여자가 자료를 검토하고 싶다고 하면 전사본을 보내고, 어떤 것이라도 잘못되거나 부정확한 내용이 있으면 알려 달라고 부탁한다. 또한 연구참여자가 불편함을 느끼거나 연구참여자를 곤경에 처하게 할 수 있는 내용도 있으면 반드시 알려 달라고 요청한다.

이 단계에서 나는 연구참여자를 불편하게 하거나 곤경에 처하게 할 어떤 내용도 출판하지 않을 것이지만, 해석의 측면에서는 고려해 볼 것이 있다. 실제 예로, 내가 했던 연구 중에 커뮤니티칼리지에서 일하는 교수들을 면담한 적이 있었는데, 그중 한 연구참여자가 자신의 면담 내용 중의 일부를 삭제해 달라는 요청을 했다. 그 내용은 자신이 커뮤니티칼리지에서 일하는 것이 자랑스럽지 못하다고 한 부분이었는데, 만일 자신의 신분이 드러나게 되면 현재 일하는 학교에서 자신의 입지가 곤란해질 수 있기 때문이었다. 나는 당연히 그 요청을 받아들여 결과에서 그 내용을 삭제했다. 하지만 그 내용은 연구에서 중요하게 다루어야 할 쟁점이었기 때문에, 면담 내용에 대한 직접 인용이나 언급을 하지 않아도 되는 논의 부분에서 커뮤니티칼리지 교수들이 경험하고 있는 어려움에 대해 논하고 처우에 대한 문제를 제기했다.

연구자는 자신의 연구와 연구물에 대해 책임을 져야 한다. 이 경우에 나는 어느 정도 그 책임에 대해 타협을 했다고 생각한다. 연구참여자가 분석에 중요한 관점을 제공해 줄 수 있는 면담 내용을 삭제해 달라고 요청했고, 면담에서 말한 것 때문에 연구참여자를 곤경에 처하게 해서는 안 되므로, 나는 그 내용을 삭제했다. 연구 자체로 보면 면담 내용을 삭제하지 않았다면 더 좋았겠지만, 연구자로서 나는 연구참여자의 존엄성과 권익을 보호하기 위해 최선을 다한 것이다. 이러한 갈등은 심층 면담 연구의 여러 단계에서 발생할 수 있는 것으로, 연구자는 서로 상충하는 의견들 사이에서 균형을 유지하기 위해 노력해야 한다. 핵심은 연구자가 자신이 수집한 자료와 그 자료를 바탕으로 한 분석 결과에 대해 책임질 수 있어야 한다는 것이다. 연구자가 자신의 책임을 연구참여자에게 전가할 수는 없지만, 동시에 연구참여자도 연구의 진행 과정과 연구 결과의 해석에 대해 관심을 가질 필요가 있다.

연구자가 연구참여자가 요구할 수 있는 자료 검토 권한을 어디까지로 정하든 간에 그러한 권리를 연구참여자에게 명확히 알려 주는 것이 중요하다. 이는 6)에 제시된 '연구참여에 대한 보상'의 문제에서도 마찬가지로 중요하다. 연구자와 연구참여자 간에 생길 수 있는 분쟁은 어떤 특정한 쟁점에 관한 것이라기보다 연구 전체의 틀을 불분명하게 제시했을 때 더 많이 발생한다. 특히 연구참여자의 권리나 연구참여에 대한 보상과 같은 민감한 사안에 대해서는 더욱 명확히 연구참여동의서에 명시하는 것이 필요하다(Lightfoot, 1983 참조).

사생활을 보호받을 권리　　연구참여자는 사생활과 익명성을 보호받을 권리가 있다. 심층 면담 연구의 기본 가정은 연구참여자의 신분이 드러나서는 안 된다는 것이다. 이 가정은 연구가 시작되는 순간부터 지켜야 한다. 예를 들어, 연구계획서는 그 자체로 공적인 문서이기 때문에 연구계획서에도 연구참여자의 신분이 드러날 수 있는 실명, 기관명 등을 사용해서는 안 된다.

물론 연구자가 면담 과정부터 면담 자료를 분석하고 글로 쓰는 모든 과정에서 연구참여자의 신분이 절대로 드러나지 않음을 보장하기는 어렵다. 심층 면담 연구의 목적은 연구참여자가 삶의 맥락 속에서 경험한 것과 그 의미를 탐색하는 것이다. 따라서 면담을 통해 이야기한 연구참여자의 개인적인 경험과 생각이 연구물의 많은 부분에 포함될 수밖에 없기 때문에, 연구참여자를 잘 아는 사람이 이를 읽는다면 연구참여자가 누구인지 알아차릴 수도 있다.

그럼에도 불구하고 연구자는 연구참여자의 신분보호를 위해 노력해야 하고, 구체적인 방법을 연구참여동의서에 문서화해야 한다. 예를 들어, 연구참여자는 누가 자신의 면담 내용이 담긴 녹음본(테이프 혹은 파일)을 전사할 것인지 알 권리가 있다. 만약 연구자가 직접 전사하지 않는다면, 전사를 맡은 누군가가 연구참여자에 대한 정보나 면담 내용을 다른 목적으로 사용하지 않을 것임을 명시해야 한다. 또한 전사본에 연구참여자뿐 아니라 연구참여자가 언급하는 사람들의 실명 대신에 그들의 이니셜만 사용할 것임도 명시해야 한다. 그 이유는 누군가가 전사본을 우연히 읽게 되는 경우에도 연구참여자의 익명성뿐 아니라 면담에서 언급된 사람들의 익명성을 보호할 수 있기 때문이다. 또한 연구자는 최종 연구물에 모든 사람의 실명을 가명으로 처리할 것임을 반드시 명시해야 한다. 나아가 경우에 따라서는 연구자가 연구참여자의 신분이 드러나지 않도록 하기 위해 연구참여자에 대한 정보를 의도적으로 바꾸는 선택을 할 수도 있다.

예를 들어, Woods(1990)는 『레즈비언 체육교사로서의 실제 삶의 맥락: 두 개의 세계에서 사는 것(The Contextual Realities of Being a Lesbian Physical Educator:

Living in Two Worlds)』이라는 연구에서 연구참여자의 신분이 드러남으로써 연구참여자가 곤경에 처하게 될 수 있음을 염려했다. 그래서 그는 연구참여자들의 익명성을 최대한 보호하기 위해 다음과 같은 내용과 단계를 연구참여동의서에 명시했다.

이러한 특성을 가진 연구에서 연구참여자의 익명성은 무엇보다 중요합니다. 비록 익명성을 완전히 보장할 수 없을지 모르지만, 귀하의 익명성을 보호하기 위해 연구의 각 단계에서 다음의 조치를 취할 것입니다.

1. 연구참여자에 대한 접근은 다음의 두 가지 방법으로 이루어집니다.
   첫째는 연구자의 개인적 친분을 활용하는 것이고, 둘째는 먼저 면담에 응한 연구참여자의 소개를 통하는 것입니다. 잠재적인 연구참여자에게 가장 먼저 연구참여 의사를 타진하는 일은 그 사람을 소개한 사람이 하며, 잠재적인 연구참여자가 면담 참여 의사를 표시한 후에 연구자가 직접 연락을 하겠습니다.
2. 면담은 연구참여자가 원하는 안전하고 편안한 장소에서 실시합니다.
3. 한 교육청 내에서 한 사람 이상의 교사를 면담하지 않겠습니다.
4. 박사학위논문 지도교수 이외의 어느 누구와도 연구참여자의 신분이 드러날 수 있는 실명, 학교명, 지역 등에 대한 구체적 정보를 공유하지 않겠습니다.
5. 면담의 전사는 연구자가 직접 하거나 믿을 수 있고 신중한 전사자에게 맡기겠습니다. 연구자가 직접 하지 않는 경우에는 전사자에게 면담 내용이 담긴 녹음본을 전달하기 전에 실명, 학교명, 지역 등 연구참여자의 신분이 드러날 만한 내용을 다 지우겠습니다.
6. 전사본에 제시되는 모든 사람의 실명, 학교명, 교육청, 지명, 도시명은 가명을 사용하겠습니다. 또한 박사학위논문을 포함한 모든 연구물이나 학회 발표 자료에서 연구참여자의 신분이나 학교, 지역에 대한 정보를 적절하게 바꾸어 연구참여자의 신분을 보호하기 위한 모든 노력을 기울이겠습니다.
7. 전사본은 연구자가 직접 관리·보관하겠습니다. 면담의 녹음본과 연구참여동의서는 잠금장치가 있는 안전한 장소에 보관하겠습니다. 박사학위논문이 통과되는 즉시 녹음본은 폐기처분하거나 원하시면 귀하에게 제공하겠습니다.

(Woods, 1990, p. 224)

Woods는 연구참여자들이 면담에 응한 것 자체가 많은 위험을 감수한 것임을 너무나 잘 알고 있었다. 따라서 연구참여자들을 보호하고 그들이 안전하다고 느끼면서 자신의 경험을 이야기할 수 있도록 하기 위해 앞과 같은 여러 가지 안전장치를 마련했던 것이다. Woods가 녹음본을 폐기한다고 한 약속은 조금 걱정이 되지만, 연구참여자의 익명성을 보호하기 위한 Woods의 노력과 연구참여동의서에 구체적인 사항을 문서화한 방식은 훌륭한 본보기라고 생각한다. 성소수자(LGBTQ)의 권리에 대한 인식이 보편화된 최근의 변화에도 불구하고, 특정 지역이나 사회 집단에서는 성소수자들이 여전히 많은 위험에 노출되어 있다. 이를 감안하면 Woods가 1990년대에 연구 수행을 위해 얼마나 많이 고민했고, 연구참여자의 비밀보장을 위한 장치를 얼마나 신중하게 준비했는지 알 수 있다.

Woods가 지적했듯이, 만약 연구참여자의 신분이 드러날 가능성이 높고 그로 인해 연구참여자가 곤경에 처할 수 있다면, 연구참여자의 신분을 적절하게 위장하는 것이 가장 안전한 방법이 될 수 있다. 이는 단순히 실명을 가명으로 바꾸는 것보다 훨씬 더 적극적인 방법으로, 연구참여자가 사는 지역을 바꾸거나 연구참여자가 주로 하는 활동의 특성을 바꾸기도 한다. 예를 들어, 나는 『교수진의 이야기 속으로(In the Words of the Faculty)』(Seidman, 1985)라는 연구에서 한 연구참여자가 가르치는 과목과 사는 지역을 바꿨다. 하지만 이러한 경우는 예외적인 것으로, 연구참여자의 신분보호를 위해 인적사항이나 관련 정보를 무조건 바꾸어서는 안 된다. 기본 원칙은 위장은 가명의 사용 등 익명성을 보장하기 위한 여러 장치에도 불구하고 연구참여자의 신분이 드러날 가능성이 높고 그로 인해 연구참여자가 곤경에 처할 위험이 높은 경우에 한하며, 이때 중요한 것은 이렇게 연구참여자와 관련된 정보를 바꾸는 것이 연구 자료를 왜곡시켜서는 안 된다는 것이다(연구참여자의 신분 위장에 대해서는 van den Hoonaard & van den Hoonaard, 2013, pp. 61-62 참조).

연구참여동의서는 연구참여자의 신분이 드러나지 않을 것임을 가정하는 것이지 의무화하는 것은 아니다(Reynolds, 1979; Tilley & Woodthorpe, 2011). 연구참여동의서가 의무화하는 것은 면담 시작 전에 연구참여자의 신분보호를 위해 어떤 조치가 취해질 것인지를 정확히 알리는 것이다. Mishler(1986)는 익명성이 무조건 좋은 것은 아니라고 주장하는데, 그 이유는 연구 주제에 따라서는 연구참여자가 자신의 본명이 연구에 사용되도록 선택할 수 있어야 하기 때문이다. 하지만 내 경험에 의하면, 면담은 연구참여자의 익명성 보호를 전제로 진행하는 것이 바람직하다. 면담이 완전히 끝난 후에야 연구참여자가 자신의 익명성을 지킬 것인지, 아니면 자신의 신분을 드러낼 것인지를 더 잘 판단할 수 있기 때문이다 (연구참여자의 익명성에 대한 신중한 논의는 Tilley & Woodthorpe, 2011 참조).

4) 연구참여로 인해 발생할 수 있는 이익

연구참여동의서의 이 부분에는 연구를 통해 얻은 결과로 인해 연구참여자나 다른 사람들이 기대할 수 있는 이익을 간략히 설명한다. 연구자는 연구참여자가 지나친 기대를 하지 않도록 합리적이면서도 온당하게 자신의 연구를 통해 기대할 수 있는 이익에 대해 설명해야 한다. 물론 연구참여자가 심층 면담을 통해 경험할 수 있는 어느 정도의 위험이나 불편을 감수할 정도의 정당화는 필요하다. 언제나 약속을 할 때는 많은 것보다 적은 것이 더 좋다. 만약 연구참여에 대한 물질적 보상이나 금전적 사례를 제공한다면, 이 부분이 아니라 p. 139에 제시된 6) '연구참여에 대한 보상' 부분에 포함시킨다.

면담이 잘 진행되면, 누군가가 자신의 이야기를 들어 준다는 것 자체만으로도 연구참여자에게 이익이 될 수 있다. 하지만 그러한 이익은 연구참여자가 면담을 모두 끝낸 후에 비로소 느낄 수 있는 것이지, 면담이 시작되기도 전에 연구참여동의서에 문서로 규정할 수는 없는 것이다(이러한 이익에 대한 논의는 '제9장 좋은 연구 수행을 위한 연구윤리' 참조).

연구참여자 이외에 다른 사람들이 연구 결과를 통해 얻을 수 있는 이익도 있을 수 있지만 그 또한 실체를 파악하기 어렵다. 연구자로서 우리가 연구를 수행하는 목적은 관심 주제에 대한 스스로의 이해를 높이고, 결과를 공유하여 해당 학문 분야의 발전에 기여하는 데 있다. 더 나아가 우리의 연구 결과가 사회에 공헌하고 사람들의 삶을 더 나은 방향으로 이끌 수 있기를 기대한다. 하지만 이를 과장하여 기술할 수는 없다. 따라서 연구자는 자신의 연구 결과를 통해 배울 수 있다고 기대하는 것과 그것이 기여할 수 있는 것에 대해 겸손하게 기술하는 것이 최선이다(L. Hick과의 개인적 의견교환, 2005년 4월 15일).

5) 수집된 자료에 대한 비밀보장

연구자나 생명윤리위원회가 면담 연구에서 '비밀보장(confidential)'이라는 용어를 사용할 때는 면담 관련 기록, 녹음본, 전사본을 제공한 연구참여자의 실명과 연구참여자의 신분이 드러날 수 있는 기타 자료에 대한 비밀보장을 유지한다는 의미로 이해되어야 한다(R. Zussman과의 개인적 의견교환, 2004년 12월).

앞서 '3) 연구참여자의 권리'에서 자세히 설명했듯이, 연구자는 연구 시작 단계부터 연구참여자의 신분이 노출되지 않도록 여러 가지 장치를 마련해야 한다. 예를 들어, 전사본에 나오는 사람들의 실명을 이니셜로 표시하면, 누군가 우연히 연구자의 책상에 놓인 전사본을 보게 되더라도 이들이 누구인지 알 수 없다. 또한 연구참여자들의 연락처 및 기본 정보를 기록한 서류, 연구참여동의서 원본, 면담 녹음본 등은 반드시 잠금장치가 있는 안전한 장소에 보관하여 우연히라도 연구참여자의 신분이 노출되는 일이 없도록 해야 한다.

비밀보장의 예외: 법적 소환과 신고의무 규정　수집된 자료에 대한 비밀보장에 반하는 두 가지 예외적인 경우가 있다. 첫 번째는 연구를 통해 수집된 자료와 정보는 특권으로 면제받을 수 있는 성격이 아니므로 경우에 따라 법적 소환의 대상이 될 수 있다(McDonald, 2016; Mole, 2012; Nejelski & Lerman, 1971; O'Neil, 1996; Reynolds, 1979). 소환 명령에 따라 면담의 녹음본이나 전사본을 법원에 제출해야 하는 상황이 발생한다면, 이는 연구참여자에 대한 윤리적 책임의 문제와 상충하게 된다. 미국인류학회(the American Anthropological Association)는 '전문가 윤리규정(the Code of Ethics)'에서 연구자의 최우선적 책임은 연구참여자 보

호에 있음을 강조한다. 이는 경우에 따라 연구자가 연구참여자를 보호하기 위해 연구를 종결해야 함을 명문화한 것이다.

> 인류학자들이 지키고자 하는 제1의 윤리적 의무는 연구참여자들에게 어떠한 위해도 가하지 않는 것이다. (중략) 인류학자들은 연구참여자들에게 직접적인 위해를 가하지 않도록 노력해야 할 뿐 아니라, 연구로 인해 발생할 수 있는 잠재적인 결과나 의도하지 않은 영향에 대해서도 신중하게 생각해 보아야 한다. 만약 윤리적 의무들이 충돌한다면, 연구참여자들에게 위해를 가하지 않고 보호하는 것이 최우선 순위가 된다. 따라서 새로운 지식을 찾고자 하는 연구 목적을 접고, 연구를 더 이상 진행하지 않거나 종결하는 결정을 내려야 할 수 있다. (미국인류학회, 2012, 연구윤리선언)

우리가 커뮤니티칼리지의 교수들을 대상으로 했던 심층 면담 연구에서 실제 발생했던 상황을 예로 들면 다음과 같다. 연구에 참여한 교수들의 경험을 보다 잘 이해하기 위해 우리는 커뮤니티칼리지의 학생들과 추가 면담을 실시했다 (Schatzkamer, 1986). 그런데 면담에 참여했던 학생 중 한 명이 가끔 학교에서 마리화나를 팔았다는 고백을 한 것이다. 우리는 딜레마에 빠졌다. 물론 그런 일이 일어날 가능성은 낮았지만, 그 학생이 체포될 수 있고, 그 면담 자료가 법원의 소환 대상이 되어 그 학생에게 불리하게 작용할 수 있기 때문이었다. 우리가 그 학생의 과오를 용서할 수 있는 것은 아니지만, 연구가 아니었다면 우리는 그 사실에 대해 몰랐을 것이었다. 우리는 윤리적인 측면에서 면담 때문에 그 학생을 위험에 처하게 해서는 안 된다고 생각했다. 그 학생의 관점은 흥미로웠지만, 그 상황에서 연구자로서 할 수 있는 최선은 면담을 중단하고 면담 녹음본을 폐기하는 것이었다. 물론 그 결정이 전적으로 마음 편한 해결책은 아니었다. 하지만 그 결정은 연구자로서 우리가 할 수 있는 최선의 선택이었다. 그렇지 않았다면 우리가 연구를 시작할 때 연구참여자들에게 약속한 수집한 자료에 대한 비밀보장을 지킬 수 없을 것이고, 연구에서 가장 중요한 원칙인 연구참여자 보호라는 윤리적인 책임도 다할 수 없을 것이기 때문이었다(이 쟁점에 대해서는 Yow, 1994, pp. 93-95 참조).

수집된 자료에 대한 비밀보장에 반하는 예외적인 경우 중 두 번째는 면담 도중에 연구자가 아동학대나 방임과 관련된 내용을 접했을 때다. 미국의 경우, 주별로 차이가 있으나 1/3 정도는 아동학대가 의심되는 경우 누구라도 관련 기관에 신고해야 하는 '신고의무자(mandated reporter)'로 규정하고, 나머지는 아동과 함께 일하는 사람들을 신고의무자로 규정한다[Child Welfare Information Gateway(CWIG), 2018, pp. 1-2]. 따라서 아동을 면담하려는 연구자는 연구참여자인 아동이 거주하는 주의 법령을 점검해 보아야 한다(자세한 정보는 CWIG 홈페이지 참조). 연구자가 아동학대 신고의무자인 주에서 연구를 수행하는 경우, 아동 연구참여자와의 면담 과정에서 아동학대가 의심된다면, 연구참여동의서에 연구자가 연구참여자와의 비밀보장 원칙을 지킬 수 없고 신고의무가 있음을 명시해야 한다. 또한 아동 연구참여자에게도 이 내용에 대해 미리 알리고 동의를 받아야 한다. 아동학대나 방임이 연구 주제가 아니라면 연구자가 그런 상황에 처하지 않을 것이라고 믿고 싶겠지만, 그런 상황이 발생하면 연구자는 신고의무자로서 선택의 여지가 없는 것이다.

　　모든 주에서 아동학대가 의심되는 경우에는 누구라도 신고할 수 있다(CWIG, 2018, p. 2). 아동학대 신고와 관련하여 일괄 적용할 수 있는 조언은 없다. 신고의무 제도를 두는 것은 아동을 학대와 방임으로부터 보호하기 위해서다. 이러한 제도가 있음에도 아동학대는 계속되고 있고, 여전히 제도적으로 많은 보완이 필요하다(McTavish et al., 2017). 아동학대 신고의무가 없는 주에서 연구를 수행하다가 아동학대 의심 상황을 발견하게 되면, 먼저 관련 지역사회 아동보호기관이나 경험이 많은 연구자들에게 조언을 구하고, 그 사례에 가장 적합한 대처방안을 찾아야 한다(이에 관한 유용한 지침은 Goldman, Avillion, & Evans, 2018; Hill, 2005 참조).

　　많은 주에서 아동학대뿐 아니라 노인학대도 신고의무 사항으로 규정하고 있다. 예를 들어, 뉴햄프셔주의 경우, 아동뿐 아니라 성인도 마찬가지로, 연구자가 면담 도중에 스스로 보호능력이 부족한 성인에 대한 학대, 학생에 대한 괴롭힘, 범죄 행위로 인한 피해 등을 접하게 되면, 그 내용을 관련 기관에 신고하도록 의무화하고 있다(University of New Hampshire, 2015). 결론적으로 연구자는 자신의 연구 주제나 자신이 속한 주의 인권보호 규정에 따라 연구참여자 보호를 위한 장치를 마련함과 동시에 비밀보장의 예외규정을 연구참여동의서에 명시하고 연구참여자에게 정확히 알려야 한다.

6) 연구 결과의 공개

연구 자료에 대한 공동 소유권　Valerie Raleigh Yow(2015)는 1976년에 제정된 「연방 저작권법(copyright law)」에 따라 면담 연구에서 연구참여자의 저작권이 성립된다는 입장을 취한다. Yow는 Neuenschwander(2014, pp. 66-69)를 인용하며, 최근의 여러 판결 결과에 제시된 바와 같이, 연구자와 연구참여자가 연구 자료에 대한 공동 소유권을 갖는다고 본 것이다. Mary Catherine Amerine(2017)은 연구자의 저작권을 인정하는 사례를 설득력 있게 제시하면서도, 저작권법이 '놀라울 정도로 불명확'함을 경고한다. 이와 같은 법적 모호성 때문에, Amerine, Yow, Neuenschwander 모두는 연구자들에게 연구참여동의서에 연구 자료의 소유권 양도에 대한 내용을 반드시 포함하거나, 별도의 동의서를 받도록 강력히 권고한다(샘플 서식은 Yow, 2015, pp. 392-394 참조). Neuenschwander는 연구참여자들이 이 동의서의 내용을 잘 이해하고, 편안한 상태에서 이름과 날짜를 기입하고 동의서명을 할 수 있도록 충분한 시간을 제공해야 한다고 강조하며, "연구참여자가 문서에 직접 서명하지 않으면, 아무 의미가 없다."(2014, p. 66)라고 덧붙였다.

면담 자료의 사용 방식　추가적으로 연구참여자에게 명확히 제공해야 할 정보 중의 하나는 연구자가 면담에서 얻은 자료를 어느 정도로 사용할 것인가에 대한 계획이다. 수집된 자료를 분석하고 공개하는 방법에 대해서는 제8장을 참고하기 바란다. 연구자는 최종 연구물에 심층 면담의 전사본에 있는 연구참여자의 말을 그대로 길게 인용하는 경우가 많은 것에 반해, 연구참여자는 자신이 한 말이 짧게 인용될 것이라고 기대하는 경우가 대부분이다. 따라서 연구자는 연구참여동의를 받는 과정에서 연구참여자에게 연구참여자의 말이 어느 정도 인용될 것인지에 대해 명확히 알릴 필요가 있다.

면담 자료의 가능한 활용 범위　나는 대학원 학생들이 연구참여동의서를 작성할 때는 되도록이면 광범위하게 면담 자료가 활용될 것임을 명시하도록 권한다. 보통 학위논문의 계획 단계에서는 면담 자료의 활용 범위를 학위논문으로 제한하는 경우가 많다. 하지만 그럴 경우, 이후에 학위논문 중의 일부를 학술지논문으로 출판하거나 학술대회 발표에 활용하려고 할 때 연구참여자에게 면담 자료의 추가 사용에 대한 동의서를 다시 받아야 한다. 따라서 연구참여동의서를 작성할 당시에 학술지논문이나 학술대회 발표가 요원하게 느껴지더라도, 연구참여동의서에 처음부터 면담 자료가 다양한 방식으로 활용될 수 있다는 가능성을 충분히 설명하고 그에 대한 동의를 받는 것이 현명하다.

연구참여에 대한 보상　연구참여자는 면담 참여에 대한 보상을 기대할 수 있는데, 이는 매우 중요한 문제로 연구참여동의서에 반드시 명시되어 있어야 한다. 물론 보상 방식은 면담 참여 시 사례비를 지급하는 것에서 면담 내용을 바탕으로 서적을 출판했을 때 인세의 일부를 제공하는 것까지 다양하다. 하지만 연구참여자에게 인세의 일부를 배당하는 기준을 정하는 것은 매우 어려울 뿐 아니라 베스트셀러가 아닌 일반 학술서적의 인세는 극히 적은 금액인 경우가 많다. 또한 면담에 대한 사례비를 제공하는 경우에도 그 금액을 책정하는 것이 상당히 미묘한 문제가 될 수 있다. 사례비가 많다면 연구참여자의 순수한 동기를 왜곡할 가능성이 있는 반면, 아무런 대가 없이 연구참여자의 말을 사용하는 것을 연구참여자에 대한 착취로 보는 사람들도 있다(Patai, 1987).

　나와 동료들이 수행한 연구들에서는 연구참여자에게 금전적인 보상(사례비)을 제공하지 않았다. 대신에 보통 면담이 끝난 후에 감사의 마음을 전할 수 있는 간소한 선물을 전달한다. 나는 면담 진행 과정에서 금전적인 보상을 대신할 수 있을 정도로 연구자와 연구참여자 간의 상호호혜적인 교감이 있다고 생각한다.

내가 만났던 많은 연구참여자는 면담을 통해 처음으로 누군가에게 자신들의 경험을 나눌 수 있었던 것이 큰 의미가 있고 중요한 경험이었다고 말해 주었다. 또한 자신들의 이야기를 진지하게 들어 준 것에 대한 감사 인사를 전하는 경우도 많았다.

연구참여에 대한 보상은 규정된 원칙이 있는 것이 아니므로 연구자 스스로 판단해야 한다. 하지만 어떤 결정을 내리든 간에 연구자는 연구참여동의서에 연구참여에 대한 보상 여부와 형식에 대한 구체적인 내용을 명시해야 한다. 언제나 가장 중요한 원칙은 연구참여자가 연구참여동의서의 내용을 읽고 자발적으로 참여의사를 결정하도록 해야 한다는 것이다. 특히 금전적인 보상을 제공하는 경우는 더욱 분명히 그 내용과 범위를 명시해야 하는데, 그렇지 않은 경우에 오히려 더 많은 문제가 발생할 수 있기 때문이다.

7) 연구자 연락처와 연구참여동의서 사본 제공

연구참여자는 면담 시작 전, 면담 진행 중, 면담 완료 후, 언제라도 궁금한 사항이나 우려사항이 있을 때 연구자에게 연락을 취할 수 있어야 한다. 따라서 연구참여동의서의 마지막 부분에는 연락 가능한 연구자의 연락처를 반드시 제공해야 한다. 연구참여자에 따라 컴퓨터에 대한 접근성이 낮거나 이메일을 하지 못하는 경우도 많기 때문에 연락처는 적어도 두 개 이상을 제공해야 한다(예: 전화번호와 이메일 주소). 대부분의 기관생명윤리위원회는 연구참여자들이 자신의 권리에 대한 질문이나 의문 사항이 있을 경우를 대비하여 기관생명윤리위원회 연락처도 함께 제공하도록 규정하고 있다.

연구참여동의서는 연구자와 연구참여자가 동시에 서명을 해야 한다. 서명 후, 동의서 한 부는 연구참여자에게 제공하고, 다른 한 부는 연구 자료 파일에 보관한다. 연구참여동의서의 서명으로 인해 연구참여자의 신분이 노출될 위험이 심각한 연구의 경우에는 예외적으로 연구참여자가 연구참여동의서에 직접 서명을 하지 않아도 되는 '동의서면화면제' 규정을 적용할 수 있다(Federal Policy for the

Protection of Human Subjects, §46.117[c], 2018). 또한 기관생명윤리위원회의 승인 하에 연구참여동의를 획득하는 문서화 방식을 다르게 개발할 수도 있다.

연구참여동의서에 적절한 언어표현   연구참여동의서에는 전문용어나 이해하 기 어려운 문구를 사용해서는 안 된다. 이상적으로는 중학교 2학년 정도의 문해 능력을 기준으로 문서를 작성하고(대부분의 워드 프로그램에서 문자의 문해수준 측 정 가능), 연구참여자가 읽기 쉬운 방식으로 제시해야 한다(Perrault & Nazione, 2016). 만약 연구참여자가 연구자와 다른 언어를 사용하는 경우라면, 연구참여자 가 이해할 수 있는 언어로 연구참여동의서를 번역하여 제시하거나 유능한 통역 사를 활용해서 연구참여동의서의 내용을 충분히 설명하도록 해야 한다. 연구참 여동의서에 사용되는 언어만큼이나 연구참여동의서에 서명을 받기까지의 과정 도 중요하다. 연구자는 잠정적인 연구참여자에게 연구참여동의서의 내용을 차 례대로 정확히 설명하고, 연구참여자가 그 내용을 충분히 이해했는지 확인해야 한다. 연구자와 연구참여자 모두 연구참여동의서를 읽는 것만으로 그 내용을 이 해한 것으로 미루어 짐작해서는 안 된다. 연구참여자가 그 내용을 충분히 이해한 후에 연구참여동의서에 서명하도록 하는 것은 전적으로 연구자의 책임이다.

5. 아동 연구참여자에 대한 특별한 고려

Julie Simpson

만약 연구참여자가 법적으로 스스로 연구참여에 동의할 수 있는 나이가 안 되었다면(대개의 경우 만 18세), 연구자는 아동에게 직접 면담을 해도 되는지 묻 고 허락을 구하기 전에, 먼저 부모나 법정대리인에게 연구참여에 대한 동의(서 명)를 받아야 한다. 연구참여에 대한 '위험수준이 최소 이상이거나' 연구참여 로 인한 직접적인 이익이 거의 없는 경우에는 반드시 부모 모두 혹은 법정대리 인 모두의 승인이 필요하다(Federal Policy for the Protection of Human Subjects,

§46.402, §46.408, 2018).

부모나 법정대리인으로부터 아동의 연구참여에 대한 동의(서명)를 얻은 다음, 연구자는 아동의 '허락(assent)'을 받아야 한다. 연방정부의 규정에 의하면, "허락은 아동이 연구참여를 적극적으로 승낙함을 의미한다. 적극적인 승낙이 없다면, 아동이 반대하지 않았다는 것만으로 연구참여를 허락한 것으로 해석해서는 안 된다"(Federal Policy for the Protection of Human Subjects, §46.402, 2018). 즉, 연구에 대해 연구자가 충분히 설명을 하고 난 후, 아동이 면담에 대해 적극적으로 동의해야 면담을 진행할 수 있다는 의미다. 따라서 부모나 법정대리인용 연구참여동의서와 별개로 아동용 연구참여동의서를 준비하는 것이 바람직하다. 또한 가능하다면 부모나 교사의 영향에서 벗어나 아동이 연구에 대해 듣고 자발적으로 허락할 수 있도록 해야 한다. 즉, 아동은 면담 참여 여부를 자유롭게 스스로 결정할 수 있어야 한다. 비록 부모가 아동의 연구참여에 동의했다 하더라도, 아동이 면담 참여를 허락하지 않으면 면담을 진행해서는 안 된다. 성인 연구참여자들과 마찬가지로, 아동 연구참여자들에게도 그들의 연령과 발달수준에 맞는 연구와 연구참여에 대한 정보를 제공해 주어야 한다.

6. 온라인 화상 면담을 위한 연구참여동의서

Julie Simpson

최근의 급속한 기술 발달로 직접 만나서 면담하기 어려운 연구참여자들도 면담할 수 있는 길이 열렸다. Skype, Zoom, FaceTime 등과 같은 온라인 화상 연결을 통한 면담은 분명 장점이 있지만, 연구자는 이러한 화상 면담의 진행에 영향을 미치는 요인들에 대해서도 파악하고 있어야 한다(영향 요인에 대해서는 Deakin & Wakefield, 2014; Lo-Iacono, Symonds, & Brown, 2016; Sullivan, 2012 참조).

온라인 화상 면담을 진행하면, 연구자가 연구참여자를 직접 만나지 못하기 때문에, 면담에 앞서 연구참여동의서를 미리 보내 서명을 받는 절차를 마련해야 한다. 만약 이 절차가 현실적으로 어렵다면, 연구자는 기관생명윤리위원회의 승인하에 동의서면화를 면제받고 대신 연구참여자에게 구두로 동의를 받는 장면을 녹화해 둘 수 있다. Deakin과 Wakefield(2014)는 면담을 시작하기에 앞서 연구자가 연구참여동의서를 읽고, 연구참여자가 구두로 동의하는 절차를 제안했다. 그들은 이 방법이 '연구윤리를 충족'(p. 610)하기 위해 필요하지만, 연구자가 연구참여동의서를 '공식적인' 어조로 읽을 수밖에 없기 때문에 면담 초기에 연구참여자와 라포를 형성하는 데는 어려움이 있다고 지적했다. 물론 구두로 동의하는 절차가 더 적절한 연구참여자들(예: 글을 읽지 못하는 참여자)도 있지만, 대체로 이 절차는 연구참여자가 연구참여동의서에 제시된 내용을 미리 읽고 충분히 생각하거나 기억하기 어렵게 한다. 따라서 온라인 화상 면담을 실시해야 할 경우에는 다음의 절차에 따라 연구참여자가 연구를 충분히 이해한 후 동의할 수 있도록 하는 것이 필요하다.

- 연구참여자에게 연구에 대한 정보와 연구참여동의서를 미리 제공한다.
- 첫 번째 면담을 시작하기 전에 연구참여자와 함께 연구참여동의서의 내용을 구두로 검토한다.
- 연구참여자에게 연구에 대해 궁금한 것을 질문하도록 요청하고, 질문에 답한다.
- 연구참여자에게 면담 녹음/녹화에 동의하는지 확인한다.
- 연구를 진행하는 동안에 각 면담을 시작할 때마다 연구참여자에게 연구참여동의에 대해 상기시키고, 질문할 수 있는 기회를 제공하며, 면담을 계속 진행해도 되는지를 확인한다.

7. 외국 연구참여자와의 면담을 위한 연구참여동의서

Julie Simpson

온라인 화상 방식이든 직접 대면 방식이든 간에 자국이 아닌 다른 나라의 잠재적인 연구참여자들로부터 연구참여동의를 받는 과정에서는 법적, 정치적, 문화적, 윤리적인 쟁점이 발생할 수 있으므로 이에 대한 고려가 필요하다.

1) 법적 고려

연구계획서 준비를 시작하는 초기 단계에서, 연구자는 자신이 연구를 수행하려는 국가의 연구윤리 심의 절차를 확인해야 한다. 예를 들어, 케냐에서 연구를 수행하고자 한다면, 연구자는 먼저 케냐의 과학기술부에서 연구 허가를 받고, 해당 기관생명윤리위원회의 심의 절차를 추가로 밟아야 한다. 또한 연구자는 연구 시작 전에 반드시 자신이 연구를 수행하고자 하는 국가의 연구 관련 법적 절차나 규정을 확인해야 한다(U.S. Department of Health & Human Services, 2018). 여기에는 연구자가 연구에 대한 특정 정보를 어디에 보고해야 하는지를 규정한 법률 혹은 연구 자료 수집에 영향을 미칠 수 있는 개인정보 보호에 관한 법률 등이 포함된다. 예를 들어, 유럽연합(EU)에 속한 특정 국가의 연구참여자를 면담하려는 연구자는「유럽연합일반정보보호법(EU General Data Protection Regulation: GDPR)」의 준수에 대해 기관생명윤리위원회에 문의해 보아야 한다. 연구자는 면담을 수행하려는 국가의 연구참여자의 법적 체류 신분, 연구참여동의가 가능한 법정 연령 등 연구참여자와 관련된 법적 권리도 반드시 확인해야 한다. 예를 들어, 연구참여자가 그 국가에서 불법 체류 중이라면, 연구에 참여하는 것이 연구참여자에게 법적인 위험을 초래할 수 있다. 연구참여자의 자발적인 참여에 영향을 미칠 수 있는 정보는 무엇이든 연구참여동의서에 포함되어야 한다.

2) 정치적 고려

연구자는 자신이 연구를 수행하려는 지역이 정치적으로 안정되어 있는지, 연구 주제가 정치적으로 민감한 것은 아닌지, 연구참여자에게 법적인 위험을 초래할 만한 것이 있는지 등을 잘 확인해 보아야 한다. 만약 연구자가 해당 국가에 입국하거나 출국할 때 당국이 녹음 장비나 연구 노트를 압수할 수 있다면, 면담 자료의 보호 방안과 스스로의 안위에 대해서도 신경 써야 한다. 연구에 참여하는 것 자체가 정치적인 문제를 초래하는 곳이라면, 연구자는 기관생명윤리위원회에 동의서면화면제(연구참여동의서에 직접 서명받는 것에 대한 면제)를 요청하거나, 경우에 따라서는 연구참여자가 연구참여에 대한 기록을 가지고 있지 않을 수 있도록 매번 면담 완료 후에 연구자가 연구참여동의서를 수거하는 방식을 제안할 수도 있다.

3) 문화적 고려

연구자가 다른 나라에서 연구를 수행할 때는 종종 문화적인 문제에 직면하게 된다. 비서구권이나 공산 사회라면, 연구자는 누구로부터 연구참여에 대한 동의를 받아야 하는지 알아보아야 한다. 예를 들면, 연구자가 그 지역사회의 수장에게 먼저 연구를 승낙받은 후에야 그 지역사회의 구성원들에게 접근할 수 있는 곳도 있다. 연구자는 또한 언어의 차이도 고려해야 한다. 연구참여동의 과정에 영향을 미칠 수 있는 쟁점으로는 그 지역의 언어가 문자 형태로 표현 가능한지, 대부분의 연구참여자가 연구참여동의서를 읽을 수 있는지 혹은 구두로 전달해야 하는지, 연구자가 그 언어를 모른다면 통역사가 필요한지, 연구참여자에게 연구참여동의서에 서명하도록 하는 것이 문화적으로 적절한지 등이 있으며, 이를 사전에 고려해 보아야 한다. 또한 면담을 녹음하는 것이 그 문화에 적절한지, 그 문화에서 사생활 보호(privacy)는 어떤 의미인지, 고려하고 있는 연구참여에 대한 보상이나 감사의 표시가 문화적으로 적절한지에 대해서도 잘 알아보아야 한다.

그리고 이 모든 내용이 연구참여동의서에 반영되어야 한다.

대부분의 연구에서와 마찬가지로, 성공적인 연구의 비결은 충분한 준비 과정에 있다. 이 준비 과정에는 연구를 수행하려는 사회의 문화와 관습에 대한 학습과 해당 국가의 법률과 정치적 맥락을 이해하는 것이 포함된다. 이러한 준비는 성공적인 면담을 위해서도 반드시 필요하지만, 기관생명윤리위원회의 심의를 통과하는 데도 도움이 된다.

8. 기관생명윤리위원회 심의 절차와 연구참여동의서의 역할

1960년대와 1970년대에 걸쳐 연구참여에 대한 동의 획득을 규정하는 지침을 제정하는 과정에서 일부 연구자들은 이러한 새로운 절차에 드는 비용이 이를 통해 얻는 혜택보다 크다는 우려를 표명했다. 연구 경험이 풍부한 사회과학자들은, 특히 참여관찰 연구에서의 문서화된 연구참여동의서의 필요성에 의문을 제기했다. 그 이유는 연구참여자나 현장에 대한 통제 없이 유동성과 유연성을 가지고 자연스럽게 관찰이 이루어져야 하기 때문에 노골적으로 연구참여에 대한 동의를 받는 것이 어렵다는 것이었다(Thorne, 1980).

이 책의 초판을 읽고 나서 사회학자인 Kathy Charmaz가 나에게 지적해 준 것은, 전문가들을 대상으로 면담할 때는 연구참여동의서의 절차가 별 무리 없이 진행되지만, 사회경제적 지위가 낮은 계층의 사람들을 대상으로 면담할 때는 연구참여동의서의 절차가 오히려 사람들을 "불편하게 만들 뿐 아니라 면담의 의도에 대해 의심의 눈초리로 바라보게 한다."라는 것이다(Charmaz와의 개인적 의견교환, 1992년 3월 5일). 이후에 나는 이 문제에 대해 Chamaz와 추가적인 대화를 나누었는데(개인적 의견교환, 1997년 3월 23일과 3월 30일), Chamaz의 경험에 따르면, 연구참여동의서의 내용을 전문용어 없이 아무리 간단명료하게 작성한다 하더라도 연구참여자에게 어떤 문서에 서명하도록 요구하는 것 자체가 연구자와 연구참여자 간의 위계와 권력 관계를 만들어 내는 것 같다는 것이다. 나도 Chamaz가 지적한 느낌이 어떤 것인지 잘 안다. 연구참여자로부터 연구참여동의서에 서명을 얻어 내는 순간, 나도 모르게 내가 얻어 내야 할 것을 얻었다는 느낌과 내가 어느 정도 면담을 통제할 수 있을 것 같다는 생각이 드는 것이다.

Richard G. Mitchell, Jr.(1993)는 자신의 저서인『비밀과 현지조사(Secrecy and Fieldwork)』에서 연구자가 감당해야 하는 윤리적 책임을 연구참여동의서라는 형식적 절차가 너무 쉽게 대신해 준다고 지적했다. Mitchell이 의미하는 연구자의 윤리적 책임은 연구참여자의 관점에서 연구참여자의 경험과 사회적 세계를 최대한 이해하고 연구물을 통해 다른 사람들에게 그대로 전달하는 것이었다. 그는 또한 연구참여동의서가 사회적인 신분 고하에 관계없이 연구참여자를 보호해 주어야 한다고 강조했다. 예를 들면, 자신이 수행했던 '생존주의자들(survivalists)'에 대한 연구는 연구참여동의서라는 형식적인 절차를 거치지 않고 비밀리에 이루어졌는데, 그래야만 연구자가 연구참여자의 경험을 본질적으로 더욱 잘 이해할 수 있기 때문이었다.

Mitchell의 이러한 시각은 유용하면서도 상당히 도발적이다. 내가 지도했던 박사과정 학생도 사회적으로 영향력이 있는 유명인사들을 면담할 경우에는 내가 이 책에 설명한 면담에 대한 접근 방식에 문제가 있다고 지적했다(유명인사를 면담하는 것에 대한 논의는 '제7장 관계로서의 면담' 참조). 물론 그러한 연구참여자들은 연구참여동의서에 서명을 거부할 수도 있고, 서명을 한 후 자신이 가지고 있는 생각이나 경험을 면담에서 솔직하게 이야기하지 않을 수도 있다.

또한 기관이나 상황에 따라 연구참여동의서에 서명을 받는 것이 적어도 초기에는 면담을 방해할 수 있다(K. Charmaz와의 개인적 의견교환, 1997년 3월 23일). 예를 들어, 민감한 주제로 면담을 하는 경우에 연구참여자가 심적 부담이나 신분의 위협을 느껴 연구참여동의서에 서명하는 것을 망설일 수 있다. 아니면 여러 가지 이유로 연구참여동의서의 딱딱한 어투와 형식적 절차를 신뢰하지 못하여 서명하기를 주저할 수도 있다. 또한 연구자와 연구참여자 간의 힘의 관계가 대등하지 못하다고 느끼는 연구참여자 역시 연구참여동의서를 검토하고 서명하는 데 불편함이나 어색함을 느낄 수 있다. 이러한 경우, 연구자는 기관생명윤리위원회에 동의서면화면제를 신청해야 한다. 즉, 연구참여자에게 연구에 대한 정보를 문서로 제공하고 동의를 받기는 하지만, 동의서에 서명을 받지는 않는 것이다.

내 경험에 따르면, 연구참여동의서에 서명을 받는 과정에서 생길 수 있는 여러 가지 어려움이나 문제들은 연구자가 신중한 태도와 배려의 마음을 가지고 연구참여동의서의 내용을 연구참여자에게 하나하나 설명하고 이해를 구하는 과정을 통해 극복될 수 있다. 또한 연구참여동의서에 서명을 받는 과정에서 느끼는 불편이나 부담은 세 차례의 면담에서 연구자와 연구참여자 간에 형성되는 관계를 통해 자연스럽게 해소되기도 한다. 하지만 연구자가 시간이 지나도 연구참여자와 관계를 형성하는 데 어려움이 있는 경우는 연구참여동의서의 서명 절차가 문제가 되었을 수도 있다. 또한 연구자와 연구참여자 간의 동등한 관계 설정을 염두에 둔 경우에는 연구참여동의서가 그러한 관계를 형성하는 데 걸림돌이 될 수도 있다.

일부 사회과학 연구자들은 학술 연구 수행의 자유를 강조하면서 기관생명윤리위원회의 심의 절차라는 관료적인 접근 방식으로 연구윤리와 관련된 중요한 쟁점을 다루는 것에 격분한다. 이들은 대부분의 사회과학 연구에 내재된 위험이라는 것이 의학 연구에 내재된 위험과는 비교할 수 없는 것임에도 불구하고, 의학 연구를 염두에 두고 만들어진 연구윤리 규정을 사회과학 연구에 적용하는 것은 문제가 있다고 주장한다. 이들은 기관생명윤리위원회의 심의 절차가 연구참여자를 위해 존재하는 것이 아니라 기관을 보호하기 위해 존재하는 것이라고 주장하기도 한다(Douglas, 1979 참조).

내 개인적인 생각은 교육학이나 사회과학 연구가 의학 연구처럼 삶과 죽음이 걸려 있는 문제는 아니지만, 사회과학 연구에 참여하는 사람들이 경험할 수 있는 위험을 결코 가벼이 여겨서는 안 된다는 것이다. 또한 기관생명윤리위원회 심의 절차와 연구참여동의서 작성 과정을 통해 연구자는 자신의 연구 전반에 대해 다시 한번 진지하게 숙고하게 되며, 이는 연구참여자뿐 아니라 연구자 자신에게 연구를 명료화할 수 있는 계기가 된다. 특히 연구참여동의서를 연구참여자가 이해하기 쉬운 용어로 작성하는 과정을 통해 연구 목적과 절차를 명쾌하게 정리할 수 있으며, 연구참여자와의 관계에 대해서도 생각해 볼 수 있다. 연구참여동의서에 포함된 내용은 잠정적인 연구참여자에게 충분한 정보에 기초하여 연구참여 여부를 결정하도록 하는 데 필요할 뿐만 아니라 연구 과정에서 문제의 소지가 발생했을 때 연구자를 보호하는 장치로서의 역할도 한다. 이처럼 연구참여동의서를 명확하게 작성하고 연구참여자에게 이를 이해시키는 과정을 통해 연구자와 연구참여자 간에 보다 동등한 관계가 형성될 수 있고 연구가 보다 효과적으로 진행될 수 있다.

 기관생명윤리위원회의 위원들 중에 질적 연구의 가정과 방법에 익숙한 위원들의 수가 점차 늘어나고 있다. 동시에 면담 연구를 수행하는 연구자들과 기관생명윤리위원회의 위원들은 질적 연구의 연구계획서와 연구참여동의서를 심의하는 과정을 통해 보다 많은 연구자와 위원을 적극적으로 교육시켜 나가야 한다. 기관생명윤리위원회의 심의가 원활하게 이루어지면, 다시 말해 많은 연구자가 그 과정을 관료적인 심사가 아닌 자신의 연구에 도움이 되는 배움의 과정으로 받아들이게 되면(J. Simpson과의 개인적 의견교환, 2004년 6월), 연구참여자와 연구자 모두에게 기여하게 될 것이다. 다시 한번 강조하면, 질적 연구 방법을 택한 연구자들에게 기관생명윤리위원회 심의 절차와 연구참여동의서 작성 과정은 연구참여자들에 대한 윤리적 책임의 끝이 아니라 시작인 것이다(McKee, 2004).

제6장

전부는 아니지만
중요한 면담 기법

면담은 하나의 예술이고, 연구자의 개성을 반영하는 것이기 때문에 배울 수 있는 것이 아니라고 말하는 사람들이 많다. 연구자는 면담에 아주 능숙하거나, 아니면 전혀 그렇지 못하거나 둘 중 하나라는 것이다. 그러나 이러한 생각은 절반 정도만 맞는 말이다. 연구자는 면담의 기법(techniques)과 기술(skills)을 배울 수 있다. 이 장에서는 나 자신과 다른 사람들의 면담 경험으로부터 얻은 면담의 기법과 기술들을 소개하고자 한다.

1. 더 많이 듣고 더 적게 말하기

듣기는 면담의 가장 중요한 기술이다. 연구자들에게 가장 어려운 일은 말을 하지 않으면서 적극적으로 듣는 것이다. 면담에 관한 많은 책은 연구자가 묻는 질문의 유형에 집중하지만, 나는 연구자가 반드시 해야 하는 듣기의 유형을 먼저 설명하고자 한다.

연구자들은 최소한 세 가지 수준에서 들어야 한다. 첫째, 연구자는 연구참여자가 말하는 것을 들어야 한다. 연구자는 집중해서 들음으로써 제대로 이해해야 하고, 자신이 들은 것이 기대하는 만큼 구체적이고 완전한지를 평가해야 한다. 연구자는 연구참여자가 말하는 것을 내면화하기 위해 집중해야 하고, 집중해서 듣고 난 후에 그 내용을 바탕으로 연구참여자에게 추가 질문을 할 수 있다.

둘째, 연구자는 연구참여자의 '내면의 목소리(inner voice)'를 들어야 한다. George Steiner(1978)는 내면의 목소리를 보다 공적인 외면의 목소리(outer voice)와 반대되는 개념으로 설명했다. 외면의 목소리는 언제나 청중의 존재를 의식한다. 따라서 외면의 목소리가 진실이 아닌 것은 아니지만 조심스러운 측면이 있다. 예를 들면, 외면의 목소리는 강당에 모인 300명의 청중에게 이야기할 때 사용하는 것을 말한다(내면의 목소리 듣기에 대한 자세한 설명은 Devault, 1990, pp. 101-105 참조).

면담을 진행하다 보면, 연구자가 보다 민감하게 귀 기울이게 되는 외면의 목소리에서 사용되는 언어가 있다. 예를 들어, 연구참여자가 자신이 처해 있는 문제를 '도전(challenge)'이라고 표현하거나 자신이 하고 있는 일을 '모험(adventure)'이라고 표현할 때, 내가 듣고 있는 것이 연구참여자의 외면의 목소리임을 알아차리게 되고, 곧바로 연구참여자가 전하고자 하는 내면의 목소리에 도달할 수 있는 방법을 찾게 된다. '도전'이나 '모험'이라는 단어는 어려움에 빠져 어찌하지 못하는 것이 아닌 자신이 처한 어려움을 극복하기 위해 애쓰고 있는 긍정적인 의미를 담고 있다. 나의 관심을 끄는 또 다른 단어는 '매혹적(fascinate)'이다. 이 단어는 TV 토크쇼에서 자주 듣게 되는데, 사람들은 어떤 일에 관심이 있다는 의미를 전할 때 이 단어를 자주 쓰지만 자신의 진짜 관심사는 감추고 있는 경우가 대부분이다. 그래서 나는 연구참여자가 '매혹적'이라는 단어를 사용하는 것을 들을 때마다 어떤 의미인지 설명해 달라고 요청한다. 이 방법은 연구참여자의 말을 진지하게 받아들이면서도 연구참여자를 방어적으로 만들지 않기 때문에 연구참여자의 내면의 소리에 좀 더 가까이 다가갈 수 있다.

셋째, 연구자는 마치 좋은 교사가 학생을 대하는 것처럼, 연구참여자가 말하는 내용뿐 아니라 면담의 진행 과정에도 주의를 기울이며 들어야 한다. 연구자는 면담하는 동안 시간을 의식하고 있어야 하며, 어느 정도 이야기가 진행되었는지, 얼마나 더 지속해야 하는지를 생각하면서 면담을 이끌어 가야 한다. 연구자는 연구참여자의 컨디션과 비언어적 신호에 대해서도 민감해야 한다. 연구자는 면담의 진행 과정을 평가하고 면담을 원활하게 이끌어 가기 위해 끊임없이 집중하면서 열심히 경청해야 한다.

이러한 유형의 적극적 경청은 우리가 일상생활에서 나누는 대화에서 필요한 정도를 훨씬 넘어서는 집중력을 요구한다. 또한 연구자는 상당한 시간 동안 말하고자 하는 자신의 욕구를 최대한 억제해야 한다. 동시에 연구자는 면담의 진

행 방향을 조정할 필요가 있을 때 적절한 말을 하거나 필요한 질문을 할 준비가
되어 있어야 한다.

적극적 경청을 촉진하기 위해, 연구자는 면담 내용을 녹음하는 것 외에 메모
를 하면서 듣는 것이 좋다. 효과적인 메모는 연구참여자가 말하고 있는 것에 집
중할 수 있도록 돕는다. 또한 연구참여자의 이야기를 방해하지 않으면서도, 이
후 적절한 시점에 앞서 이야기했던 주제들로 다시 돌아갈 수 있도록 돕는다.

자신의 듣기 기술을 평가하는 좋은 방법은 녹음한 내용을 전사해 보는 것이
다. 연구자의 질문과 연구참여자의 대답을 각각 다른 단락으로 구분하고, 연구
참여자가 말한 분량과 연구자가 말한 분량을 비교해 본다. 연구자가 잘 듣고 있
었다면, 연구자의 단락은 짧고 연구참여자가 길게 답변한 내용 사이사이에 비교
적 드물게 나타난다.

다음에 제시된 예는 실제 면담을 기록한 한쪽 분량의 전사본으로, 교수설계자
(instructional designer)의 경험에 대한 두 번째 면담의 초반에서 발췌한 것이다.

연구자: 현재 교수설계자로서 혹은 교수설계 분야의 대학원생으로서 당신의 경험을 가능한
한 자세하게 이야기해 주실 수 있을까요?

연구참여자: 교수설계를 자세하게요. (잠시 멈춤) 그러지요.

연구자: 현재 하고 계신 경험이요.

연구참여자: 네.

연구자: 교수설계자로서요.

연구참여자: 음 (잠시 멈춤) 그러니까 (잠시 멈춤) 제가 했던 일들, 뭐 이런 걸 말씀하시는 건
가요?

연구자: 아니오. 하는 일에 대해서요. 현재 학생으로서든, 말씀하셨듯이 이전에 했던 일이든
지요.

연구참여자: 네. 음, 저는 현재 일이 하나 있기는 해요. 음 (잠시 멈춤) 문제는 당신이 현재나
어느 시점이라고 했을 때, 저는 일이 있을 수도 없을 수도 있다는 거예요. 아시다시
피 일은 하늘에서 뚝 떨어지는 것 같아요. 일을 얻는 것은 제 노력 여하에 상관없이,
그러니까 제 노력과 일을 얻는 것 사이에는 어떤 직접적인 연관도 없다는 거죠. 그

제6장 전부는 아니지만 중요한 면담 기법

렇죠. 실제로 저는 여러 일을 구했었어요. 그냥 하늘에서 떨어진 거죠. (웃음) 마치 운석 같이요. 음, 그리고 아주 다양했지요. 음 (코 훌쩍임) 회사원들에게 소프트웨어 사용법을 가르치기도 했고, 다양한 종류의 일을 해 왔어요. 음, 그리고 대체로 일은 계획안 작성에서 시작돼요. 음, 제가 실제 계획안을 작성하는 경우는 점점 줄어들고 있어요. 실제로 사업을 따 오는 것은 제 업무가 아니에요. 제 업무는 그 둘 사이 어딘가쯤이라고 할까요. 계획안을 작성하는 것이 사업을 따 오기 위한 작업의 일부이기는 해요. 저는 보통 계획안 작성에 관여하지만 실제 사업을 따 오는 일은 많이 하지 않아요. 음 (코 훌쩍임) 계획안이 작성된 후나 계획안을 작성하는 단계에서 제가 참여해요. (코 훌쩍임) 그게 제 일인 거죠.

(Tremblay, 1990에서 재구성)

이 전사본은 연구자가 연구참여자의 말을 열심히 경청한 좋은 예다. 면담 초기에 연구참여자가 완전히 집중하고 있었던 것은 아니다. 연구자는 연구참여자가 말하는 것에 집중하여, 두 번째 면담에서 강조하는 현재의 경험이라는 창조의 틀 속으로 연구참여자를 이끈다. 앞의 예처럼 연구참여자가 면담의 성격을 잘 이해하고 연구자의 질문에 적절히 대답하기 시작하면, 연구자는 듣는 역할을 하고 연구참여자가 말할 수 있게 한다. 연구참여자가 잠시 말을 중단할 때도 연구자는 끼어들지 않는다.

Patai(1987)는 브라질 여성들을 대상으로 한 면담에서 개방된 자세를 유지하면서도 집중력을 잃지 않고 연구참여자들의 이야기를 경청한 과정을 기술했다 (p. 12). 비록 모든 면담이 Patai가 묘사한 거의 마법 같은 수준의 면담은 아닐지라도, Patai가 말한 몰입으로 이끄는 성공적인 경청의 비결은 연구자가 갖는 연구참여자의 경험에 대한 관심과 기꺼이 자신의 자아를 억누르고자 하는 마음에서 나온다.

2. 연구참여자의 말을 따라가기

연구자가 면담 중에 말을 할 때는 보통 질문을 한다. 심층 면담의 질문에서 가장 중요한 것은 가능한 한 연구참여자가 말하는 것을 따라가야 한다는 것이다. 연구자가 면담의 목적과 초점에 맞는 기본 질문을 가지고 각 면담에 임한다 할지라도, 추가적인 질문이나 부연 설명이나 구체적인 일화에 대한 요청은 언제나 연구참여자가 말한 것에 기초해서 이루어져야 한다. 물론 연구자는 사전에 면담 지침(interview guide)을 미리 준비하기도 하지만, 심층 면담에 임하는 연구자의 기본 자세는 적극적인 경청이며, 가능한 한 연구참여자가 말한 내용을 바탕으로 면담을 이끌어 나가야 한다.

1) 이해하지 못할 때 질문하기

사람들이 말하는 모든 내용을 이해하는 것은 힘든 일이다. 어떤 경우에는 맥락이 확실하지 않을 수도 있고, 어떤 경우에는 말하고 있는 것이 무엇인지 정확히 이해하지 못할 수도 있다. 일상적인 대화에서는 보통 이러한 것들을 이해하지 못한 채로 흘려보내곤 한다. 하지만 면담을 할 때는 그래서는 안 된다.

면담의 구조는 누적적이다. 첫 번째 면담에 따라 다음 면담의 맥락이 결정된다. 따라서 연구자가 이전 면담에서 이해하지 못하고 지나친 것이 있다면, 다음 면담에서 연구참여자가 이야기하는 것의 의미를 놓칠 수 있다. 면담 중에 나오는 말들은 예측할 수 없는 방식으로 서로 연결된다. 또한 연구자가 연구참여자에게 어떤 부분을 이해하지 못했다고 알려 주면, 연구참여자는 연구자가 자신의 이야기를 경청하고 있다고 느끼게 된다.

자신의 경험을 시간 순서에 따라 이야기하는 것이 어려울 때도 있다. 그러나 연구자가 연구참여자의 경험을 시간의 맥락에 따라 이해하는 것은 중요하다. 그러므로 면담 과정에서 "그 일이 언제 일어났는지 다시 한번 말씀해 주시겠습니까?"와 같은 질문을 통해 연구참여자가 자신의 경험을 시간적으로 재구성할 수 있도록 하는 것이 필요하다. 나는 '다시 한번(again)'이라는 단어를 연구참여자가 명확히 말하지 않았다는 뜻으로 사용한 것은 아니다. 그런 의도라면 연구참여자를 방어적으로 만들 수 있다. 그보다는 내가 연구참여자의 이야기에 충분히 주의를 기울이지 못했다는 것을 완곡하게 말하기 위해 '다시 한번'이라고 한 것이다.

때때로 연구참여자는 의사소통상 문제가 없다고 생각하여 불명확하고 모호한 단어를 사용하는 경우가 있다. 예를 들어, 내가 면담했던 한 커뮤니티칼리지의 교수는 자신이 가르치는 학생들에 대해 "우리 학생들은 아주 나이스(nice)[1]해요."라고 여러 번 이야기했다. 그런데 나는 그 '나이스'의 의미가 정확하게 와닿지 않았다. 그 단어는 앞서 연구참여자가 학생들에 대해 이야기하면서 표현했던 애정과 존중의 의미를 퇴색시키는 것 같았기 때문이다. 그래서 나는 "나이스 (nice)'하다는 것은 어떤 의미지요?"라고 물었고, 그는 다음과 같이 대답했다.

> (전에 재직했던) 대학에 다니던 학생들은 무례했고, 지나친 요구를 할 때가 많았어요. 학문적인 요구를 말하는 게 아니에요. 그 학생들은 "교수님이 그렇게 말씀하지 않으셨어요. 그 부분에 대한 시험을 볼 거라고 하지 않으셨어요."라고 말하곤 했죠. 하지만 지금 우리 학교 학생들은 아주 나이스(nice)해요. 이 말이 좀 우습게 들린다는 걸 알아요. 그건 사과할게요. 어떤 이유로든 누군가와 이웃에 살게 되었고 참 나이스한 사람들을 만나게 되었다고 하면 정말 정신 나간 소리로 들리겠죠. 지금은 그런 일이 있을 법하지 않으니까요. 하지만 우리는 학생들에 대해 그런 마음을 갖고 있어요. 서로에 대해 존중하는 마음이 있죠. 나는 학생들이 떠났다가 돌아왔을 때 이런 것을 많이 느끼죠. (중략) 여기는 큰 학교이긴 하지만, 색다른 느낌이 있어요. 물론 우리가 학교에 있는 모든 사람을 진정으로 잘 아는 건 아니에요. 음, 그래도 이곳에는 공동체라는 느낌이 있어요. 다른 학교에서 흔히 볼 수 있는 예민하고 공격적이고 따지기 좋아하는

---

1) 저자가 설명하려는 의미를 정확히 전달하기 위하여 '나이스(nice)'라는 영어 표현을 그대로 사용했다. -역자 주

그런 무례한 분위기가 없다는 거죠. 어쩌면 우리 학생들이 그렇게 의욕적이지 않아서 그럴지도 모르죠. 하지만 가르치기에는 정말 좋아요. 학생들에 대한 훈육 문제 같은 건 거의 없어요. (중략) 이유는 잘 모르겠어요. 난 우리 학생들이 정말 좋아요. 우리 학생들이 좀 더 학문적으로 잘 준비되어 있다면 정말 완벽했을 거라고 생각하지만, 나이스한 사람이 되는 것만큼 중요한 건 아니죠. (중략) 우리 학생들은 함께하기 좋은 사람들이에요. (면담, Seidman et al., 1983)

이렇게 연구자가 연구참여자에게 '나이스'라는 단어에 대해 명확한 설명을 요구함으로써 연구참여자는 자신의 교수경험에 좀 더 깊이 있게 접근할 수 있었다. 또한 연구자가 자신의 말을 진지하게 듣고 있음을 알고, 연구참여자 스스로 자신이 '나이스'라는 단어를 사용함으로써 전하고 싶었던 의미를 다시 한번 탐색할 수 있었다. 결과적으로 연구자로서 나는 '나이스'라는 단순한 단어 속에 담긴 다층적인 의미를 더욱 잘 이해하게 된 것이다.

2) 연구참여자의 이야기를 더 듣고 싶다고 요청하기

연구참여자가 이야기하는 것에 대해 더 많은 것이 듣고 싶다고 느낄 때 연구자는 이러한 자신의 직감을 믿어야 한다. 연구자는 자신이 들은 내용이 충분하지 않다고 느낄 때 질문해야 한다. 연구자가 이야기를 전부 다 듣지 못했다고 생각할 때도 있고, 개략적인 이야기만 들어서 상세한 내용이 듣고 싶다고 생각할 때도 있고, 연구참여자가 말한 것에 흥미를 느껴 더 자세히 듣고 싶을 때도 있다. 때때로 연구자는 연구참여자의 이야기를 들으면서 그 속에 무언가가 더 있을 것이라는 느낌이 들어 막연한 질문이 떠오르기 시작하기도 한다. 이 경우 연구자는 더 많은 것을 듣고 싶다고 요청하는 것이 필요하다.

예를 들어, 커뮤니티칼리지에 다시 다니고 있는 중년 여성들의 경험에 대한 연구(Schatzkamer, 1986)에서, 한 학생이 수학 과목을 수강한 경험에 대해 이야기했다. 그 학생이 수강했던 실용수학 강좌는 수업의 2/3 이상을 미적분학만 다루었다.

그 학생은 다음과 같이 말했다. "그 수업을 듣는 동안은 세상이 뒤집혀 있는 것 같은 느낌을 받았어요. (잠시 멈춤) 그 수업은 제 능력을 뛰어넘는 수준이었어요. 그래서 저는 그냥 따라 했어요. 보통 전 공부할 때 그렇게 하지 않지만, 그냥 암기하고 시키는 대로 하고 정해진 공식에 따랐죠. 하지만 허무했어요. A학점을 받았지만, 전 허무함을 느꼈어요."

'허무했다'는 말을 듣고 연구자는 더 많은 것이 듣고 싶었다. 그래서 그 학생이 말한 것에 기초해서 "무엇이 허무했나요?"라고 물었다.

그 학생의 대답은 다음과 같았다. "보다시피 전 정말 전혀 이해를 못했어요. 진짜로 배운 것이 아니에요. 저는 그 모든 공식 속에 터득할 수 있는 어떤 멋진 것이 있을 거라고 믿었지만, 그런 것을 배우지 못했어요. 그 공식들을 도구로 쓰는 법만 이론적으로 배운 거예요. 그렇게 맞는 공식을 찾아내고 맹목적으로 숫자를 공식에 집어넣는 건 수학을 배운 것도, 진짜 이해한 것도 아니죠."

연구참여자가 허무하다고 말한 것을 따라감으로써, 연구자는 연구참여자에게 자신의 이야기에서 한 걸음 더 나아갈 수 있는 기회를 제공했다. 그렇게 함으로써 연구참여자는 배움에 대한 욕구와 수학이라는 학문의 가치에 대한 생각을 드러냈고, 연구자는 연구참여자가 커뮤니티칼리지에서 느꼈던 만학의 경험에 대해 더욱 잘 이해할 수 있었으며, 연구참여자에 대한 존경심을 느낄 수 있었다.

3) 조사하지 말고 탐색하기

연구참여자의 이야기를 따라가는 기법에 대해 언급할 때, 면담에 관한 문헌들은 종종 '조사하다(probe)'라는 단어를 사용한다(Lincoln & Guba, 1985; Rubin & Rubin, 2012, pp. 139-147 참조). 나는 한 번도 그 단어를 편안하게 느낀 적이 없다. 그 단어를 들으면 항상 부드러운 살을 누르는 날카로운 도구가 생각난다. 또한 그 단어는 연구참여자를 하나의 물건처럼 취급하며 권력을 행사하는 연구자의 이미지를 떠오르게도 한다. 나는 연구참여자의 이야기를 '조사한다'기보다는 연구참여자와 함께 '탐색한다(explore)'는 생각에 더욱 편안함을 느낀다.

동시에 연구참여자가 말한 것에 대해 너무 과도하게 탐색하려 하거나 적절하지 못한 순간에 질문을 하게 되면, 연구참여자를 방어적으로 만들거나 의미를 만들어 가는 주체를 연구참여자에서 연구자로 바꾸게 한다. 그렇게 되면 면담이 연구참여자의 경험에 대한 탐색이 아니라 연구자의 목표를 위한 수단으로 변질될 수 있다. 반대로 연구참여자의 이야기에 대한 탐색이 충분히 이루어지지 않으면, 연구자는 면담에서 연구참여자가 의미한 것이 무엇인지 정확히 알지 못하게 된다. 나아가 연구참여자가 추상적인 이야기를 하거나 막연하게 이야기를 하더라도 그것을 그냥 지나치고 마는 오류를 범하게 된다(Hyman et al., 1954).

3. 더 많이 듣고 더 적게 말하고 진짜 질문하기

더 많이 듣고, 더 적게 말한다. 나는 면담의 제1원칙을 여기서 다시 한번 강조한다. 그 이유는 이렇게 간단한 원칙을 연구자들이 너무 쉽게 잊어버리기 때문이다. 질문을 할 때는 진짜 필요한 질문만 한다. 연구자가 이미 답을 알고 있거나 연구참여자의 반응을 예상할 수 있는 질문은 진짜 질문이 아니다. 연구자가 답을 알고 있다고 생각하는 질문을 하고 싶다면, 자신이 생각하는 것을 먼저 이야기하고, 그 후에 연구참여자에게 자신이 생각한 것에 대한 의견을 물어보는 것이 더 낫다.

1) 유도 질문 피하기

유도 질문(leading questions)은 응답의 방향에 영향을 미치는 질문이다. 때로 유도 질문은 연구자가 던지는 질문의 어조로도 알 수 있는데, 이러한 어조 속에 연구자의 기대가 담겨 있기 때문이다. "당신은 '정말로(really)' 그렇게 할 생각이었나요?"라는 질문에서처럼, 유도 질문은 연구자가 질문에서 사용한 단어, 문장,

억양에 나타나기도 한다. 또한 이러한 연구자의 의도나 기대는 연구자가 던지는 질문 속에 내포된 결론에 나타나기도 한다. 예를 들면, 연구자가 연구참여자가 자기 가족과 학창 시절에 대해 이야기하는 것을 듣고 "부모님이 공부를 강요했 군요, 그렇죠?"라고 단정 짓거나, "교생실습지 배정이 당신에게 어땠나요?"라고 질문해야 하는 상황에서 "교생실습지 배정에 얼마나 만족했나요?"라고 묻는 것을 말한다(유도 질문에 대한 논의는 Brinkmann & Kvale, 2014, pp. 199-200; Patton, 2015, pp. 446-456; Richardson et al., 1965 참조).

2) 개방형 질문하기

유도 질문과 달리 개방형 질문(open-ended questions)은 연구참여자에게 탐색할 영역을 정해 주기는 하지만 그 안에서 연구참여자 자신이 원하는 방향을 설정할 수 있도록 하는 것이다. 개방형 질문은 정답을 가정하지 않는다. 심층 면담과 관련된 개방형 질문의 유형은 최소 두 가지가 있다. 하나는 Spradley(1979)가 '일주(grand tour)' 질문이라고 명명한 것으로(pp. 86-87), 연구자가 연구참여자에게 특정 경험의 중요한 부분을 재구성하도록 요청하는 것이다. 예를 들면, 상담교사와의 면담에서 "상담실에서의 당신의 하루를 말씀해 주시겠어요?"라고 묻거나, 교생과의 면담에서 "아침에 일어나서 저녁에 잠자리에 들기까지 당신의 하루를 재구성해서 이야기해 주시겠어요?"라고 묻는 것이다.

한편, '단기 여행(mini-tour)' 방식의 질문은 연구자가 연구참여자에게 좀 더 한정된 시간 동안의 세부사항이나 특정한 경험을 상세히 재구성하도록 하는 것이다. 예를 들어, 교감과의 면담에서 문제를 일으킨 어떤 학생을 지도한 경험의 세부사항을 재구성하도록 질문하거나, 교사와의 면담에서 어떤 부모와의 특정한 협의회에 대해 이야기해 달라고 요청하는 것이다.

두 번째 유형의 개방형 질문은 외적 구조보다는 연구참여자의 주관적 경험에 좀 더 초점을 두는 것이다. 예를 들어, 연구참여자가 부모 협의회에서의 경험에 대해 이야기하기 시작한다면, 연구자는 거기에서 무슨 일이 일어났는지 물어본

후에 연구참여자 자신에게 그 협의회가 어땠는지를 이야기하도록 하는 것이다.

개방형 질문에는 많은 유형이 있지만, 연구참여자의 주관적 경험을 이해하고자 할 때 나는 종종 "그 경험은 당신에게 어땠나요?"라고 질문한다. Schutz(1967)가 지적한 바와 같이, 면담을 통해 연구참여자가 경험했던 것을 다시 경험하는 것은 불가능하다. 그럴 수 있으려면, 그 당사자가 되어야 하는 것이다. 우리가 그 경험에 가장 근접할 수 있는 방법은 아마도 '~는 어땠는지(like)'와 같은 단어를 사용하여 은유적인 질문을 하는 것이다. 연구자가 연구참여자에게 '~는 어땠는지'를 물을 때, 연구참여자는 연구자에 의해 유도되지 않고 자신이 중요하다고 생각하는 것에 따라 자신의 경험을 재구성할 기회를 갖게 된다[구술사(oral history) 면담에서 사용되는 질문 전략에 대해서는 Yow, 2015, pp. 113-124 참조].

4. 따라가되 방해하지 말기

연구참여자가 말하고 있을 때 끼어들지 말아야 한다. 종종 연구자는 연구참여자가 말한 것 중 어떤 것에 특히 더 관심이 있을 때가 있다. 물론 연구참여자 자신은 그렇게 관심이 있는 내용이 아니기 때문에 계속 이야기를 이어 나간다. 이때, 연구자는 자신이 관심 있는 내용을 좀 더 자세히 알아내기 위해 연구참여자의 이야기에 끼어들고 싶은 충동을 강하게 느낀다. 그러나 그렇게 하는 것보다는 핵심 단어를 간단히 적어 두고, 이후에 연구참여자의 생각의 흐름을 방해하지 않을 때 물어보는 것이 좋다. 그 면담에서 시간이 조금 흐른 후에, 아니면 다음번 면담에서 질문할 기회가 있을 것이다(Richardson et al., 1965).

한 예로, 커뮤니티칼리지의 교수로 일하는 연구참여자가 두 번째 면담에서 정신없이 빠르게 지나간 하루와 숨을 곳이 없는 상황에 대해 이야기하고 있었다. 그 당시 나는 연구참여자가 이야기한 것에 매우 관심이 있었지만, 그녀는 곧바로 다른 내용으로 넘어가 버렸다. 나는 그때 연구참여자의 말을 방해하지 않고, 노트에 '정신없이 빠르게 지나간' '숨을 곳이 없는'이라고 적어 두었다.

나중에 그녀가 말을 잠시 멈추었을 때, 나는 그 내용으로 돌아가서 "조금 전에 정신없이 빠르게 지나가는 상황에 대해 이야기하셨지요. 문을 열고 들어서서, 학생들을 가르치고, 연구실로 가서 몇 시간을 보내고, 숨을 곳이 없는 상황이었다고 하셨는데, 그 부분에 대해 좀 더 이야기해 주시겠어요?"라고 물었다. [Richardson et al.(1965, pp. 157-163)은 이 접근을 '공명(the echo)'이라 칭하고, 과도하게 사용하지 않도록 주의해야 한다고 했다. 그러나 Weiss(1994, pp. 77-78)는 연구참여자에게 매우 중요할 수 있는 어떤 것의 '이정표(markers)' 역할을 하는 단어와 구절을 반복하되 방해하지 않는 것이 중요하다고 했다.]

그녀는 나의 추가 질문에 대한 대답으로 학교의 건축 방식이 자신의 일상생활에 미치는 영향에 대해 이야기했다. 그 학교는 교수와 학생의 접근성을 가능한 한 높이기 위해 캠퍼스를 설계할 때 복도를 따라 교수연구실을 배치하고 벽을 유리로 만들었다. 그녀는 건물 안에서 누구의 눈에도 띄지 않고 방해받지 않고 일할 수 있는 공간이 없는 것이 불만이라고 했다. 연구실 문을 닫을 수는 있지만, 사람들의 시선으로부터 결코 자유로울 수는 없었기 때문이었다.

5. 가장 선호하는 두 가지 접근

일반적으로 연구자들은 면담을 할 때 자신이 선호하는 접근이 있다. 다음은 내가 선호하는 두 가지 접근이다.

1) 연구자가 다른 사람인 것처럼 생각하고 이야기하도록 요청하기

첫 번째 접근은 공적인 목소리를 들었다고 느끼고 내면의 소리를 찾고자 할 때 사용한다. 이러한 상황에서 나는 종종 Patton(2015, pp. 458-459)이 역할연기 질문(role-playing questions; Spradley, 1979 참조)이라고 명명한 것을 사용한다. 나는 연구참여자가 개인적으로 가장 편하게 이야기할 수 있는 사람이 누구인지 파악한 후, 연구참여자에게 내가 그 사람이라 생각하고 편하게 이야기하도록 부탁한다.

나는 연구참여자에게 "제가 당신의 배우자(또는 아버지, 선생님, 친구)라면, 저에게 어떤 이야기를 하시겠어요?"라고 묻는다. 때로는 이 질문이 아무런 반응을 얻지 못할 때도 있다. 내가 연구참여자에게 이렇게 제안할 수는 있지만, 연구참여자가 나를 그 사람으로 생각하느냐 마느냐는 순전히 연구참여자에게 달려 있기 때문이다. 그러나 꼭 필요할 때 사용한다면, 역할연기 접근은 종종 효과가 있다. 연구참여자가 그동안의 면담에서는 볼 수 없었던 활기를 찾기도 하고 이전과는 다른 목소리로 자신의 이야기를 하기도 한다. 잠시나마 연구참여자와 나는 새로 설정한 역할을 즐기는 것이다.

2) 연구참여자에게 일화를 들려 달라고 요청하기

나는 종종 연구참여자에게 구체적인 이야기를 들려줄 것을 요청한다. 어떤 의미에서는 면담에서 말하는 모든 것이 이야기다. 그러나 내가 여기서 의미하는 것을 예를 들어 보면, 만약 연구참여자가 학생과의 관계에 대해 말하고 있다면, 나는 그 경험에서 두드러지는 특정한 한 학생에 관한 이야기를 들려줄 것을 요청한다는 것이다.

어떤 사람들은 이야기를 들려 달라는 직접적인 요청을 받을 때 불편함을 느낀다. 이러한 요청은 자신이 좋은 이야기를 하지 않았거나 이야기하기를 꺼려 하는 사람은 배제한다는 의미로 들릴 수 있다. 그러나 또 어떤 사람들은 갑자기 어떤 특정한 사건을 기억해 내고, 그것을 재구성하는 데 깊이 몰두하여 자신의 경험을 최대한 상세하게 전달하는 훌륭한 이야기를 들려주기도 한다.

나는 처음 실습을 나갔던 교생이 학생들과 관계 맺는 방법을 찾아가는 과정에서 겪었던 어려움을 설명하기 위해 들려준 이야기를 오랫동안 기억하고 있다. 그녀는 처음에 자신이 학생들에게 친근한 누나/언니 같다고 생각했다. 어느 날 그녀는 한 무리의 학생들이 야한 농담을 하는 것을 들었고, 그녀도 살짝 농담을 건넸다.

약 일주일 후, 교감이 그녀를 교무실로 불러 학부모들이 그 농담에 매우 격분했다고 알려 주었다. 그녀는 여러 번의 학부모 회의에서 해명을 해야 했다. 학부모들과 만났던 그 모든 회의에서 교감은 실질적으로 아무런 도움을 주지 않았다. 그 과정에서 그녀는 자신이 학생들과 어느 정도에서 선을 그어야 했는지를 몰랐음을 깨달았다. 그녀는 "학생들이 했던 야한 농담은 끔찍했어요. 그래도 전 그걸 이해했죠. 저는 아이들과 함께 어울리려고 노력했을 뿐이었고, 그래서 아이들과 가깝다고 느꼈지만 (잠시 멈춤) 제가 너무 친근하게 대한 거였어요. 저는 항상 가르친다는 것은 (잠시 멈춤) 아이들과 관계 맺는 것이라고 생각해 왔거든요."라고 말했다.

이와 같은 이야기들은 이해를 도울 뿐 아니라 인상적으로 경험을 전달한다. 그녀는 교생실습의 초반, 중반, 후반에 했던 여러 가지 경험을 이야기로 들려주었는데, 그녀의 이야기에는 등장인물들이 있고, 갈등이 제시되고, 어떻게 해결해 나갔는지가 나타나 있었다(이야기의 힘에 대해서는 Mishler, 1986의 제4장 참조. 이야기의 복잡성에 대해서는 Mattingly, 1998의 제1~2장 참조). 연구자가 계속해서 연구참여자에게 이야기를 통해 경험을 설명하도록 요청한다면, 이 기법의 효과는 쉽게 사라져 버린다. 그러나 가끔씩, 연구참여자 경험의 특정 측면에 한정하여 사용한다면, 이 기법은 면담에서 보석 같은 순간을 이끌어 낼 수 있다.

6. 연구참여자가 기억해 내는 것이 아니라 재구성하도록 요청하기

연구참여자가 기억에 의존하도록 하지 않는다. 연구자가 연구참여자에게 어떤 것을 기억하는지를 묻는 순간, 기억에 방해가 일어난다(Tagg, 1985). 면담을 할 때는 연구참여자에게 특정한 경험에 대한 기억을 떠올리게 하는 것이 아니라 경험을 재구성하도록 요청해야 한다. "초등학교 시절이 어땠는지 기억하나요?"

라고 묻지 말고, "그때 무슨 일이 일어났나요?" 혹은 "초등학교 시절은 어땠나요?"라고 직접적으로 질문한다.

연구자는 연구참여자가 자신의 경험을 재구성할 수 있고, 이를 통해 기억을 방해하는 많은 장애물을 피할 수 있다고 가정할 수 있다. 재구성은, 일부는 기억에, 일부는 연구참여자가 과거의 사건에 대해 지금 중요하다고 느끼는 것에 기초한다. 어찌 보면, 모든 회상은 재구성이다(Thelen, 1989). 면담을 할 때는 가능한 한 연구참여자가 자신의 경험을 재구성하도록 직접적으로 요청하는 것이 바람직하다.

7. 연구참여자가 집중하도록 하고 구체적인 사항 요청하기

연구참여자가 면담의 주제에 집중할 수 있도록 한다. 만일 연구참여자가 첫 번째 면담에서 자신의 현재 경험에 대해 이야기한다면, 연구자는 연구참여자가 자신의 생애사 전반에 대한 맥락을 제공하는 첫 번째 면담의 초점으로 돌아갈 수 있도록 안내해야 한다. 이 과정에서 연구자와 연구참여자 간에 미묘한 신경전이 발생하지 않게 하려면, 연구자는 면담 시작 단계에서 연구참여자에게 앞으로 세 번의 면담이 각각 어떤 방식으로, 어떤 목적을 가지고 진행될 것인지를 충분히 설명해야 한다.

특히 처음 두 번의 면담에서는 연구참여자가 살아온 경험에 대한 태도나 견해를 탐색하기 전에 그 경험의 구체적인 세부사항을 이야기하도록 요청한다. 구체적인 세부사항들은 경험을 구성하고, 태도와 견해의 기반이 된다. 구체적인 세부사항들이 없다면, 태도와 견해는 근거 없는 것으로 보인다.

8. 너무 개인적으로 면담에 휩쓸리지 않기

면담의 특성상 어떤 경우에는 면담이 잘 되고 있는 느낌을 받기도 하고, 어떤 경우에는 면담이 무미건조하고 형식적으로 흐른다는 느낌을 받기도 한다. 연구자는 이러한 면담의 흐름을 잘 파악하되, 너무 개인적으로 받아들이지 않도록 노력해야 한다. 심층 면담은 종종 연구참여자를 놀라게 하는데, 그 이유는 자신의 경험을 가족이나 친구 외의 다른 사람에게 그렇게 자세하게 이야기해 본 적이 거의 없기 때문이다. 그 결과, 연구참여자는 첫 번째 면담에서 너무 몰입한 나머지, 이후에 그런 이야기를 한 것에 대해 스스로도 놀랄 정도로 많은 것을 이야기한다(Kirsch, 1999; Spradley, 1979). 연구자는 종종 첫 번째 면담이 얼마나 훌륭했는지를 생각하면서 두 번째 면담도 그럴 것이라고 기대하지만, 연구참여자가 왠지 모르게 소극적인 자세를 보이고 전처럼 많은 것을 공유하려 하지 않기도 한다(Young & Lee, 1997, p. 106 참조). 이때 연구자는 첫 번째 면담과 같은 결과를 얻기 위해 연구참여자를 너무 압박하지 않도록 주의해야 한다. 세 번째 면담에서 연구참여자는 자신이 편안하게 경험을 공유할 수 있는 범위를 찾아낸다. 즉, 연구참여자가 스스로 그 문제를 자연스럽게 해결하는 것이다.

9. 연구자의 상호작용 제한하기

1) 경험은 가끔씩만 공유하기

연구자의 경험이 연구참여자의 경험과 관련될 때도 있다. 그러한 경험을 솔직하고 인간적인 방식으로 공유하는 것은 연구참여자로 하여금 자신의 경험을 더욱 내적으로 재구성할 수 있도록 격려할 수 있다. 그러나 그러한 공유가 과도하게 이루어지면, 면담을 왜곡할 수 있고, 연구참여자는 자신의 경험이 아니라 연구자의 경험으로 주의가 흐트러질 수 있다. 한 예로, 내가 면담 도중 연구참여자가 말하는 것과 관련이 있다고 생각되는 내 이야기를 했을 때, 연구참여자가 내 말을 매우 중단시키고 싶어 한다고 느꼈던 적이 있다(연구자와 연구참여자 간의 바람직한 상호작용의 양에 대한 다소 다른 관점은 Oakley, 1981, 2016 참조).

2) 연구참여자의 반응을 강화하지 않기

연구참여자가 말하는 것을 긍정적으로나 부정적으로 강화하지 않는다. 이를 훈련하기 위해서는 면담의 처음 5분을 그대로 전사해 보는 것이 도움이 된다. 그렇게 해 보면, 연구자가 연구참여자의 모든 말에 대해 "그렇죠." "좋아요." "네." 와 같은 긍정적 반응을 보이는 습관이 있음이 명확히 드러나기도 한다. 하지만 대체로 연구자는 자신의 그런 습관을 알아차리기 어렵다.

이러한 강화 습관을 알게 되더라도, 초보 연구자들은 자신의 그런 습관이 면담에서 크게 문제될 것이 없다고 생각하는 경우가 많다. 오히려 그런 습관이 연구자가 연구참여자의 이야기를 주의 깊게 잘 듣고 있다는 메시지를 전달함으로써 연구참여자들이 계속해서 이야기를 지속해 나가게 된다고 주장한다. 나 역시도 이러한 연구자의 짧고 긍정적인 강화는 쉽게 중단하기 힘든 비교적 온화한 통제 기제라고 생각할 때가 있다.

그러나 자신이 들은 것을 적극적으로 강화하는 연구자들은 연구참여자가 응답하는 방식을 왜곡할 위험이 있다. 따라서 보다 효과적이고 덜 위험한 방법은 면담을 진행하는 과정에서 연구참여자의 이야기에 곧바로 반응하기보다 연구참여자가 말한 것을 나중에 언급하는 것이다(강화에 대한 더 균형 잡힌 관점은 Richardson et al., 1965 참조).

10. 웃음 탐색하기

연구참여자가 어떤 말을 하고 나서 웃는 경우가 있는데, 이는 때로 자신이 방금 한 말이 정말로 재미있기 때문일 수 있다. 또 어떤 때에는 웃음이 신경질적이거나 비꼬는 것일 수 있는데, 연구자에게는 그 이유가 명확하지 않기 때문에 보다 구체적으로 탐색해 볼 가치가 있다. 예를 들어, 자연과학을 전공한 여교수와의 면담에서 나는 60여 명의 교수진이 있는 커뮤니티칼리지의 자연과학부에 10명의 여교수가 있다는 사실이 대학에서의 그녀의 권력감에 어떠한 영향을 미치는지를 물어보았다. 나는 이 질문을 Rosabeth Moss Kanter의 『기업에서의 남성과 여성(Men and Women of the Corporation)』(1977)이라는 책에 나온 다수와 권력에 대한 논의와 관련지었다. 그녀는 다음과 같이 대답했다.

> 음, 당신이 보시다시피 내가 일하는 곳이 기업은 아니잖아요. 내 말은, 사람들이 그 안에서 권력을 잡기 위해 책략을 쓰지 않는다는 차이가 있어요. 만약 우리가 정말 무언가를 위해 서로 경쟁한다면, (웃음) 그건 대단히 중요한 요소가 되겠죠. 하지만 우리는 그 어떤 것을 위해서도 경쟁하지 않아요. 물론 다음 단계인 학부장이 되고 싶어 하는 극소수의 사람들이 있긴 하죠. 내가 만약 그 길을 선택한다면, 학부장에 선출될 수 있을 거예요. (잠시 멈춤) 성별은 전혀 영향을 미치지 않을 거예요. (잠시 멈춤) 오히려 플러스 요인이 될 수 있죠. 하지만, 음, 여기 있는 대부분의 사람들은 관심이 없어요. 권력 게임을 하는 상황이 아니에요. 사실 우리는 모두 은퇴한 거나 마찬가지죠. (웃음)
> (면담, Seidman et al., 1983)

그녀가 말을 마친 후, 나는 그녀가 말하면서 보였던 웃음과 그녀가 한 말을 대비시켜 생각해 보았다. 그러고는 "그 말은 냉소적으로 들리네요."라고 말했다. 이에 대한 대답으로 그녀는 승진 지향적이고 경쟁적인 분위기가 아닌 학부에서 자신이 경험한 긍정적이고 부정적인 측면들에 대해 이야기했다. 그러고 나서는 더 이상 그녀의 이야기에 대한 추가 질문은 하지 않았다. 그 문제를 계속 파고들면 연구참여자를 방어적으로 만들지도 모른다고 생각했기 때문이다. 나는 면담 노트에 '웃음?'이라고 쓰고 나중에 다시 그 주제로 돌아갔다. Studs Terkel이 말한 것과 같이, "웃음은 고통스런 울부짖음일 수 있고, 침묵은 외침일 수 있다"(Parker, 1996, p. 165).

11. 직감 따르기

직감을 따르고, 본능을 믿어야 한다. 적절한 때에 연구자가 생각한 것을 말하거나 어려운 질문을 감행한다. 때때로 면담을 하는 동안 질문이 생기기 시작하는데, 아마도 처음에는 모호한 느낌이었다가 나중에는 구체적인 의문이 될 것이다. 내 경험상 그런 직감을 믿고, 그것을 가장 잘 표현해 내는 질문을 생각해 내고, 그 질문을 하는 것이 중요하다.

한 수습교사(intern teacher)와 면담하는 동안, 나는 점점 불편함을 느끼게 되었다. 나는 연구참여자가 매우 의례적이지만 거의 생기 없는 상태로 자신의 경험에 대해 긍정적으로 이야기하고 있다는 것을 깨달을 때까지 나를 괴롭히는 것이 무엇인지 알지 못했다. 그의 비언어적 표현은 언어적 표현과 맞지 않았다. 나는 그가 자신의 교사 경험에 대해 비교적 긍정적으로 이야기하고 있지만, 실은 그 일을 하면서 매우 불행하다고 생각하기 시작했다.

나는 이러한 직감에 계속 불편함을 느꼈지만 적절한 순간을 찾지 못했고, 두 번째 면담의 2/3 이상이 지났을 때 마침내 그에게 말했다. "그런데 전 이해를 못하겠어요. 당신은 가르치는 일을 즐기는 것처럼 말하지만, 당신이 말하는 태도는 그렇지 않다고 생각하게 만드네요. 제 생각이 맞나요?"

그는 마치 내가 닫혀 있던 수문을 열어 준 것처럼 새로운 이야기를 쏟아 냈다. 그는 수습교사들이 성적이 '최하'인 학급들만 맡는다는 사실에 얼마나 화가 나 있는지를 이야기하기 시작했다. 자신이 아무리 준비되어 있다 하더라도 지금처럼 학급 배정이 경력 순으로 이루어진다면 아마도 앞으로 5년은 상급반을 가르칠 기회가 없을 것이라고 했다. 또한 그는 자신이 얼마나 힘들게 일하는지, 주말에 아내와 보내는 시간이 얼마나 적은지, 얼마나 적은 월급을 받는지에 대해 이야기했다. 나의 직감을 따른 결과, 나는 연구참여자의 경험을 전혀 다른 각도에서 이해할 수 있었고, 그 이후의 면담에서는 그의 언어적 표현과 비언어적 표현이 일치했다.

12. 면담 지침은 신중하게 사용하기

면담은 면담 지침(interview guide)에 의존하기도 한다(Yow, 2015, pp. 80-83 참조). 연구자는 자신이 원하는 대답이나 자료 수집 방법에 맞게 미리 준비한 질문을 가지고 면담에 임한다. 하지만 심층 면담은 연구자가 설정한 가설을 검증하거나 질문에 대한 정답을 얻거나 의견을 확증하기 위해 이루어지는 것이 아니다. 심층 면담은 그 특성상 연구참여자의 경험을 재구성하고 그 경험의 의미를 탐색하기 위해 이루어진다. 따라서 심층 면담에서 사용되는 질문은 미리 만들어지기보다는 연구참여자가 말한 것을 바탕으로 자연스럽게 이어져 나오는 것이다.

그럼에도 불구하고 심층 면담에 임하는 연구자는 면담 지침을 만들고 싶을 수 있다. 면담의 기본 구조는 보통 세 번에 걸쳐 연속적으로 실시하는 면담의 주제에 맞는 질문들로 이루어진다. 하지만 연구자는 면담에 아무 생각 없이 백지 상태로 임하지 않는다. 연구자는 자신의 관심사가 분명하게 드러나는 연구 주제를 가지고 있다. 또한 면담을 진행하다 보면, 일부 연구참여자들은 자신의 경험을 재구성하기 위해 격려와 촉진이 더 필요할 수 있다. 나아가 여러 번의 면담에 걸쳐 연구자가 여러 연구참여자가 특정한 사항을 강조했음을 알아차리고, 다른 연구참여자들은 그 사항에 대해 어떻게 반응할지 알고 싶을 수도 있다.

이상을 염두에 두고, 우리는 교생들을 대상으로 한 연구에서 다음의 내용을 포함한 면담 지침을 만들었다. 예를 들면, 교생과 실습지도교사의 관계, 교생과 학생의 관계, 교생들 간의 관계, 교생과 학부모의 관계, 학급 배정, 시험, 성적관리 등이었다. 대부분의 경우에는 심층 면담에 참여한 교생들이 자신의 실습 경험을 이야기하는 과정에서 이러한 내용들을 이야기했다. 하지만 그렇지 않은 경우에는 면담 지침을 기초로 연구참여자가 하는 이야기를 방해하거나 연구참여자의 주의를 분산시키지 않는 범위에서 자연스럽게 질문들을 이어 나갔다.

여기서 중요한 것은 연구자가 면담 지침을 사용할 때 미리 만들어진 질문의 틀에 연구참여자를 가두어서는 안 된다는 것이다. 자신의 연구 주제와 관심사를 반영하는 질문을 할 때 연구자는 보다 직접적이면서 개방적인 자세를 유지해야 한다. 연구자는 연구참여자에게 이 질문이 연구참여자가 이야기한 내용을 바탕으로 한 것이 아니라 연구자의 관심에서 나온 것임을 밝히는 것이 좋다. 연구자는 연구참여자의 경험에 자신의 관심사를 강요해서는 안 된다. 따라서 연구자는 자신의 관심사를 바탕으로 준비한 면담 지침이 연구참여자의 관심과 상당히 다를 수 있음을 항상 염두에 두어야 한다. 면담 지침은 유용하지만, 연구자가 개방적인 태도를 가지고 신중하게 사용해야 한다(면담 지침 개발에 대해서는 Weiss, 1994, pp. 45-51 참조).

13. 침묵 수용하기

연구자는 때로 침묵을 참지 못하고 불편해하며, 그러한 불편을 연구참여자에게 투사한다. 그러한 연구자는 침묵을 쓸모없는 것이라고 생각하고 그 공백을 메우기 위해 재빨리 다른 질문으로 넘어간다. 이를 알아보기 위해서는 면담 녹음본을 다시 들어 보고 연구자가 다른 질문으로 넘어가기 전에 연구참여자에게 충분히 생각할 시간을 얼마나 주었는지를 기록해 보는 것이 도움이 된다. 내 경험상으로는 초보 연구자들은 자신이 다음 질문으로 넘어가기 전에 꽤 긴 시간을 기다린다고 생각하지만, 면담 녹음본을 다시 들어보면 실제로는 1~2초 정도밖에 기다리지 않았다는 것을 알 수 있다. 깊게 생각하기 위해서는 시간이 필요하다. 연구참여자가 때로 질문을 듣고 침묵하거나 답변을 재구성하는 중에 잠시 중단하는 것을 연구자가 수용할 수 있다면, 그러한 침묵을 깨고 다른 질문으로 넘어갔을 때는 결코 듣지 못할 내용들을 들을 수 있다(교사가 질문에 대한 답변을 들을 때 얼마나 충분한 시간을 기다리는지가 학생 응답의 질에 미치는 영향에 대해서는 Mary-Budd Rowe, 1974 참조).

한편, Yow(1994, p. 63)와 Gordon(1987)은 연구자가 고의적으로 너무 길게 침묵하는 것은 연구참여자에게 심한 압박감을 줄 수 있다고 지적한다. 연구자가 너무 긴 시간 동안 말이 없으면 '의미심장한 또는 허용적인 멈춤'이 '거북한 침묵'으로 바뀔 수도 있다(Gordon, 1987, p. 423, p. 426).

면담의 다른 측면들이 그러한 것처럼, 다른 질문으로 너무 빨리 넘어가는 것과 너무 오랫동안 침묵 속에 기다리는 것 간의 세심한 균형을 맞추는 것이 필요하다. 여기에는 경험적 법칙이 존재하지 않는다. 연구참여자가 생각하고 반추하고 자신이 말한 것을 부연 설명할 수 있는 여지를 주는 것이 중요하다. 이 과정은 어떤 사람들에게는 1~2초 정도지만, 어떤 사람들에게는 20초가 걸릴 수도 있다.

14. 결론

효과적인 질문을 하는 데 특별한 비결은 없다. 진정으로 효과적인 질문은 연구자가 집중해서 듣고, 연구참여자가 말한 것에 관심을 갖고, 면담을 진행하려는 목적을 가지고 있을 때 자연스럽게 이끌어 낼 수 있다. 때로 중요한 질문은 명확하지 않은 본능이나 직감에서 시작하므로, 질문을 발전시키는 데 시간이 걸리고 질문하기에 위험한 것처럼 보이기도 한다. 효과적인 질문은 연구참여자가 말한 것에 대한 일관성을 찾으려는 연구자의 시도를 반영하기도 하며, 주저하며 자신 없는 태도로 묻게 되기도 한다.

효과적으로 질문을 한다는 것은 상당히 맥락 의존적이며, 면담의 과정에서 연구자와 연구참여자 사이에 형성된 관계가 맥락에 반영된다. 따라서 그러한 면담 과정에 따라 만들어지는 관계적 맥락을 기계적으로 정의하기는 어렵다. 연구자 역시 평범한 인간이기 때문에 면담을 할 때 자신의 고유한 성격과 행동 방식이 자연스럽게 드러난다. 만약 연구자가 말하기를 좋아하고, 결코 남의 말을 듣지 않으며, 언제나 자신이 관심의 대상이 되고 싶어 하고, 다른 사람들의 이야기에 전혀 관심이 없는 성격의 사람이라면, 어떤 면담 절차를 따르는지와 상관없이 연구자의 성격이 연구참여자와의 면담 관계에 많은 영향을 미치게 된다.

연구자가 가져야 할 가장 중요한 마음가짐은 다른 사람에 대한 진정한 관심이다. 연구자는 다른 사람들의 이야기가 자신의 연구에 제공하는 유용성뿐만 아니라 그 자체로 가치가 있음을 진심으로 느껴야 한다. 연구자가 다른 사람에 대해 관심을 가지고 있다면, 그 사람은 면담에 임하는 기본 자세를 가지고 있는 것이다. 그 연구자에게 필요한 것은 면담 기법을 배우고, 실제로 면담을 실행해 보는 것이다.

제7장

관계로서의 면담

면담은 연구 방법인 동시에, 발전되고 지속되며 잘 마무리되어야 하는 사회적 관계다(Dexter, 1970; Hyman et al., 1954; Mishler, 1986). 연구자와 연구참여자가 만들어 가는 면담 관계는 두 사람의 특성에 따라 독특하게 나타난다. 즉, 각자의 개성과 둘 간의 상호작용 방식이 반영된다. 또한 면담 관계는 심층 면담의 목적, 구조, 방법을 반영한다. 예를 들어, 연구자와 연구참여자가 2~3주에 걸쳐 세 번의 면담에서 만나는 것은 단일 면담에서 한 번 만나는 것과는 전혀 다른 관계를 만들어 낸다.

연구자는 연구참여자와 함께 세상 사람들의 통상적인 관념, 분류 기준, 긴장 관계로부터 자유로운 안전지대와 같은 새로운 관계를 만들어 내기 위해 노력할 수 있다. 하지만 연구자와 연구참여자가 맺는 관계도 사회적인 맥락 속에 존재한다. 비록 연구자가 면담 관계를 사회적인 맥락과 동떨어진, 연구자와 연구참여자에게만 적용되는 특정한 관계로 만들기 위해 노력한다 하더라도, 계층, 인종, 민족, 성별뿐 아니라 여러 다른 사회적 정체성이 이미 그들에게 부여되어 있는 것이다. 연구자가 이러한 사회적인 힘을 무시하려고 노력한다 해도, 결국 연구참여자와의 관계에 영향을 미치게 된다.

1. 'I-Thou' 관계로서의 면담

독일어를 영어로 번역하여 출판된 Schutz의 『사회적 세계의 현상학(The Phenomenology of Social World)』(1967)에는 한 사람이 다른 사람을 상호주관적으로 이해한다는 것은 그 두 사람이 만들어 가는 'I-Thou'[1] 관계에 달려 있다는 내용이 있다. 'I-Thou'의 개념은 독일 철학자 Martin Buber[2]가 사용한 개념과 유사하기도 하고 상당히 다르기도 하다. Schutz가 말하는 'Thou'는 연구자와 가까운 누군가이면서, 동시에 연구자와는 여전히 분리되어 있는 사람이다. Schutz에 따르면, 우리는 'Thou'를 또 다른 "살아 있고 지각 있는 인간 존재(alive and conscious human being)"(p. 164)로 인식한다. 'I-Thou'의 관계가 내포하는 것은 일반적으로 사회과학 연구에서 연구참여자를 3인칭의 연구 대상으로 표현하는 것과는 달리, 심층 면담 연구에서는 연구참여자를 객체로 보아서는 안 된다는 의미다. Schutz는 누군가와 관계를 맺을 때 상대방을 'Thou'로 인식하면, 'Thou-ness'는 상호적인 의미가 되고 두 사람 간의 관계는 'We'의 관계가 된다고 설명한다.

연구자의 목표는 연구참여자와의 관계를 'We'의 관계로 나아갈 수 있는 'I-Thou' 관계로 전환하는 것이다. 하지만 여기서 유념할 것은 연구자는 완전한 'We'의 관계를 추구해서는 안 된다는 것이다. 'We'의 관계가 되면, 연구자는 연구참여자와 동등한 참여자의 위치에 서게 되고, 결과적으로 면담이 아닌 두 사람 간의 대화가 되고 말기 때문이다. 이에 반해 'I-Thou' 관계에서 연구자는 연구참여자가 가능한 한 독립적으로 반응할 수 있도록 연구참여자와 충분한 거리를 유지하게 된다.

그러나 연구에 대한 보다 적극적인 참여를 강조하는 입장에서는 연구자가 연구참여자와 완전한 'We'의 관계를 형성해야 한다고 주장한다(Griffin, 1989; Reason, 1994). Oakley(1981)는 그렇게 하지 않는 것이 오히려 위선적이며 남성중심적이고 위계적인 연구 방식이라고 지적한다(de Laine, 2000, pp. 108-116; Stacey, 1988 참조. 페미니스트 입장에 대한 비판적 논의는 Oakley, 1981, 자신의 초기 입장에 대한 재평가는 Oakley, 2016 참조). 나는 면담에 임할 때 나 자신의 존재감을 드러내고 연구참여자에게 반응적일 수 있을 정도로 말하는 것과 연구참여자의 자율성을 충분히 드러내고 내가 아니라 연구참여자의 경험에 집중할 수 있도록 적게 말하는 것 간의 균형을 유지하고자 노력한다.

---

1) 원문의 의미를 정확하게 전달하기 위하여 영어 표현을 그대로 사용한다. -역자 주
2) Buber는 인간은 삶의 의미를 관계 속에서 찾는다고 보고, 궁극적으로 인간이 맺는 모든 관계는 신과의 관계를 향한다고 했다. -역자 주

2. 라포

이러한 균형을 맞추는 일은 연구참여자와 적절한 라포(rapport)를 형성함에 있어 매우 중요하다. 나는 연구자가 연구참여자와 더 많은 라포를 형성할수록 더 좋은 면담을 할 수 있다는 가정에 대해 전적으로 편안했던 적이 한 번도 없었다. 라포는 서로 잘 어울려 지내며 조화를 이루고 순응하며 친밀감을 느끼는 것을 의미한다. 그런데 연구자가 연구참여자와 라포를 형성하려는 욕구가 너무 강하면 면담 관계가 완전한 'We'의 관계로 왜곡될 수 있고, 그렇게 되면 누구의 경험이고 누구의 의미인지가 심각하게 혼동될 수 있다.

나와 동료들이 수행했던 커뮤니티칼리지 교수들의 경험에 대한 연구에서, 한 연구참여자가 두 번째 면담과 세 번째 면담 사이에 나와 내 아내를 집으로 초대했다. 나는 당황스러웠지만 연구참여자의 호의를 고려해서 초대에 응했다. 우리는 테라스에서 멋진 캘리포니아식 저녁 식사를 했고, 연구참여자의 가족들과 함께 즐거운 시간을 보냈다. 그러나 며칠이 지나고 세 번째 면담을 위해 연구참여자의 연구실에 방문했을 때, 그가 나를 너무나 친근하고 편안하게 대해서 정작 면담을 진행하면서 연구참여자와 적정 거리를 유지하는 것이 불가능했다. 나는 연구자로서 어찌할 바를 몰랐는데, 연구참여자가 나와 내 아내를 집으로 초대하면서 보여 준 환대의 마음을 모른 척하고 싶지 않았기 때문이었다.

연구자가 면담 관계에서 형성해야 하는 라포는 또한 적절하게 통제될 필요가 있다. 라포가 너무 지나치거나 너무 부족하면, 연구참여자가 면담에서 경험을 재구성하는 것에 왜곡이 생길 수 있다(Hyman et al., 1954). 예를 들면, 연구자가 라포를 형성하기 위해 자신의 경험을 연구참여자와 공유하는 경우가 있다. 이러한 공유는 라포를 형성하는 데는 도움이 될 수 있지만, 이 또한 연구자가 자신의 경험을 공유하지 않았을 경우에 연구참여자가 이야기했을 수도 있는 것에 영향을 미치거나 내용을 왜곡시킬 수 있다. 면담 관계는 연구자의 상대에 대한 존중, 관심, 배려, 예의 등에 따라 달라질 수 있으므로, 연구자는 면담 상황에 적합한 행동과 태도에 대해 계속 주의를 기울여야 한다. 면담 관계는 친근하고 우호적일 수 있지만, 친구 간의 우정과 같은 의미는 아니다. 이러한 면담 관계의 특성에 대해 Judy Stacey(1988, p. 24)는 좀 더 극단적인 견해를 밝혔다. 연구자와 연구참여자 간에 친밀함과 상호성이 클수록, 연구자가 연구참여자를 착취할 위험성이 더 커진다는 것이다. 또한 제17회 질적건강연구학술대회(Qualitative Health Research Conference)의 기조강연에서 Svend Brinkmann(2012, p. 60)은 연구자가 연구참여자와 라포를 형성하기 위해 진정성 없는 방법(non-genuine methods)을 사용하는 것을 비난했다. 그는 Duncombe와 Jessop(2002)을 인용하며, 자신의 이익을 위해 '가짜 우정(faking friendships)'을 보이는 연구자를 그 예로 들었다.

나는 면담을 처음 시작하는 단계에서는 연구참여자와 친밀감을 높이기 위한 노력보다는 타인과 관계를 시작할 때 필요한 격식을 차리는 것이 더 낫다고 조언한다(Hyman et al., 1954 참조). 예를 들면, 연구참여자와 처음 만났을 때 연구참여자에게 호칭을 어떻게 하는 것이 편한지 물어야 한다. 혹시 이름을 불러도 괜찮은지를 반드시 묻는 것이 좋다.[3] 이름을 부르는 것이 훨씬 친근하다고 생각할 수 있지만, 상대방이 연령이 높은 경우에는 상당한 결례가 될 수 있다. 면담을 위해 장소를 이동할 때 연구참여자가 먼저 들어갈 수 있도록 문을 잡아 주고, 연구참여자가 자리에 앉을 때까지 기다리고, 앞으로 면담을 하게 될 사람이 누구인지 알려 주기 위해 자신을 다시 한번 소개하는 등의 작은 행동 하나하나로 상대방에 대한 예의와 존중의 마음을 보다 구체적으로 표현할 수 있다. 이러한 모든 행동에서 면담 과정의 핵심이 되는 연구참여자에 대한 존중의 마음이 드러나는 것이다.

일단 면담이 시작되면, 연구참여자는 자신의 삶의 여정과 현재 경험의 세부사항들을 공유하게 되는데, 이때 연구자는 연구참여자의 이야기를 존중하면서 동시에 그 주제로 좀 더 깊이 들어가기 위해 어려운 질문을 할 수 있는 기회를 잡

---

3) 한국어와 영어의 차이 중의 하나가 상대방에 대한 호칭이다. 영어로는 상대방의 이름(first name)을 부르는 것이 자연스럽지만, 이때도 상대방의 연령, 지위, 친밀도 등에 따라 이름을 부르는 것이 적절한지 판단해야 한다. -역자 주

을 수 있도록 세심하게 균형을 잡아 가야 한다. 예를 들면, '심층 면담과 질적 연구의 쟁점'이라는 세미나에서, 한 대학원생이 면담을 하는 도중에 연구참여자가 인종차별주의적인 태도를 반영하는 표현을 했을 때 자신이 어떤 태도를 취해야 하는지 몰라서 고민했던 경험을 나누었다. 당시 그 학생은 박사학위논문을 위한 예비연구를 실시하고 있었는데, 연구참여자의 인종차별적인 발언이 불편하게 느껴졌지만, 아직 면담 기법이 충분히 익숙하지 않은 상태여서 평가하는 것처럼 보이지 않으면서 그런 민감한 문제에 대처할 수 있는 방법을 몰랐다. 그래서 그 학생은 연구참여자의 발언에 대해 아무런 반응을 하지 않고 그냥 넘어가 버렸다. 하지만 면담을 마친 후에 생각해 보니, 그냥 넘어가 버림으로써 나중에 그 면담 자료를 사용하게 되면 연구참여자에게 부당하게 작용할 수 있음을 깨달았다. 그래서 그 학생은 그 자료를 분석에서 사용하지 않았다[연구자의 자기검열 (self-censorship)에 대해서는 de Laine, 2000, pp. 197-203; Lee, 1993, pp. 187-194 참조]. 이와 같은 경험은 초보 연구자라면 누구나 겪을 수 있는 것이다. 하지만 그 경험을 바탕으로 그 학생은 이후의 면담에서는 연구참여자가 사용한 단어의 의미가 모호할 때 어떤 의미였는지를 연구참여자가 스스로 탐색할 수 있도록 독려하는 요령을 터득하게 되었다.

　연구자가 면담 관계에서 형성하는 라포를 통제해야 하는 또 다른 이유는 면담이 종결되면 면담 관계가 극적으로 변화되기 때문이다. 면담을 통해 형성된 관계는 점차 소원해지고 덜 친밀해질 수밖에 없다. 연구자는 연구참여자보다는 면담을 통해 수집한 자료에 더 집중하게 된다. 면담을 통해 수집한 자료의 소유권에 대한 문제도 쉽게 발생한다. 연구자는 면담을 시작하기 전에 면담의 녹음본이나 전사본을 제공하기로 약속해야 한다. 연구참여자는 혹시라도 불편하게 느껴지는 내용이나 삭제하고 싶은 내용이 있는지 살펴보기 위해 면담 전사본을 보고 싶어 할 수도 있다. 이러한 과정은 전화, 우편, 이메일 등으로 이루어질 수 있다. 연구자가 연구참여자와 면담 중에 형성하는 라포와 면담이 종결된 후의 과정에서 기대하는 관계는 일관성이 있어야 한다.

　연구자가 연구물(논문)을 작성하고 나면, 연구참여자와 이를 공유할 수 있다.

Lincoln과 Guba(1985)는 이 과정을 '연구참여자 확인(member checking)'이라고 명명하고, 이러한 확인 과정이 연구의 신뢰성과 신빙성을 높인다고 보았다(연구참여자 확인에 대한 비판적 논의는 Birt et al., 2016 참조). 하지만 이 과정에서 민감한 쟁점들이 표출될 수 있다. 어떤 연구자들은 연구참여자에게 연구물을 확인할 수 있는 권리를 부여하고, 면담의 분석 방향이나 결과의 기술에 연구참여자의 의견을 적극 반영한다. 더 나아가 어떤 연구자들은 연구참여자는 면담에만 참여하는 것이 아니라 면담의 내용을 분석하고 결과를 기술하는 과정까지 함께 참여해야 한다고 주장하기도 한다(Griffin, 1989). 이 쟁점에 대한 입장은 연구자마다 상당히 다를 수 있다(Patai, 1987). 한쪽 극단에서는 공동소유권을 주장하고(공동소유권에 대한 보다 최근의 견해는 Oakley, 2016 참조), 다른 쪽 극단에서는 면담이 끝남과 동시에 연구자와 연구참여자의 관계는 종결되므로 연구자의 유일한 책무는 연구참여자에게 면담의 목적을 명확히 알려 주고, 연구참여자가 말한 내용이 변질되거나 왜곡되지 않을 것임을 약속하는 것뿐이라고 주장한다.

나는 연구참여자가 원하면 연구참여자와 관련된 모든 자료를 공유해 왔다. 특히 분석에 있어서 연구참여자가 곤경에 처할 수 있거나 부정확한 내용이 있는지 확인해 주도록 요청한다. 하지만 이와 같은 위험이나 부정확성의 문제를 제외하고는, 최종 연구물은 내가 분석하고 해석한 내용을 토대로 작성한다. 동시에 나는 "연구참여자에게 직접적으로 말할 수 없는 것은 절대로 글로도 쓰지 않는다."라는 de Laine의 원칙(2000, p. 191)을 따르기 위해 노력한다.

연구자가 면담 이후에 기대하는 관계의 유형이 면담을 하는 동안 연구자가 만들어 가는 관계의 본질에 영향을 미친다. 만약 연구자가 면담 과정에서 완전한 'We'의 관계를 형성해 왔다면, 연구자는 면담이 종결된 후에 수집된 자료를 분석하고 그 결과를 기술할 때 자신이 면담 과정에서 취했던 태도를 분명하게 인식하며 그에 대처할 수 있어야 한다. 면담 과정을 통해 서로가 형성했던 친밀감을 바탕으로 깊이 있는 내용까지 공유했다면, 면담이 끝난 후에 연구자가 일방적으로 면담에서 수집된 자료를 소유한다는 것이 문제가 될 수 있기 때문이다. 반면, 면담이 시작되기 전에 자료의 확인이나 소유권에 대한 연구참여자의 권리를 명확히 하고, 면담에서 연구참여자와 적정 거리를 유지한 연구자는 면담이 종결된 후에 자료를 분석하고 결과를 기술하는 과정에서도 보다 공정한 관계를 유지할 수 있다.

3. 사회적 정체성과 면담 관계

면담 관계에서 생길 수 있는 공정성의 문제는 연구자와 연구참여자의 사회적 정체성에 따라 영향을 받는다. 사회적 정체성은 사회계층, 인종, 민족, 성별, 삶에서 경험하는 다양한 권력 관계 등과 관련된 경험에 따라 영향을 받는다(Kanter, 1977). 특히 면담은 권력 관계에 민감한데, 여기에는 누가 면담의 주도권을 잡는가, 누가 면담의 결과를 조정하는가, 누가 면담을 통해 혜택을 얻는가 등이 포함된다(면담에서의 권력 관계에 대한 예리한 통찰은 Ribbens, 1989 참조). 이처럼 면담에 영향을 미칠 수 있는 다양한 변수를 고려하면서 면담 관계를 공정하게 이끌어 가기 위해, 연구자는 자신의 정체성과 그에 따른 경험을 분명하게 인식하고 있어야 하며, 그러한 것들이 연구참여자에게 어떻게 영향을 미치는지에 민감해야 한다.

1) 인종과 민족

미국 사회가 지니고 있는 인종과 관련된 역사적인 경험 때문에 서로 다른 인종적·민족적 배경을 지닌 연구자와 연구참여자는 효과적인 면담 관계를 형성하는 데 어려움이 있을 수 있다. 이 어려움은 특히 백인과 흑인이 면담에 참여할 때 가장 복잡하지만, 그 외에 인종적·민족적 배경이 다른 경우에도 마찬가지로 문제가 될 수 있다(이 쟁점에 대한 보다 깊이 있는 탐색은 Boushel, 2000; Dexter, 1970; Dollard, 1949; Hyman et al., 1954; Labov, 1972; May, 2014; Phoenix, 1994; Reese, Danielson, Shoemaker, Chang, & Hsu, 1986; Richardson et al., 1965; Song &

Parker, 1995 참조). 또한 연구자와 연구참여자가 같은 인종적·민족적 배경을 가졌지만 성별, 계층, 연령이 다를 때도 효과적인 면담 관계 형성을 방해하는 긴장감을 야기할 수 있다.

서로 다른 인종의 연구자와 연구참여자 간의 면담에 내포된 복잡성(complexities) 때문에, 어떤 사람들은 연구자와 연구참여자가 가능하면 같은 인종이어야 한다고 주장하기도 한다. 하지만 페미니즘 이론에서 강조하는 교차성(intersectionality)이라는 개념은 이렇게 단순한 이분법적 사고에 반대한다 (Ferguson, 2017). 연구자와 연구참여자를 사회적 정체성의 다양한 측면 중 인종이라는 하나의 측면만을 기준으로 정한다면, 그 면담은 실패할 수밖에 없다. 교차성이라는 개념으로 보면, 인종이나 성별, 계층, 연령과 같은 하나의 측면으로는 결코 한 인간의 정체성을 설명할 수 없다. 우리가 지닌 다양한 측면이 서로 중첩되어 우리의 사회적 정체성을 만들어 가는 것이다(Collins & Bilge, 2016; Crenshaw, 1989).

사회적 정체성을 만드는 이처럼 다양하고 중첩된 측면은 연구자와 연구참여자를 단순히 짝지으려는 시도에 대해 다시 한번 숙고하게 한다(Mellor, Ingram, Abrahams, & Beedell, 2014). 연구참여자가 지닌 복잡한 사회적 정체성의 한 측면에만 초점을 맞추는 것은 한 사람의 삶이 지닌 깊이와 다면성을 볼 수 없게 만들기 때문이다.

Oakley(2016)는 연구자와 연구참여자를 짝짓는 것에 대해 다음과 같은 의견을 제시한다.

> 50년도 넘게 연구를 '업(career)'으로 하면서, 나는 정말 많은 사람과 면담을 해 왔다. 내가 만났던 사람들은 모두 나와 다른 가치관, 생활 방식, 배경을 지니고 있었다. (나 자신을 스스로 '페미니스트'로 규정하느냐, 그렇지 않느냐에 상관없이) 이들과 연구라는 맥락 속에서 면담하면서 언제나 중요한 시작점은 연구자로서 내가 지녔던 다른 사람들의 삶에 대한 진정한 관심이었다. 진정한 관심에는 면담에서 사람들이 들려주는 이야기에 귀 기울이고, 그 이야기와 사람들에 대한 책임 있는 태도를 유지하는 것이 모두 포함된다. (p. 198)

여러 면담 연구를 수행하면서, 나 역시 연구참여자에 대한 진정한 관심과 책임 있는 태도를 견지한 Oakley의 입장을 따르려고 노력해 왔다. 나도 연구자와 연구참여자를 짝지으려는 어떠한 시도도 하지 않았다. 비록 연구자와 연구참여가 유사한 사회적 배경을 공유하면 라포가 좀 더 쉽게 형성될 수 있다는 가정이 팽배하지만, 면담은 연구참여자와 일반적인 사회적 경험을 공유하는 것이 아니라 연구자가 연구참여자와 일정한 거리를 두고 연구참여자의 특정한 경험에 대해 진짜 질문을 하고 탐색을 하는 과정인 것이다. 만약 아프리카계 미국인은 아프리카계 미국인만을, 라틴아메리카계 미국인은 라틴아메리카계 미국인만을, 아시아계 미국인은 아시아계 미국인만을, 아메리칸 인디언은 아메리칸 인디언만을, 백인은 백인만을 면담할 수 있다면, 방법론적으로도 너무나 불행한 상황이 될 것이다.

내 경험에 비추어 보면, 일정한 시간 간격을 두고 연속적으로 세 번에 걸쳐 수행하는 면담 구조는 백인 연구자가 아프리카계 미국인 연구참여자를 면담하는 초기에 발생할 수 있는 상대에 대한 불신이나 어색함을 극복하는 데 도움이 된다(반대쪽 발에 신발을 신었을 때의 어색함에 대한 논의를 담은 May, 2014 참조). 이러한 면담 구조는 다른 인종 간의 면담 관계에서 발생할 수 있는 긴장감도 완화시켜 줄 수 있다. 연구자는 세 번에 걸친 면담을 통해 자연스럽게 연구참여자에 대한 존중, 배려, 관심을 표현할 수 있게 되어 초기의 회의적인 태도나 불신감을 해소하는 데 도움이 된다. 그럼에도 불구하고, 내 경험상 인종적·민족적 차이로 인해서 생기는 미묘한 정치적인 문제는 아무리 면담의 구조를 정교하게 구성하고 연구참여자에게 민감하게 반응한다 하더라도 여전히 어려운 문제다. 한 예로, 우리가 수행했던 커뮤니티칼리지의 교수진에 대한 면담(Seidman et al., 1983)에 참여했던 76명의 교수들 중 한 연구참여자가 면담이 완결되기 전에 연구참여 종료를 원했다. 그 연구참여자는 아프리카계 남성으로, 한 커뮤니티칼리지에서 행정 업무를 담당하고 있는 보직교수였는데, 세 번의 면담 중 첫 번째 면담이 거의 끝나 갈 무렵에 철회 의사를 밝힌 것이다. 당시 그는 아무 이유 없이 그냥 그만두고 싶다고만 했다.

연구를 함께 수행했던 Sullivan과 나는 그 당시의 실망감을 기억한다. 당시 우리는 왜 그 연구참여자가 그만두고자 했는지 그 이유를 찾으려고 노력했다. 나는 자책하고 낙심했고 면담이라는 연구 방법에 대한 자신감을 잃어버리기 직전이었다. 한참 후에야 나는 우리가 수행했던 면담 연구가 우리 사회의 인종차별의 역사와 정치적인 담론에 지나치게 얽혀 있었음을 깨달았다. 그때서야 그 연구참여자가 철회 의사를 밝힌 것이 면담 방법에 문제가 있었기 때문이 아니라 면담 내용이 자신의 경험과 너무나도 밀접해서였기 때문임을 알게 되었다. 그 연구참여자는 자신의 생애를 이야기하면서 미국 사회에 만연한 인종차별주의가 자신의 삶과 일에 너무나 직접적으로 관련되어 있음을 절실히 느꼈던 것 같다. 나는 그 과정에서 연구참여자가 백인 연구자에게 솔직하게 자신의 삶에 대한 경험을 나누는 것이 편안하지 않았을 것임을 한참 후에야 깨달았던 것이다(Anderson, Silver, & Abramson, 1988; Cotter, Cohen, & Coulter, 1982). 결과적으로 생각하면, 그 연구참여자의 철회는 우리 연구자들과 연구 결과 모두에 큰 손실이었다.

Linda Miller Cleary는 아메리칸 인디언의 교육에 관한 연구에서 우리가 경험했던 것과 유사한 복잡하고 미묘한 상황을 경험했다. Cleary는 미네소타대학교 영어교육과에서 예비중등교사들을 가르치고 있었는데, 그중 상당수가 오지브와족(Ojibwe) 학생들이었다. 그 학생들은 대부분 졸업 후 아메리칸 인디언 학생들을 가르칠 예정이었다. Cleary는 학생들을 교사로 더 잘 준비시키고 아메리칸 인디언 학생들을 가르치는 교사들의 경험에 대해 더 깊이 있게 이해하기 위해 연구 프로젝트를 시작했다. 1996년에 나와의 면담에서 Cleary는 자신이 아메리칸 인디언 교사들에게 접근하려할 때마다 "항상 의심받는" 듯한 기분을 느꼈다고 했다. 자신의 연구 동기와 의도에 대해 사람들이 보이는 불신감을 감지했다는 것이다. 그런 불신감은 노골적으로 표출되기도 했는데, 일련의 면담이 끝난 후에, 한 연구참여자가 그녀에게 날카롭게 "도대체 당신은 왜 이런 면담을 하는 건가요?"라고 묻기도 했다.

이러한 민감한 문제들에 직면하면서도 Cleary는 어떻게든 자신의 연구를 진행하기 위해 애썼는데, 어느 순간 그녀는 연구참여자들이 보이는 불신감이 단순히 잠재적인 연구참여자에게 접근할 때나 면담 초기에만 존재하는 것이 아닐 수 있다는 생각이 들었다. 물론 몇 차례의 면담을 통해 초기의 불신감을 어느 정도 극복하고 연구참여자들로부터 의미 있는 면담 내용을 이끌어 내기는 했지만, 그녀는 자신과는 전혀 다른 역사적 경험을 가지고 있는 아메리칸 인디언 '연구참여자들이 자신을 연구자로 신뢰하지 않을 것'임을 깨달았다. 특히 Cleary는 자신이 수집한 자료를 '분석하는 과정에서 다른 관점'이 필요하다고 생각했다. 그녀는 "나 혼자서는 정말 할 수 없었어요. (잠시 멈춤) 연구참여자와 나 사이의 문화적 격차가 너무 컸어요."라는 결론에 이르렀다(L. M. Cleary와의 개인적 의견교환, 1996년 8월 11일).

이 문제에 대해 고민하던 Cleary는 그 대학의 아메리칸 인디언 교육전공 석좌교수인 Thomas Peacock과의 공동연구로 연구의 방향을 수정했다. 아메리칸 인디언 연구참여자들의 경험이 지닌 복합성을 잘 알고 있는 동료와 함께 팀을 이룸으로써, 그녀는 연구자와 연구참여자 간의 공정성과 연구의 진정성을 강화할 수 있는 의미 있는 발걸음을 내딛은 것이다. 이 공동 작업의 성과는 『함께 모은 지혜: 아메리칸 인디언 교육(Collected Wisdom: American Indian Education)』(Cleary & Peacock, 1997)이라는 저서에서 빛을 발했다. 특히 그들은 이 책을 통해 연구 주제뿐 아니라 연구를 수행하는 과정에서 경험한 방법론상의 여러 쟁점을 깊이 있게 다루었다.

2) 젠더[4]

연구자와 연구참여자가 같은 젠더일 때와 다른 젠더일 때, 면담 결과가 다르게 나타날 수 있다는 연구 결과가 있다(Hyman et al., 1954). 연구참여자와 연구자

---

[4] 'gender'는 생물학적 성(性)이 아니라 사회적 · 문화적 · 심리적 의미의 성(性)을 가리키는 말이다. 한국어로 '성' 혹은 '성별'로 번역할 경우, 생물학적 성(性)을 의미하는 'sex'와 혼동될 여지가 있으므로, 그 의미를 명확히 하기 위해 이 부분에서는 '젠더'로 표기한다. - 역자 주

가 다른 젠더일 때 형성되는 면담 관계는 인종적·계층적 차이와 뒤엉켜진 성차별적인 태도와 행동에 의해 심각하게 영향받을 수 있다. 성차별적인 관계와 연관된 모든 문제는 면담 과정에서도 드러난다. 예를 들어, 여성 연구참여자를 면담하는 남성 연구자는 거만한 태도를 보일 수 있다. 반대로 남성 연구참여자를 면담하는 여성 연구자는 면담을 통제하는 데 소극적일 수 있고, 남성 연구참여자는 여성 연구자를 쉽게 얕볼 수 있다. 만약 남성 연구자든 여성 연구자든 간에 젠더에 대한 특정 이념에 젖어 있다면, 알고자 하는 것을 탐색할 수 있는 모든 가능성을 열어 두는 데 실패하게 된다. 그렇다고 해서 동성의 연구자와 연구참여자 간의 면담이 자동적으로 그러한 문제에서 자유로울 수 있는 것도 아니다. 연구자가 연구참여자와 동성이기 때문에 같은 관점을 공유할 것이라는 헛된 믿음에 젖게 될 수도 있고, 무의식적인 경쟁의식에 빠지게 될 수도 있다.

성차별주의적인 태도는 연구자와 연구참여자 간에 형성되는 면담 관계뿐만 아니라 연구의 전체 맥락에 영향을 미친다. '확증적이고 딱딱한(hard)' 연구 결과를 만들어 내는 양적 연구와 달리, 면담 연구는 그 자체로 '부드러운(soft)' 연구로 받아들여지기 때문에, 성차별주의적 태도를 지닌 연구자들에게는 그리 환영받지 못하고 있다(Callaway, 1981). 또 다른 측면에서 Patai(1987)는 만약 연구자가 자신의 연구 목적을 위해 여성을 이용한다면, 그 연구가 아무리 좋은 의도를 가지고 있다고 하더라도, 이 사회의 여성 착취적인 지배 담론에 도전하기보다는 오히려 지지하는 결과를 낳을 것이라고 주장했다.

또한 면담의 특성상 진행 과정에서 연구자와 연구참여자 간에 친밀감이 형성될 수 있기 때문에, 심층 면담에서 성차별적인 착취가 일어날 가능성이 있다. 연구참여자는 자신의 삶에 대해 자세하게 이야기하고, 연구자는 그 이야기를 주의 깊게 경청한다. 이렇게 연구참여자의 삶의 경험을 탐색하는 과정에서 연구자와 연구참여자는 자연스럽게 호감과 존중에 기초한 유대감을 발달시키게 된다. 분명한 것은 연구자가 이러한 유대감을 절대로 성적으로 이용하지 않아야 한다는 것이다.

한 연구에 참여했던 연구보조원이 면담을 하는 과정에서 만났던 한 연구참여자에게 호감을 가지게 되었다고 이야기한 적이 있다. 그녀는 자신의 감정이 면담 과정에 어떻게 영향을 미칠 수 있는지에 대해 궁금해했다. 그녀는 면담 이외의 상황에서 연구참여자와 어떤 방식으로든 연락을 취하게 되면, 면담 관계를 왜곡시킬 수 있음을 알고 있었다. 그래서 연구참여자와 면담 이외의 상황에서 따로 연락하지는 않았지만, 그녀가 연구참여자에 대해 지니고 있는 좋은 감정이 면담 과정이나 질문 방식에 영향을 미칠 수 있음을 염려했다(면담 관계에서 연구참여자에 대한 호감이 연구자의 질문 방식에 어떻게 영향을 미치는지에 대한 또 다른 예는 Hyman et al., 1954, p. 54 참조). 나는 그녀에게 그러한 감정을 가지는 것 자체가 문제가 되는 것은 아니지만, 면담의 목적에 집중해서 면담을 지속해 나가는 것이 중요함을 다시 한번 강조했다(면담 관계에서 성차별적인 착취가 일어날 가능성에 대한 논의는 Yow, 2015, p. 203 참조).

남성과 여성이 연구자와 연구참여자의 관계로 만났을 때, 우리 사회에서 경험할 수 있는 성역할에 대한 고정관념을 무너뜨릴 수도 있다. 이를 위해서는 연구자가 면담을 마친 후 전사본을 주의 깊게 읽어 가면서 혹시라도 자신의 질문이나 반응에 성차별적인 태도나 성역할에 대한 고정관념이 반영되어 있지는 않은지를 점검해 볼 수 있다. 또 다른 방법은 동료 연구자와 함께 그 문제를 논의하거나 반성적 저널 쓰기를 통해 자신의 경험을 정리해 보는 것이다. 면담 관계에서 가장 중요한 것은 연구자 자신이 성차별적인 태도를 가지고 있지 않은지 항상 주의를 기울이고, 성역할에 대한 고정관념이나 편견을 극복하고 연구참여자와 보다 공정한 관계를 유지하기 위해 의식적으로 노력하는 것이다.

최근 들어 면담 관계에서 젠더의 역할은 더 복잡해지고 있다. 2013년에 이 책의 4판이 출판된 이후, 젠더의 전통적 관점에 대한 대중의 인식이 놀라울 정도로 변화되었다. 이러한 변화는 역사적인 맥락과 함께 이해해야 한다(Fausto-Sterling, 1993, 2000; Reis, 2009). 이처럼 변화된 인식의 출발점은 젠더에 대한 한 사람의 정체성은 스스로 정하는 것이며, 그 사람의 신체적 외양 및 출생 시 부여된 생물학적 성별과 일치할 수도, 그렇지 않을 수도 있다는 생각이다(Elias et al., 2018; International Conference on Transgender Law and Employment Policy, 1995 참조).

어떤 사람들은 자신이 입는 옷, 자신이 지칭하는 성별, 자신의 행동을 통해 자신의 내적 젠더 의식과 밖으로 보이는 모습을 맞추기 위해 노력한다. 또 어떤 사람들은 의학적 중재를 통해 신체적 외양을 바꾸기도 한다(Human Rights Campaign, 2018). 역사적으로 이러한 젠더 확장적인(gender-expansive) 행동은 사회적인 소외와 극단적인 차별을 불러일으켜 왔다(Sharzer, 2017).

하지만 미국과 세계의 일부 지역에서 이러한 차별적인 태도에 변화가 나타나기 시작했다. 성소수자(LGBTQ[5]) 운동은 점차 대중적으로 확산되었고, 성별에 따른 차별금지와 그에 대한 법적 권리를 주장하기 위해 보다 조직화되어 왔다. 미국에서는 2015년 6월 26일에 동성결혼이 합법화되었다(Lopez, 2016). 성소수자 공동체는 보다 적극적으로 자신들의 삶을 글로, TV와 영화로, 온라인을 통해 알리고 있다(Sharzer, 2017, p. 2). 2018년 미국 선거에는 수많은 게이, 레즈비언, 양성애자, 트렌스젠더 후보자가 출마했고(Stack & Edmondson, 2018), 150명 이상이 당선되기도 했다(Moreau, 2018).

이처럼 변화된 인식은 젠더 정체성에 대해 우리가 지니고 있는 남성과 여성이라는 단순하고 이분법적인 구분을 다시 생각하게 한다. 앞으로는 좀 더 유연하게 젠더 정체성을 받아들여야 한다. 그리고 이렇게 변화된 인식을 면담 관계에 적용해 본다면, 남성과 여성의 이분법적인 구분을 넘어, 젠더 정체성의 보다 복잡하고 다면적인 측면을 고려해야 한다. 젠더 확장적인 세상에서 연구자와 연구참여자 간의 관계는 결코 단순하지 않다. 하지만 이러한 복잡성은 오히려 우리가 면담의 가장 기본적인 원칙을 중요하게 생각할 수 있도록 돕는다. 면담의 기본 원칙은 모든 연구참여자에 대한 존중과 그들의 이야기에 대한 진정한 관심에서 출발한다(젠더와 면담에 대한 보다 심층적인 논의는 Devault, 1990; Edwards, 1990; Herod, 1993; Oakley, 2016; Ribbens, 1989; Riessman, 1987; Rosser, 1992; Williams & Heikes, 1993; Yow, 2015, pp. 200-203 참조).

---

5) LGBTQ는 Lesbian, Gay, Bisexual, Transgender, Queer(또는 때때로 Questioning)의 약어로, 레즈비언, 게이, 양성애자, 트렌스젠더, 동성애자 등의 성적 정체성을 가지고 있는 사람들을 지칭한다. -역자 주

3) 사회계층과 지위

연구자와 연구참여자가 계층을 의식하며 서로를 바라볼 때는 면담에서 나눈 이야기와 공유된 경험들이 왜곡될 수 있다(Hyman et al., 1954). 따라서 계층과 관련된 의식과 태도에 민감하지 않으면, 연구참여자와 연구자 모두에게 무의식적으로 상처가 될 수 있다(Sennett & Cobb, 1972).

마르크스주의자의 관점에서 바라본 계층에 관한 논의에서, Patai(1987)는 연구자를 자본가와 노동자의 특성을 함께 지니고 있으며 연구참여자의 이야기를 하나의 상품으로 간주할 가능성이 높은 사람이라고 설명했다. 만약 계층을 사회적 지위, 교육 정도, 경제적 부에 따라 특징짓는 것으로 본다면, 연구자는 주로 중산층에 속하며 대학 이상의 교육을 받은 사람들이고, 연구참여자는 연구자보다 사회적 지위가 낮은 계층에 속하는 경우가 많을 것이다(이에 대한 비판적 논의는 Dexter, 1970 참조).

커뮤니티칼리지의 교수들을 대상으로 한 면담 연구에서, 나는 연구참여자들의 고등교육의 위계에 대한 민감성을 인식할 수 있었다. 대학 사회에서 사범대학 교수들은 다른 단과대학에 비해 서열이 낮은 편이다. 그러나 일부 연구참여자들은 자신을 '그저(just)' 커뮤니티칼리지의 교수라고 지칭하는 것과는 대조적으로, 내가 4년제 종합대학의 교수라는 사실에 대해 부러움 혹은 동경을 표하거나 냉소적인 태도를 취하는 경우도 있었다.

연구자의 계층에 대한 인식이나 가정이 면담에 직접적인 영향을 미치기도 한다. 예를 들면, Richardson 등(1965)은 연구참여자에 대해 다음과 같이 표현했다.

사회경제적 지위나 조직 내 지위가 낮은 연구참여자들은 개방형 질문의 부담감을 견디기 힘들 수도 있다. 이는 그들이 자발적으로 자신의 생각을 명확하고 일관되며 길게 이야기하는 데 익숙하지 않기 때문일 수도 있고, 면담이라는 비구조적인 상황을 불편하게 느껴서이기 때문일 수도 있다. (p. 149)

하지만 내 경험에 비추어 보면, Richardson의 이러한 주장은 적절하지 않다. 사회계층이나 지위에 상관없이 연구참여자들은 자신의 삶의 맥락 속에서 자신의 일이나 자신에 대한 이야기를 할 수 있는 시간과 공간이 주어졌을 때, 개방형 질문에 적절히 답할 수 있다. 하지만 사회계층, 젠더, 인종적 배경의 차이에 따른 긴장감이 면담 관계에 퍼져 있으면, 연구참여자는 쉽게 입을 열지 않고 연구자의 질문에 적극적으로 반응하지 않을 수 있다(Labov, 1972). (면담에서의 사회계층에 대한 논의는 Mellor et al., 2014의 영국 사례 참조. 사회계층이 다른 집단 간의 갈등에 대해서는 Roer-Strier & Sands, 2015 참조).

어떤 연구자들은 이러한 문제에 대해 융통성을 가지고 다른 사람들에 비해 훨씬 유연하게 대처한다. 이들은 연구자 자신의 다양한 삶의 경험을 기반으로, 자신보다 낮은 계층에 속하거나 자신보다 높은 계층에 속하는 연구참여자 모두와 편안하게 상호작용할 수 있다. 하지만 어떤 연구자들은 자신의 삶의 경험이 제한적이어서 자신과 동일한 사회계층에 속하고 자신과 유사한 삶의 경험을 공유하는 연구참여자를 면담할 때만 편안함을 느낀다. 이들은 자신에게 익숙하지 않은 환경이나 자신이 거의 접촉한 적이 없는 계층의 사람들을 면담하는 것을 꺼린다. 하지만 이러한 소극적인 태도는 연구참여자의 선정을 한쪽으로 치우치게 할 수 있고, 다른 사람의 삶의 경험을 토대로 한 면담 연구의 결과도 원하는 것보다 훨씬 더 제한적이게 만든다.

4) 언어적 차이

앞서 언급한 사회적 관계들에 내재된 여러 가지 쟁점과 더불어 연구자와 연구참여자 간의 언어적 차이도 함께 생각해 볼 문제다. 때로는 영어를 모국어로 사용하는 연구자가 영어를 모국어로 사용하지 않는 연구참여자를 면담할 수 있다. 만약 연구자가 연구참여자의 모국어에 유창해서 그 언어로 면담을 할 수 있다면 면담이 원활하게 진행될 수 있지만, 면담 이후에는 면담 내용을 번역하는 문제에 직면하게 된다. 연구참여자가 모국어로 말한 이야기의 전체적인 의미를 정확하게 전달하기 위해 영어로 적절한 단어나 문장을 표현하는 것은 상당히 어렵고 연구자의 충분한 고민과 신중한 작업을 요구하는 일이다(Vygotsky, 1987).

내가 지도했던 박사과정 학생들 중에 영어 외에 다른 언어에 능통한 학생들이 몇 명 있었다. 그 학생들에게 영어로 면담을 진행하면서 필요에 따라 연구참여자의 모국어도 함께 사용할 수 있도록 해 보았다. 그리고 그 면담의 결과를 보고하는 과정에서, 특히 면담의 내용 중 중요한 부분은 연구참여자의 언어와 그 언어 속에 내재된 생각의 흐름을 존중하기 위해 연구참여자가 모국어로 말한 내용을 그대로 소개하고, 그 내용을 영어로 번역을 해서 다시 제시하도록 했다.

이처럼 연구참여자의 모국어가 연구자와 같지 않을 경우에 문제가 되는 것은 두 사람이 사용하는 언어의 이해 정도가 면담의 진행 과정에 영향을 미친다는 점이다. 연구참여자와 연구자의 생각은 그들이 사용하는 언어에 따라 달라질 수 있다(Vygotsky, 1987). 하지만 사람들이 사용하는 언어와 익숙한 문화가 사람들의 생각에 영향을 미친다는 사실을 인식하는 것 외에, 면담에서 사용되는 언어와 관련된 문제에 정답이 있는 것은 아니다. 이러한 인식을 바탕으로 연구자와 연구참여자는 자신의 생각을 가장 잘 반영할 수 있는 언어나 말하기 방식을 선택하여 면담에 임할 수 있도록 노력해야 한다(이에 대한 추가적인 논의는 Al-Amer, Ramjan, Glew, Darwish, & Salamonson, 2014; Esposito, 2001; Goldstein, 1995; Santos, Black, & Sandelowski, 2005 참조).

5) 연령

인종, 성별, 계층과 더불어 연구자와 연구참여자의 상대적인 연령이 그들 사이에 형성되는 관계의 특성에 영향을 미칠 수 있다. 예를 들어, 연구자보다 나이가 훨씬 많은 연구참여자는 젊은 연구자와의 면담에 불편함을 느낄 수도 있는데, 특히 연구자가 자신을 경시한다고 느낄 때 더욱 그런 느낌을 받는다(Briggs, 1986). 따라서 연구참여자의 나이가 너무 많거나 너무 적은 경우, 연구자는 연구참여자를 특별히 세심하게 배려하는 민감성을 갖추어야 한다. 가르치려 들거나 아랫사람으로 대하거나 하지 않으면서 아동들이나 노인들과 가까워질 수 있는 방법을 터득해 나가야 한다. 연구참여자와의 계층, 인종, 언어, 연령의 차이가 함께 결합되는 경우, 그중 특히 학령기 아동을 면담하는 경우에는 연구참여자의 왜곡된 반응을 이끌어 낼 위험이 매우 높다(Brenner et al., 1985). 하지만 이러한 상황에서 학령기 아동인 연구참여자의 계층, 인종, 연령의 특성을 명확히 이해하고 면담을 능숙하게 이끌어 간다면, 아동들이 경험한 학교생활뿐 아니라 학교 밖에서의 경험도 충분히 효과적으로 이끌어 낼 수 있다(Labov, 1972). (청소년과의 효과적인 면담 예는 Cleary, 1990, 1991; Shaenen, 2014 참조)

6) 유명인사

연구자와 연구참여자 간의 관계에서 일어날 수 있는 불균형 가운데 가장 타협하기 어려운 것 중 하나는 연구자가 유명인사(elites)에 대한 심층 면담을 시도할 때 발생한다. Sally Lynne Conkright(1997)은 미국 내 11개 주요 기업을 대표하는 11명의 최고경영자 혹은 바로 아래 서열에 있는 사람들을 면담하기 위해 이 책에서 설명한 방법을 사용했다. 연구참여자 선정이 쉽지 않을 것이라고 예상했지만, 그래도 생각보다는 쉽게 그 문제를 해결할 수 있었다. 하지만 실제 면담 시간을 약속하고 면담을 진행하는 다음 단계에서 보다 심각한 문제에 직면하게 되었는데, 90분의 면담에 미리 동의한 연구참여자에게 예상치 못한 일정이 생기는 경우가 많아서 연구자가 정작 약속된 시간에 도착했지만 면담이 취소되기도 하고 예정된 시간보다 훨씬 짧게 끝나기도 했다.

하지만 그러한 시간적 제약보다 더 미묘하고 어려운 문제가 있었는데, 최고경영자와 같은 유명인사들은 자기 자신이 모든 상황을 통제하는 데 너무 익숙해서 면담을 주도하려는 경우가 종종 발생했다. 그래서 연구자가 면담의 주도권을 다시 잡고 면담을 이끌어 가려고 하면, 연구참여자들이 불편해하는 것을 느낄 수 있었다. "어떤 경우에는 연구참여자가 비언어적인 신호를 보내기도 하고, 어떤 경우에는 노골적으로 자신이 면담을 이끌어 나가겠다고 말하기도 했다"

(pp. 274-275). 이러한 상황에서 Conkright는 자신이 관심 있는 내용을 질문하면서 면담을 주도적으로 이끌어 가고 싶은 마음과 그렇게 했을 때 면담이 중단될 수도 있다는 걱정 사이에서 끊임없이 갈등하며 아슬아슬하게 면담을 진행해 나갔다.

이러한 어려움에도 불구하고 Conkright는 면담을 진행해 나갔고, 자신의 연구 주제와 유명인사 면담에 적용할 수 있는 방법까지 많은 것을 배울 수 있었다. 나는 심층 면담이 평범한 사람들의 일상적인 경험을 탐색하는 데 가장 적합하다고 보지만, 유명인사가 가지고 있는 내면의 관점을 얻기 위한 시도 역시 가치 있고 중요하다고 생각한다(이에 대한 추가적인 논의는 Beckman & Hall, 2013; Dexter, 1970; Hertz & Imber, 1995; Marshall & Rossman, 2016, pp. 159-161 참조. 유명인사 면담 연구들과 그러한 연구들이 내포하는 문제에 대해서는 Lancaster, 2017 참조).

4. 사적, 개인적, 공적 경험의 구분

면담 관계는 면담에서 다루는 내용이 연구자와 연구참여자가 생각하기에 적합한 주제인가에 따라 달라진다. 무엇이 적합한 것인가를 판단함에 있어서는 연구참여자의 삶을 사적(private), 개인적(personal), 공적(public) 측면으로 구분해 보는 것이 도움이 된다(Shils, 1959). 예를 들어, 연구참여자의 공적 삶이란 연구참여자가 회의, 수업, 학교, 직장 등에서 하는 일과 관련이 있는데, 이때 연구참여자의 행동은 함께 일하는 다른 사람들의 관심과 분석의 대상이 되기 마련이다. 연구자는 연구참여자가 하는 경험의 공적 측면을 탐색할 때 가장 편안함을 느끼는 경향이 있다.

연구참여자의 사적 삶은 친밀함의 영역에 속한다. 보통 사람들은 관계를 망가뜨릴지도 모른다는 불안감 때문에 다른 사람에게 자신이 맺고 있는 관계에 대해 이야기하지 않는다. 연구자와 연구참여자는 사적 경험, 개인적 경험, 공적 경험에 대한 경계와 범위를 다르게 생각할 수 있다. 예를 들어, 한 면담에서 나는 연구참여자가 언급했던 약혼에 대해 좀 더 이야기해 줄 수 있는지 물었다. 그녀는 매우 직접적으로 "그 일은 당신이 관심을 가질 문제가 아니에요."라고 말했다.

또한 연구참여자에게는 자신의 공적 경험과 사적 경험을 이어 주는 개인적 삶 (personal lives)이 있다. 개인적 삶은 크게 두 가지 유형으로 나눌 수 있다. 첫 번째는 공적인 일에 대한 연구참여자의 주관적인 경험으로, 이러한 주관적 경험은 면담에서 편안하게 다루어질 수 있다. 이것이 바로 연구 방법으로서의 면담이 가지고 있는 주요 기능 중의 하나다. 두 번째는 공적 삶 속에서 발생하지 않은, 직장이나 학교에서의 경험이 아닌, 친구나 가족들과의 경험이다.

초보 연구자는 이러한 개인적 영역의 경험을 탐색하는 것이 어려울 수 있고, 종종 이것과 연구 주제와의 관련성에 의문을 제기한다. 무엇이 개인적이고, 무엇이 공적인 것인지를 구분하는 것은 종종 인위적일 수 있다. 그러나 사람들의 개인적 삶 속에서 일어나는 일은 종종 사람들의 공적 삶에서 일어나는 일에 영향을 미치거나 공적 삶의 맥락을 제공하기 때문에, 쉽지 않지만 면담에서 기술적으로 탐색될 필요가 있다. 예를 들어, 면담 과정에서 연구참여자에게 어렵거나 민감한 문제를 다루고자 할 때는 형식적인 어투가 아니라 진지한 의미에서 "~를 여쭈어 보아도 될까요(May I ask)?"를 적절히 사용할 수 있다.

때로는 연구자가 스스로 불편하고 연구참여자도 그럴 것이라고 추측하기 때문에 면담에서 죽음이나 질병과 같은 주제를 다루기 꺼리는 경향이 있다(면담 과정에서 연구자의 감정에 대해서는 Hyman et al., 1954; Rowan, 1981; Young & Lee, 1997 참조). 하지만 연구참여자가 먼저 이런 주제를 언급한다면, 면담에서 다루기에 적절한 주제로 보아야 한다. 만약 연구참여자가 중요하다고 생각하는 문제를 연구자가 불편하게 생각하여 적절하게 다루지 않는다면, 연구참여자는 자신의 이야기가 연구자에게 존중받지 못하고 있다는 의미로 받아들일 수 있다. 특히 연구참여자가 자신의 개인적 삶의 측면을 언급하는 위험을 감수했다면, 연구자는 이를 수용하고 연구참여자의 개인적 삶의 경험과 연구 주제와의 관련성을 탐색해 나가는 것이 중요하다(사적 문제를 탐색할 때 요구되는 연구자의 '윤리적 마음가짐'에 대해서는 Guillemin & Heggen, 2009 참조. 민감한 주제로 박사학위논문을 준비하는 연구자들에게 미치는 영향에 대해서는 Fahie, 2014 참조).

5. 치료적 관계 피하기

연구자는 면담 관계가 치료적 관계로 변하는 것을 피해야 한다. 지금까지 이 책에서 설명한 개방적이고 비교적 비지시적인 면담과 심리치료 과정에서 일어나는 탐색 간에는 유사성이 있다고 볼 수 있다. 하지만 연구를 위해 면담을 수행하는 연구자는 자신을 심리치료사나 상담자로 인식해서는 안 된다. 심리치료와 면담은 그 목표가 엄연히 다르다(Brinkmann & Kvale, 2014, p. 48; de Laine, 2000, pp. 116-118; Kahn & Cannell, 1960; Kvale, 1996, pp. 155-157; Weiss, 1994, pp. 134-136). 연구자는 무언가를 배우고 이해하기 위해 면담을 하는 것이지, 연구참여자를 치료하는 것이 아니다. 연구참여자가 연구자를 찾아온 것이 아니며, 연구참여자는 환자가 아니다. 연구자는 세 번의 면담을 통해 연구참여자를 만나며, 면담이 종결되면 연구참여자와의 관계도 사실상 함께 종결된다. 연구자가 어느 정도 책임지는 관계를 지속하는 것이 아닌 것이다. 무엇보다도 연구자는 심리치료를 하도록 훈련받은 사람이 아니다. 따라서 연구자는 자신의 한계를 명확히 인식하고, 면담의 구조와 목적에 내포된 한계도 인식해야 한다. 연구자가 연구참여자의 사적 삶의 영역이나 복잡한 삶의 문제에 다가갈 때는 특히 더 주의를 기울여야 한다. 왜냐하면 연구자는 그러한 문제에 적절히 반응할 수 있도록 준비되지 않았고, 효과적으로 해결할 책임이 있는 것도 아니기 때문이다.

그러나 연구자가 아무리 주의한다 하더라도, 심층 면담을 통해 연구자와 연구참여자 간에 형성되는 친밀감이 종종 그 경계를 무너뜨릴 수 있다. 그렇게 되면 연구참여자는 면담을 지나치게 감정적으로 받아들이게 된다(Griffin, 1989). 때로는 연구참여자가 면담에서 울기 시작할 수도 있다. 연구자는 연구참여자의 눈물에 직면하여 당황하고 어쩔 줄 몰라 할 수 있다. 하지만 내 경험상 가장 좋은 방법은 아무것도 하지 않는 것이다(면담에서 주의 깊게 듣고 때로는 말을 거의 하지 않는 것의 중요성에 대해서는 Brannen, 1988, pp. 559-560 참조). 연구참여자가 아무런 방해도 받지 않고 자신의 행동에 대해 어떤 비난도 받지 않을 수 있는 시간을 제공함으로써 연구참여자 스스로 자신의 슬픔이나 감정을 다룰 수 있도록 해야 한다. 하지만 그러한 시간이 지속되면, 연구자는 연구참여자의 감정을 폭발시 킨 원인을 찾고 연구참여자가 추스를 수 있도록 책임을 져야 한다(연구참여자에 대한 연구자의 책임에 관한 지침은 Bernard, 1994, p. 220; Smith, 1992, p. 102; Weiss, 1994, pp. 127-131 참조. 긴장하거나 힘들어하는 아동을 면담하는 것에 대한 설명은 Greene & Hogan, 2005; O'Reilly & Dogra, 2017 참조).

내 생각에는 면담 과정에서 이처럼 혼란스러운 상태를 해결하는 데 관건이 되 는 것은 연구자 스스로 자신이 책임질 수 있는 범위를 정하는 것이다. 예를 들면, 한 면담에서 연구참여자가 반복적으로 동료의 신경쇠약을 언급했다. 흥미로운 주제였지만, 나는 그 이야기를 따라가지 않았다. 왜냐하면 연구참여자의 반복되 는 언급이 나를 불편하게 했기 때문이다. 그리고 그때는 이미 세 번째 면담이 거 의 끝나 갈 무렵이기도 했다. 나는 세 번째의 면담이 끝나면 연구참여자를 다시 방문할 계획이 없었다. 따라서 연구참여자를 힘들게 한 주제를 지금 다룬다면, 그 문제에 대해 더 이상 심층적으로 탐색할 수 없을 것임을 잘 알고 있었다. 내가 많은 면담을 통해 배운 것은 이런 경우에 내가 책임질 수 있는 것과 책임질 수 없 는 것의 경계를 명확히 해야 한다는 것이다.

6. 상호성

면담 관계에서는 연구자와 연구참여자의 상호성(reciprocity)이 문제될 수 있 다. 특히 면담 관계가 인종, 민족, 계층, 젠더에 관한 쟁점과 관련될수록 상호성 의 문제는 더욱 복잡해질 수 있다. Patai(1987)는 대부분 극도로 빈곤한 생활을 하고 있는 브라질 여성들을 대상으로 한 연구에서 불공정성에 관한 주제를 다루 었고, 연구참여자들의 빈곤한 삶의 현실을 안타까워했다. Patai는 연구 결과를 토대로 책을 썼고(Patai, 1988), 책의 출판으로 생긴 이익을 얻었다. 반면, 그녀는 연구참여자들이 자신의 연구를 위해 면담에 응해 준 것에 비해 그들이 얻는 실질적인 이익은 거의 없다고 느꼈다. Rowan(1981)은 연구에서 결과적으로 누군가가 소외될 수 있는 상호성의 부족에 대해 지적했다. 연구자는 연구참여자를 그들의 이야기와 분리시키고 그 이야기를 자신의 연구 목적을 위해 이용하는 것이기 때문에 이러한 연구의 특성을 '소외(alienation)'라고 본 것이다.

나 역시 면담 연구에서 이러한 측면이 가장 문제가 된다고 생각한다. 나는 연구자가 연구참여자보다 연구 과정에서 훨씬 더 많은 것을 얻는다는 주장에 공감한다. 동시에 연구자 역시 면담 과정에서 연구참여자의 이야기를 주의 깊게 경청함으로써 연구참여자에게 도움을 주는 측면이 있다는 다른 연구자들(Patai, 1987; Yow, 1994)의 주장에도 공감한다. 연구참여자의 이야기를 경청하는 것은 그 자체로 연구참여자를 진지하게 받아들이고, 연구참여자가 한 이야기의 가치를 인정하고, 연구참여자의 삶을 있는 그대로 존중한다는 의미이기 때문이다. 면담에서 연구자인 내가 연구참여자에게 제공할 수 있는 상호성은 연구참여자의 경험에 관심을 갖는 것, 연구참여자가 말하는 것을 주의 깊게 듣는 것, 그리고 나의 글을 통해 연구참여자의 삶의 경험을 보다 많은 사람과 나누는 것이다. 비록 면담이 끝날 때 나는 언제나 연구참여자에게 작은 선물을 제공하기는 하지만, 그 선물은 단지 성의의 표시일 뿐 나의 감사의 마음을 충분히 전하기에는 부족하다. 하지만 나는 그 선물을 통해 다시 한번 나의 감사의 마음을 표현하고, 면담 관계의 일부가 종결되었다는 의미를 함께 전달하는 것이다(Marshall & Rossman, 2016, pp. 125-126 참조).

7. 공정성

연구자와 연구참여자는 결코 대등하지 않다. 연구자와 연구참여자는 어떤 방식으로든 존재하는 위계적 차이를 줄이기 위해 노력하지만, 대개 연구자와 연구참여자가 원하는 것이 다르기 마련이고 면담을 통해 각기 다른 것을 얻게 된다. 하지만 이렇게 다른 목적에도 불구하고, 연구자는 면담의 과정에서 공정성 (equity)을 유지하기 위해 끊임없이 노력해야 한다. 내가 여기서 의미하는 공정 성은 수단과 목적 간의 균형이고, 연구자가 찾고자 하는 것과 연구자가 얻은 것 간의 균형이며, 과정과 결과 간의 균형이면서 동시에 연구자와 연구참여자 간의 관계에 충만한 공평함(fairness)과 정의(justice)를 의미한다.

면담 관계에서 공정성을 쌓아 가는 것은 연구자가 처음으로 연구참여자와 연 락하는 순간부터 시작된다. 면담 연구에서 공정성은 연구자가 우리 사회에서 소 외되거나 관심받지 못하는 사람들을 찾아내서 그들의 이야기를 듣고 그 이야기 를 보다 많은 사람에게 알리기 위해 노력하는 것을 의미한다. 이때 연구자는 자 신이 할 수 없는 일을 할 수 있다고 약속해서는 안 되며, 자신이 하겠다고 약속 한 것은 지켜야 한다. 그러기 위해서는 연구의 목적과 절차가 명확히 제시되어 야 한다. 이러한 공정성은 연구참여동의서에 의해 뒷받침되는데, 연구자와 연구 참여자의 책임과 권리가 최대한 구체적이고 합리적으로 문서화되어야 한다. 또 한 공정성은 면담의 시간과 장소를 정하는 것과도 관련된다. 연구자는 연구참여 자에게 상당히 많은 것을 요구하게 된다. 따라서 연구자는 연구참여자에게 가장 편안한 시간과 장소를 정해야 하고, 동시에 그 결정이 자신에게도 합리적이어야 한다.

공정성은 면담의 기법과도 관련된다. 강압적이고, 자신이 원하는 반응을 강요 하고, 연구참여자의 경험에 대한 이야기를 듣기보다 자신의 관점을 확증하려고 하는 연구자는 심층 면담의 목적에 부합하지 않을 뿐더러 공정하지도 않은 것이 다. 면담 연구에서 공정성이란 연구참여자의 말을 가치 있게 받아들이는 것이다 ('제8장 면담 자료: 분석하고 해석하고 공유하기' 참조). 왜냐하면 연구참여자의 말에 는 그가 생각하는 자기 자신의 가치가 담겨 있기 때문이다. 따라서 면담 연구에서 공정하다는 것은 연구 방법에 연구참여자의 존엄성에 대한 존중이 스며들도록 하는 것을 의미한다.

연구자가 면담 관계에 반영될 수 있는 사회의 모든 불공정성을 해결할 수 없 지만, 그러한 문제에 대해 분명히 인식하고 있어야 한다. 이에 대해 일부 적극적인 입장의 연구자들은 사회의 불공정성을 다루지 않는 연구는 오히려 사회의 불공정성에 일조하는 것이라고 주장한다(비판적 연구에 대한 논의는 Fay, 1987 참조). 이러한 문제에 대해 나는, 비록 불공정성이 만연한 우리 사회에서 공정한 연구를 수행하기란 어렵지만, 공정성이 모든 심층 면담 연구의 목표가 되도록 노력하는 것이 연구자로서 우리가 해야 할 일이라고 생각한다. 공정성을 유지하기 위한 노력은 윤리적으로 반드시 필요한 과제일 뿐 아니라 방법론적으로도 매우 중요하다. 공정한 절차는 연구참여자가 자신의 경험을 연구자와 기꺼이 공유하기 위한 신뢰의 기초가 되기 때문이다.

면담의 모든 단계는 공정성을 기반으로 계획되고 진행되어야 한다. 그러나 면담에서의 공정성은 연구자와 연구참여자 간의 관계뿐 아니라 인종차별, 계급주의, 성차별주의와 같은 외부적인 요인에 따라 영향을 받는다. 지난 수년간 면담 연구를 하면서 보다 확실하게 알게 된 것은, 공정한 면담 관계와 이를 통해 얻게 되는 면담 내용의 질은 사회적인 불공정성에 따라 영향을 받을 수 있을 뿐 아니라 때로는 심각하게 제한될 수 있다는 것이다. 동시에 연구에서 공정성을 유지하기 위해 노력하는 연구자들은 사회의 불공정성에 대한 문제를 민감하게 의식하고, 그 안에서 자신의 역할을 명확히 함으로써 어려운 문제를 해결해 나갈 수 있다. 연구자는 이러한 의식적인 노력을 통해 서서히 사회의 불공정성과 제한의 장벽을 무너뜨릴 수 있는 방법을 찾을 것이다. 그 과정에서 공정성을 촉진할 수 있는 방식으로 연구참여자의 이야기를 전하는 방법도 찾을 수 있을 것이다(사회적 맥락 속에서의 면담 관계에 대해서는 Yow, 2015, pp. 185-211 참조).

8. 전화나 화상 면담에서 연구자와 연구참여자의 관계

시간, 거리, 비용의 제한 혹은 연구참여자의 상황이나 요청이 있을 때는 대면 면담이 불가능할 수 있다. 이 경우 연구자와 연구참여자의 동의를 전제로, 전화, FaceTime, Google Hangouts, 화상회의 프로그램(예: Skype, GoToMeeting)[6] 등을 활용하여 비대면 면담을 진행할 수 있다. 물론 면담에 앞서 연구자는 비대면 면담의 기술적 · 방법론적 쟁점들을 충분히 고려해야 한다(Chen & Hinton, 1999; Seitz, 2016 참조). John Matthews와 Elizabeth P. Cramer(2008)는 자신이 '드러나지 않기를(hidden)' 선호하는 소외되거나 차별받고 있는 사람들을 면담할 때의 장점과 단점을 신중하게 탐색해 왔다.

몇 년 전에 몬태나주에 거주하며 박사학위논문을 준비하고 있는 연구자가 내게 연락을 해 왔다. 그 학생이 면담하려는 의학 분야의 종사자들은 몬태나주 안에서도 상당히 먼 거리에 흩어져 살고 있었다. 연구참여자들 중 일부라도 직접 만나 대면 면담을 하려면, 오가는 데 많은 시간을 운전해서 이동해야 하는 상황이었다. 연구계획서(proposal)는 가을에 통과됐고 겨울이 다가오고 있었기 때문에, 그 학생은 전화 면담의 형식으로라도 가능한 한 빨리 면담을 시작하고 싶어 했다. 나는 그 학생에게 두 명의 연구참여자와 예비면담(pilot interviews)을 해 보도록 권유했다. 만약 전화로 진행한 예비면담이 자신과 연구참여자들에게 별 어려움이나 문제가 없다면, 전화로 면담을 진행하는 것도 가능하다고 격려해 주었다.

내 생각에는 전화나 온라인으로 이루어지는 비대면 면담으로도 현상학적 접근이 가능하다. 그렇지만 이메일로 면담하는 것에 대해서는 찬성하지 않는다. 그 이유는 이메일 면담은 대화를 주고받는 과정에서 연구자가 자연스럽게 질문을 재구성하거나, 질문에 대한 연구참여자의 자발적인 구두 반응을 이끌어 낼 수 없기 때문이다(이메일 면담에 대한 보다 긍정적인 관점은 Bowden & Galindo-Gonzales, 2015 참조). 불가피한 경우가 아니라면, 나는 군이 대면 면담 대신에 비대면 면담을 선택하지 않는다. 하지만 상황에 따라 어쩔 수 없이 필요하다면 혹은 비대면 면담 이외에는 대안이 없다면, 비대면 면담도 적절한 대안으로 활용할 수 있다.

하지만 한 가지 중요한 고려사항이 있다. 비대면 면담을 하더라도 연구참여자의 상황에 따라 어쩔 수 없는 선택인 경우와 연구자의 편의를 위한 경우는 엄연

---

6) 우리나라에서는 Zoom, Webex, Microsoft Teams 등도 많이 활용된다. – 역자 주

히 다르다. 연구자는 면담을 통해 연구참여자에게 무언가를 얻기 때문에, 면담에 대한 보답으로 연구참여자에게 무엇이라도 줄 수 있기를 바란다(p. 201에서 설명된 면담의 '상호성'에 대한 논의 참조). 하지만 직접 연구참여자를 만날 수 없는 비대면 면담의 상황에서는 연구자와 연구참여자의 관계가 상호적이기보다는 일방적이 될 수 있다. 비대면 면담에서는 연구자가 면담을 통해 얻는 것에 비해 연구참여자에게 주는 것이 상대적으로 적다는 의미다.

연구자가 충분히 고민하고 준비한다면, 전화나 화상 면담에서 관계의 불균형을 어느 정도 해소할 수 있다(Drabble, Trocki, Salcedo, Walker, & Korcha, 2016). 우리는 보통 전화로 나누는 대화를 가볍고 비교적 즉흥인 것으로 생각하는 경향이 있다. 하지만 비대면 면담을 위해 전화나 온라인으로 접촉하는 상황이 되면, 면담 시작 전에 연구참여동의를 얻고 면담 시간을 정하여 진행하는 모든 과정에서 연구자는 연구참여자에게 의식적·의도적으로 자신의 고려, 관심, 존중의 마음을 진지하게 전하기 위해 노력해야 한다(Skype를 활용한 면담에서의 정서적 분위기에 대해서는 Adams-Hutcheson & Longhurst, 2016 참조). 면담에 필요한 연구자의 최대 자원은 연구자 자신의 민감성과, 그러한 민감성을 연구참여자의 반응을 이끌어 내고 연구참여자를 가치 있는 존재로 존중하는 데 활용하는 능력이다. 특히 대면 면담을 아예 할 수 없는 것보다는 비대면으로나마 면담을 하게 된 것이 얼마나 소중한지를 연구참여자에게 잘 전달해야 한다. 물리적으로 멀리 떨어져 있어서 직접 만날 수는 없지만, 수화기 너머 목소리로 혹은 컴퓨터 화면 속 모습으로 서로 연결될 수 있다는 것에 감사하며, 대면 면담에서처럼 진정성을 가지고 면담을 진행해야 한다.

비대면 면담에 대한 추가적인 정보를 얻을 수 있는 문헌들을 소개하면 다음과 같다. Skype나 이메일을 활용한 면담에 대한 짧지만 심층적인 논의는 Merriam과 Tisdell(2016)을 참고할 수 있다. Laurie Drable 등(2016)은 전화 면담에 내포된 여러 쟁점을 상세히 설명했고, Nigel King과 Christine Horrocks(2010)는 원격 면담의 다양한 접근과 방법론적·윤리적 쟁점들을 다루었다. Lo-Iaconoa 등(2016), Deakin과 Wakefield(2014), Weller(2015)는 Skype를 활용한 면담의 장점과 어려움을 제시했고, Tsangaridou(2013)의 박사학위논문은 Skype를 활용한 면담 연구의 좋은 예다. Salmons(2015)는 온라인을 통한 비대면 면담에서 발생할 수 있는 여러 쟁점과 다양한 가능성에 대한 논의를 책 전체에 할애했으며, Skype를 통한 온라인 구직 면접(job interview)에 대한 Winzenburg(2011)의 논문에도 면담 연구에서 활용할 수 있는 실용적인 제안들이 제시되어 있다.

최근 들어 온라인상에서의 즉각적인 의사소통 방식에 빠르게 적응하고 있는 사람들에게 전화나 화상 면담의 의사소통 상황에서 필요한 신중함을 기대하는 것이 점차 어려워지고 있다. 나의 제자였고 이후 동료가 된 로드아일랜드대학 영어교육과 교수인 Jennifer Cook은 학생들에게 면담 연구를 수행하는 방법으로 글쓰기 수업을 가르쳤다. 글쓰기를 통해 학생들은 면담의 진행 과정과 결과를 공유했다. Cook은 요즘 학생들은 휴대전화에 지나치게 의존적이어서 직접 누군가와 얼굴을 맞대고 이야기하는 것 자체를 피하려고 하는 것 같다고 하며, "캠퍼스를 오가는 학생들을 보면, 거의 모든 학생이 휴대폰을 들여다보고 걸으면서 바쁘게 문자를 치고 있어요. 누군가를 보고 반갑게 '안녕' 하고 소리 내서 인사하거나, 삼삼오오 모여 서로 수다를 떨며 걷는 모습은 거의 찾아보기 어렵지요."라고 했다(J. Cook과의 개인적 의견교환, 2012년 4월).

Cook은 퓨연구센터(Pew Research Center)의 인터넷과 미국인의 삶(Internet and American Life) 프로젝트의 2011년 보고서(Smith, 2011)를 인용하며, 18세에서 25세 사이의 미국 청년들이 하루 평균 109.5개, 한 달 평균 3,200개의 문자메시지를 보낸다고 했다. 2018년 보고서에 의하면, 휴대전화나 모바일기기를 소유한 사람들의 숫자가 더 이상 증가하지 않고 정체되고 있는데, 그 이유는 기기 사용이 포화상태에 이르렀기 때문이라는 것이다(Hitlin, 2018 참조). 이러한 현상에 대해 Cook은 굳이 보고서를 읽지 않아도 "내 눈으로 직접 확인하고 있어요. 학생들은 전자기기에 거의 중독된 상태예요. (중략) 이런 학생들에게 누군가를 면담하고, 그것을 바탕으로 글쓰기를 하라는 것은 쉽지 않지요. 면담은 학생들에게 익숙한 것과는 전혀 다른 존재 방식을 요구해요. 면담을 통해 누군가와 이야기를 나눈다는 것은 속도를 늦추고, 면담에서 자신과 면담의 목적 및 방향을 제시할 수 있어야 하고, 차분한 목소리와 친근한 태도로 그 사람과 눈을 맞추고, 그 사람이 연구자 앞에서 편안함을 느낄 수 있도록 해야 하지요.”라고 했다.

Cook이 설명한 대면 면담에서 요구되는 연구자의 자질과 특성에 대한 모든 내용은 전화나 화상 면담에도 적용된다. 하지만 전화나 컴퓨터와 같은 매체를 매개로 하는 면담 관계에서는 연구자의 민감성과 신중함이 더더욱 요구된다. 전화기를 통해 전달하는 목소리나 컴퓨터 화면으로 보이는 모습을 통해, Cook이 강조한 바와 같이 연구참여자의 존재를 있는 그대로 인정하고 존중하며 면담을 진행해 나가야 하는 것이다(안타깝게도 Cook은 2014년 3월 14일 사고로 갑자기 영면했다).

제8장

면담 자료:
분석하고 해석하고 공유하기

심층 면담 연구는 노동의 강도가 높은 작업이다. 면담의 전사본을 자세히 읽어 가면서 여러 연구참여자의 이야기에 포함된 수백만 개의 단어를 가려내는 일을 대신할 수 있는 것은 없다. 세 번의 면담은 한 행씩 띄어 전사한 경우 150쪽 정도가 된다. 따라서 면담 자료를 분석하고 해석하는 작업에는 적어도 연구를 개념화하고, 연구계획서를 작성하고, 연구참여자를 선정하고, 실제 면담을 하는 모든 과정에서 소요되는 시간을 모두 합친 것만큼의 시간이 걸린다고 생각해야 한다.

1. 자료 관리하기

면담 자료를 가지고 작업하기 위해, 연구자는 먼저 자료를 조직화하여 이용하기 쉽게 만들어야 한다. '연구참여자 정보 기록 서식'을 통해 연구참여자들을 계속 추적할 수 있도록 하고, 연구참여동의서의 복사본이 안전한 장소에 보관되도록 하며, 면담 녹음본들에 라벨을 붙여 분류하고, 면담 전사본 작업 과정에서 만들어지는 많은 문서 파일을 관리하고, 연구 전 과정에서의 결정 사항을 추적할 수 있도록 하는 이 모든 일에는 세심한 주의와 보안, 쉽게 이용 가능하도록 하는 체계의 형성이 필요하다. 이러한 관리 작업의 주요 목표는 연구의 모든 단계에서 면담 자료의 출처를 정확히 추적할 수 있도록 하기 위함이다. 또 다른 목표는 연구참여자와의 연락이 용이하도록 하기 위함이다. 연구자는 전적으로 연구참여자의 자료에 의존하게 되는데, 한 연구참여자의 연구참여동의서를 다른 연구참여자의 파일에 넣어 두는 것과 같은 사소한 실수로 불필요하게 걱정하고 많은 시간을 허비할 수 있다.

내가 본 것들 중에 질적 연구의 파일 관리에 대한 최고의 설명은 Lofland (1971)의 저서에 나와 있다. 그러나 최근 들어 여러 연구자가 질적 연구 자료의 모든 내용을 한곳에 모아 두고 정리할 수 있는 '컴퓨터 프로그램을 활용한 질적 자료 분석(Computer Assisted Qualitative Data AnalysiS: CAQDAS)'으로 전환하기 시작했다(p. 234에 제시된 '9. 컴퓨터 프로그램을 활용한 자료 분석' 참조). 연구 과정과 그 과정에서 생긴 자료들을 조직하는 하나의 올바른 방법이 있는 것은 아니지만, 연구자가 연구의 시작과 진행 단계에서 문서 정리, 명명, 분류에 주의를 기울이는 매 순간이 이후에 발생할 수 있는 좌절의 시간을 줄여 주는 것은 확실하다.

2. 면담과 자료 분석 분리하기: 각 면담 사이에 할 일

자료를 수집하고 분석하는 과정을 분리하기는 어렵다. 실제 면담을 시작하기 전부터 연구자는 관련 문헌을 읽고 연구를 위한 준비를 하면서 결과를 예상하고 있을 수도 있다. 하지만 일단 면담이 시작되면, 연구자는 자료가 수집되는 대로 분석 작업에 임할 수밖에 없다. 면담을 진행해 나가기 위해 연구자는 연구참여 자가 하는 말에 집중해야 한다. 일단 면담이 끝나면 연구자는 면담 내용을 되새 기면서 다음번 면담을 대비해야 한다. 여러 명의 연구자가 공동연구를 진행하는 경우라면, 함께 모여서 면담 과정에서 배운 것에 대해 토론할 수도 있다.

어떤 연구자들은 자료 수집과 분석이 서로 정보를 주고 받을 수 있도록 이 두 단계를 통합해야 한다고 주장한다(Lincoln & Guba, 1985; Maxwell, 2013, pp. 104-105; Miles & Huberman, 1984 참조). 이러한 입장을 취하는 연구자들은 몇 차례의 면담을 수행한 후에 그 내용을 어느 정도 분석하여 그 결과를 바탕으로 새로운 질문을 더하거나 보완하여 후속 면담을 진행해 나간다.

자료 수집과 분석을 완전히 분리하는 것은 불가능하지만, 나는 모든 면담을 끝마칠 때까지 수집된 자료에 대해 어떠한 깊이 있는 분석도 하지 않는 접근 방식을 선호한다. 이전의 면담에서 특정한 주제가 부각된다 하더라도, 한 연구참여자의 면담에서 나온 의미를 다음 면담에 부여하지 않도록 최선의 노력을 다한다. 그렇기 때문에 나는 먼저 모든 면담을 끝마치고 나서, 모든 전사본을 검토한다. 이전의 다른 연구참여자들에게서 얻은 나의 생각이 현재 면담 과정에 미치는 영향을 최소화하려는 것이다.

그러나 다음 면담에 영향을 미치지 않기 위해 이전 면담 내용을 전혀 고려하지 말라는 것은 아니다. 사실 나는 끊임없이 이전 면담들을 떠올리고 다음번 면담에 대해 생각하며 면담과 함께 산다. 다른 연구자들은 이 과정을 보다 명확히 드러내기도 한다. 예를 들어, 나와 함께 작업했던 한 박사과정 학생은 다음과 같이 설명했다.

> 면담을 잘 들어 보고 전사한 후에, 저는 다음 면담에 포함되었으면 하는 후속 질문 목록을 만들었어요. (잠시 멈춤) 다음 면담 전에 녹음한 것을 다시 들어 보니 새롭게 느껴졌고, 제가 수집한 정보를 재평가할 수 있었고, 다음 면담에 도움이 될 만한 질문들을 써 볼 수 있었어요. (L. Mestre와의 개인적 의견교환, 1996년 5월 7일)

3. 면담 녹음하기

나는 심층 면담을 녹음해야 한다고 확신하지만, 문헌들을 보면 이 점에 대한 다양한 견해가 존재한다(Bogdan & Taylor, 1975; Briggs, 1986; Hyman et al., 1954; Lincoln & Guba, 1985; Patton, 2015, pp. 471-472; Weiss, 1994). 연구참여자들의 말을 가지고 가장 신뢰할 수 있게 작업하기 위해서는, 연구자가 연구참여자가 한 말을 정확하게 문자로 옮겨야 한다고 생각한다. 면담 내용을 문자화하는 주된 방법은 면담을 녹음한 후 전사하는 것이다. 연구참여자들이 말한 모든 단어는 그들의 생각을 반영하고(Vygotsky, 1987), 연구참여자들의 생각은 그들의 말로 구체화된다. 연구참여자들의 실제 말을 연구자의 의역이나 요약으로 대체하는 것은 연구참여자의 생각을 연구자의 생각으로 대체하는 것과 같다. 면담 자료의 해석에서는 불가피하게 연구자의 생각이 주된 역할을 하겠지만, 그 생각은 녹음된 연구참여자의 말을 가능한 한 완전하고 정확하게 반영해야 한다.

녹음에는 다른 이점도 있다. 연구참여자들의 말을 보존함으로써 연구자는 원본 자료를 소장할 수 있다. 전사본에서 어떤 부분이 명확하지 않을 경우, 연구자는 정확성을 기하기 위해 그 출처로 돌아가서 확인할 수 있다. 만약 나중에 면담 자료를 잘못 다루어 고소를 당하는 일이 생기더라도, 원본을 확인하여 자료에 대한 책임을 증명할 수 있다. 또한 연구자는 면담 기법을 공부하고 기법을 향상시키기 위해 녹음을 활용할 수 있다. 녹음은 연구참여자들에게도 이점이 있다. 자신의 말을 녹음한 자료가 있고, 언제라도 그 자료에 접근할 수 있다는 보장을 통해 연구참여자는 자신의 이야기가 책임 있게 다루어질 것이라는 확신을 가질 수 있다.

과거에 일부 연구자들은 녹음기가 연구참여자들의 응답에 영향을 미칠 것을 우려하여 녹음의 음질이 떨어진다는 것을 알면서도 가능한 한 작고 가장 덜 방해되는 녹음기를 사용했다. 나는 소리가 선명하게 녹음되지 않은 연구 자료를 전사하는 것이 얼마나 고통스러운지 잘 알기 때문에, 가능한 한 분리된 마이크가 있는 녹음기를 사용했었다. 하지만 요즘에는 성능이 뛰어난 디지털 녹음기도 크기가 매우 작기 때문에 별도의 마이크를 사용할 필요도 없고 녹음기의 크기가 면담에 방해되지도 않는다. 그럼에도 불구하고 실제 면담을 시작하기 전에 녹음기가 연구참여자와 연구자의 목소리를 잘 포착하는지 점검해 보는 것이 필요하다. 90분 동안이나 면담을 했는데, 녹음된 내용을 알아들을 수 없게 되는 것은 너무나 좌절스러운 일이기 때문이다(연구자들이 고려해야 할 기술적 사항들에 대해서는 Yow, 2015, pp. 93-95 참조).

4. 면담 전사하기

면담의 녹음본을 전사하는 일은 많은 시간과 비용이 드는 작업이다. 하지만 이후에 연구자가 자료를 분류하고 조직할 때는 면담 내용을 컴퓨터 문서 파일로 가지고 있는 것이 매우 효율적이고 노력을 절감할 수 있는 방법이다. 예전에는 90분의 녹음본을 전사하는 데 보통 4~6시간이 걸렸지만, 요즘에는 전사를 지원하는 프로그램들이 있어서 시간과 노력이 절감된다. 그럼에도 여전히 전사 작업은 많은 시간과 노력을 요구한다(전사와 파일 작업에 대한 새로운 접근은 p. 234에 제시된 '9. 컴퓨터 프로그램을 활용한 질적 자료 분석' 참조).

박사과정 학생들은 면담 전체를 전사하는 것을 대체할 수 있는 방법이 있는지 묻기도 한다. 내 대답은 '그렇다'지만, 연구 경험이 적은 박사과정 학생들에게는 권하지 않는다. 그 방법은 녹음본을 여러 번 반복해서 듣고, 중요해 보이는 부분을 골라내고, 그 부분만 전사하는 것이다. 이 방법으로 시간과 노력이 절약될 수는 있지만, 선별 과정에서 너무 성급하게 연구자의 생각의 틀을 부여할 수 있기 때문에 바람직하지 않다. 면담 자료를 분석할 때는 연구자가 전체를 가지고 시작하는 것이 중요하다(Briggs, 1986). 전사할 부분을 미리 고르고 다른 부분을 생략하는 것은 무엇이 중요하고 무엇이 중요하지 않은지에 대한 섣부른 판단을 내리게 하기 때문이다. 일부를 전사하지 않기로 결정하는 순간, 그 부분의 면담 내용은 연구자가 놓쳐 버린다. 따라서 이 방법은 시간과 노력을 절약할 수 있지만, 분석할 수 있는 내용을 놓쳐 버린 것에 대해서는 더 큰 비용을 지불하게 된다.

자신이 면담한 녹음본을 직접 전사하는 연구자들은 면담 내용을 더 잘 알게 되지만, 면담에 대한 열정을 잃어버리거나 지쳐 버릴 수 있다. 하나의 대안은 전사자를 고용하는 것이다. 그러나 이 방법은 많은 비용이 들고, 면담을 직접 수행하지 않은 제3자가 전사하기 때문에, 연구 자료의 정확성을 확보하기 위해서는 더욱 세심한 노력이 필요하다. 연구자가 전사자를 고용하든 스스로 전사하든 간에, 전사와 관련된 명확한 서면 지침을 마련하는 것이 중요하다(Kvale, 1996). 지침을 작성하는 것은 작업 과정상의 일관성을 향상시키고, 연구자가 관련된 모든 것을 충분히 고려할 수 있도록 돕고, 이후에 자료를 분석하는 과정에서 이루어진 의사결정을 독자와 공유할 수 있도록 한다. 비록 전사본은 면담의 일부를 보여 주는 것이지만(Mishler, 1986), 연구참여자의 말을 그대로 옮김으로써 가능한 한 완전하게 면담을 반영해 낼 수 있다. 또한 전사자는 녹음된 기침, 웃음, 한숨, 잠시 멈춤, 외부 소음, 전화벨소리, 방해 등의 모든 비언어적 신호를 함께 기록해야 한다.

연구자와 전사자는 전사의 어느 부분에 구두점을 찍을 것인지를 결정하는 것이 중요함을 알아야 한다. 연구참여자는 단락을 나누어 이야기하지 않으며, 억양을 통해 문장의 끝을 명확하게 보여 주지도 않는다. 구두점 찍기는 자료 분석과 해석 과정의 시작이고(Kvale, 1996), 신중하게 이루어져야 한다(전사에 대한 심층적인 논의는 Mishler, 1991; Yow, 2015, pp. 355-364 참조. 녹음본의 전사를 위해 컴퓨터 프로그램을 활용하는 것에 대해서는 Merriam & Tisdell, 2016, pp. 131-136 참조. 자료 분석의 첫 단계로서의 전사에 대해서는 Stuckey, 2014 참조).

면담의 언어적 표현들과 비언어적 신호들을 하나도 놓치지 않고 신중하게 재창조한 전사본은 연구자가 면담을 마치고 몇 개월 후에 분석할 때 큰 도움이 된다. 다음의 예는 면담을 전사한 내용이 얼마나 세심하고 정확한지를 보여 준다. 연구자는 큰 종합대학에서 커뮤니케이션을 전공하는 것이 어떠한지에 대한 연구를 하고 있었으며, 다음의 내용은 연구참여자에게 대학 등록금 조달에 대해 질문한 것이다.

연구자: 음. 그 경험은 당신에게 어떤 의미가 있었나요?

연구참여자: 제가 너무 많은 돈을 썼다는 것이요? 아님 부모님이 저를 버린 것 같았다는 것이요?

연구자: 둘 다요.

연구참여자: 음. 제가 너무 많은 돈을 썼다는 사실은 너무 놀라워요. 왜냐하면 지금 저는 정말 돈이 없거든요. 제가 돈이 많았다는 것도 믿을 수가 없는데. 제 말은 지난 여름과 가을을 (잠시 멈춤) 돌아보고 (잠시 멈춤) 제 돈이 어디로 갔는지 알게 됐어요. 그러니까 저는 늘 '케이프(Cape)'에 가서 하룻밤에 최소 50달러에서 60달러를 썼어요. 일주일에 서너 번 정도요. 그리고 시내에서 인턴십을 했는데, 저는 늘 시내로 차를 가지고 나가서 주차를 하고 "알 게 뭐야?"라는 식이었어요. 일주일에 3교대로 웨이트리스 일을 해서 제 주머니엔 항상 돈이 있었어요. 그래서 그냥. 저는 늘 그렇게

돈이 있었고, 결코 진심으로 걱정해 본 적도 없고, 미래를 준비하거나 부모님이 늘 그래 왔기 때문에 비용을 부담해 주지 않으실 거라고는 절대 생각도 해 보지 않았어요. 그리고 전 부모님이, (잠시 멈춤) 부모님이 (잠시 멈춤 후 목소리를 낮추어) 무례하다고 느끼셨다는 걸 정말 몰랐어요.

(Burke, 1990에서 발췌)

5. 전사본을 검토하고 축소하고 분석하기

누구나 알다시피 심층 면담은 엄청난 양의 전사본을 만들어 낸다. 방대한 양의 단어, 문장, 문단, 페이지는 가장 중요하고 관심 있는 내용으로 축소되어야 한다(McCracken, 1988; Miles & Huberman, 1984; Wolcott, 1990). 이때 가장 중요한 원칙은 연역적이 아니라 귀납적으로 자료를 줄여 나가는 것이다. 즉, 연구자는 미리 세워 둔 가설이나 다른 맥락에서 생성된 이론을 검증하는 방식으로 자료를 다루어서는 안 된다(Glaser & Strauss, 1967). 연구자는 열린 태도로 전사본에서 중요하고 관심 있는 내용을 찾아 나가야 한다.

동시에, 어떤 연구자도 면담을 통해 수집한 자료의 분석을 백지 상태에서 시작할 수 없다(Rowan, 1981). 전사본에 대한 모든 반응은 연구자와 전사본 간의 상호작용이다(Fish, 1980; Rosenblatt, 1982). 그러므로 연구자는 자료의 분석에 앞서 자신의 관심사와 연구 주제에 대해 명확히 인식하고, 자신의 분노, 선입견, 편견이 주입되지 않도록 주의해야 한다. 즉, 연구자는 면담에서 나온 내용 자체가 스스로 숨 쉬고 말하도록 하는 자세로 전사본을 다루어야 한다.

1) 전사본에서 관심 있는 부분에 표시하기

전사본을 줄이는 첫 번째 단계는 전사본을 읽고 관심 있는 부분에 표시하는 것이다. 이러한 선별 과정에 대한 최고의 설명은 Judi Marshall가 쓴 '개인적 과정으로 이해하기(Making sense as a personal process)'(1981)에 제시되어 있다. Marshall은 자신이 중요하다고 생각하는 것이 전사본을 읽는 단계부터 영향을 미침을 인정하는 동시에, 전사본을 읽어 나가는 과정에서 의미 있는 '덩어리들'을 찾아 나갈 수 있다고 확언했다. 그러한 덩어리들은 눈에 띄게 되므로, 의미 해석의 어느 단계에 있는지 고민할 필요 없이 자연스럽게 자신의 판단에 따르는 것이 필요하다는 것이다. 요약하면, 전사본을 읽고 분석하는 과정은 무언가 특별한 방법이 따로 있는 것이 아니라 '정독과 판단'이 필요한 것이다(Mostyn, 1985).

Marshall은 이 단계에서 경험할 수 있는 어려움에 대해서도 언급했다. 전사본을 가지고 작업하는 동안 연구자는 중요한 것을 선별해 내는 자신의 능력에 자신감을 잃게 될 수도 있고, 지나치게 주관적으로 판단하는 것은 아닌지 의구심을 갖게 될 수도 있다. 또한 연구자는 이 과정에서 자기기만의 덫에 걸린 것은 아닌지 걱정하기도 하는데, 이것이 바로 Miles와 Huberman(1984)이 질적 자료를 분석하는 사람들의 파멸이라고 경고한 것이다. Marshall(1981)은 이를 연구자라면 평생 달고 살면서 견뎌야 하는 불안이라고 보았다.

이 단계에서 연구자는 전사본에서 중요한 부분에 대해 판단을 내리고 있는 것임을 인정하는 것이 중요하다. 자료를 줄이는 과정에서 연구자는 분석하고 해석하고 의미를 부여하기 시작한다. 연구자는 자신이 관심 있고 의미 있다고 표시한 부분이 연구참여자에게도 그러한지 알아보기 위해 연구참여자와 함께 검토해 볼 수 있다. '구성원 검토(member check)'가 연구자의 판단에 새로운 정보를 제공할 수 있다 하더라도, 연구자의 판단을 대체할 수는 없다(Lightfoot, 1983). 그 판단은 연구자의 전반적인 과거 경험, 면담 자료에 대한 분석 및 내면화 경험 등 연구자의 경험에 달려 있다. 이것이 바로 연구자가 연구에 기여하는 가장 중요한 요소일 것이다(Marshall, 1981).

전사본에서 의미 있는 것을 찾아내는 몇 가지 방법을 제안할 수는 있지만, 모든 전사본에 적용 가능한 공통 범주는 없다. 가장 중요한 범주는 각 연구 주제마다 다르고, 전사본에서 자연스럽게 발현되는 것이다. 연구자는 가장 중요한 범주를 인식할 수 있는 자신의 능력을 확신해야 한다.

내가 관심을 가지고 반응하는 개인적 경험과 사회 구조의 특정한 측면들이 있다. 나는 개인 간 혹은 개인 내 갈등에 관심이 있고, 면담에서 표출된 희망과 그 결과에 반응한다. 나는 과정의 도입, 전개, 결말을 나타내는 언어에 주목하고, 좌절과 해결, 고립의 암시, 드물기는 하지만 협력과 공동체 의식의 표현에 민감하다. 우리가 살아가는 세상에 존재하는 계층, 인종, 민족, 젠더와 같은 쟁점들이 개인의 삶에 영향을 미치는 방식과, 위계와 권력이 사람들에게 영향을 미치는 방식에 민감하다(Kanter, 1977). 그러나 나는 이러한 것들을 찾으면서 전사본을 읽지 않는다. 그러한 내용이 보이고, 그것과 다른 관심 있는 부분들이 나에게 말을 걸어오면, 나는 그 부분들에 표시를 한다.

연구팀으로 작업할 때도, 나는 "읽으면서 당신이 관심 있는 것에 표시하세요. 너무 깊이 생각하지 말고, 주의를 끄는 부분이 있으면 표시하세요. 독자로서 당신 자신을 믿으세요. 정답을 찾는 것이 아니니, 일단 당신의 주의를 끄는 내용을 최대한 포함하세요." 정도로만 지침을 제공한다. 선별 과정을 반복할 때, 자료를 배제할 가능성은 항상 있다. 그러나 한 번 전사본에서 배제된 자료는 컴퓨터 파일의 어둠 속으로 사라져 버려 더 이상 그 내용이 구체화되지 못한다(Vygotsky, 1987, p. 210). 전사본에 표시하는 것에 대한 최소한의 지침에도 불구하고, 우리들이 표시한 부분들은 상당 부분 일치한다.

6. 면담 자료 공유하기: 프로파일과 주제

연구자가 면담 전사본의 관심 있는 부분에 표시하는 목적 중 하나는 자료를 줄이고, 공유하거나 제시할 수 있는 형태로 만드는 것이다(Miles & Huberman, 1984). 자료를 줄이는 것은 연구자가 면담 자료를 제시하고, 이를 분석하고 해석할 수 있도록 돕는 첫 단계다(Wolcott, 1994). 이는 전체 과정 중에서 가장 어려운 단계 중 하나이기도 한데, 필연적으로 면담 자료의 상당 부분을 버려야 하기 때문이다.

나는 면담 자료를 공유하기 위해 두 가지 기본적인 방법을 사용한다. 첫째, 각 연구참여자별로 프로파일(profile)을 만들고, 프로파일을 의미 있는 범주(category)로 분류한다. 둘째, 의미 있는 부분들에 표시하고, 이를 범주에 따라 분류하며, 범주 내와 범주 간 주제(theme) 연결을 위해 범주들을 검토한다.

1) 프로파일을 만드는 이유

면담 자료를 공유하는 방법에 정답은 없고, 어떤 연구자들은 글을 줄이고 그래프, 차트, 도표 등에 더 의존하기도 하지만(Miles & Huberman, 1984), 나는 연구참여자의 경험을 프로파일이나 일화(vignette)로 만드는 것이 면담 자료를 공유하고, 분석 및 해석을 위한 기틀을 마련하는 효과적인 방법이라고 생각한다. 이러한 생각은 Studs Terkel의 『작업하기(Working)』(1974)로부터 비롯되었다.

하지만 모든 면담이 프로파일의 형태로 제시될 수는 없다. 내 경험상, 세 번에 한 번 정도의 면담이 도입, 전개, 결말의 형태를 갖추고, 어느 정도의 갈등과 그에 대한 해결 과정이 담긴 프로파일로 만들 수 있다. 다른 면담들은 보통 일화로 만들어지는데, 일화는 연구참여자의 경험을 좀 더 한정된 측면에서 보여 주는 짧은 이야기를 말한다.

연구참여자의 말과 이야기로 이루어지는 프로파일은 내가 생각하기에 면담 과정과 가장 일치하는 연구의 산물이다. 프로파일은 구체적인 맥락 속에 연구참여자를 위치시키고, 그들의 의도를 명확히 하며, 과정과 시간에 대한 감각을 전달하는데, 이러한 것들은 모두 질적 분석의 주요 요소다('질적 분석이란 무엇인가?'라는 질문에 대한 탁월한 논의는 Dey, 1993, pp. 30-39 참조). 우리는 연구참여자들의 이야기를 통해 그들의 경험을 알고자 면담을 한다. 우리는 연구참여자들이 말한 것을 듣고 연구함으로써 배운다. 연구자가 필연적으로 그 과정에 존재하기는 하지만, 연구참여자의 말로 프로파일을 만듦으로써 연구자는 그 말 속에 연구참여자의 생각을 반영할 수 있다.

프로파일은 연구자가 면담을 통해 배운 것을 어떻게 다른 사람과 공유하는가에 대한 문제를 해결해 주는 하나의 방법이다. 프로파일의 이야기체 형식은 연구자가 배운 것을 이야기로 변환할 수 있도록 돕는다(Mishler, 1986). 이야기하기는 인간이 자기 자신과 사회를 이해하기 위해 고안해 온 주요 방식 중 하나다. 나는 거기에 이야기하기가 면담 자료를 의미 있게 만드는 설득력 있는 방식이라고 덧붙이고자 한다. 그 이야기는 연구참여자와 연구자 모두의 것이다. 연구참여자의 말로 되어 있지만, 연구참여자가 말한 것을 연구자가 정교화한 것이다. Mishler는 앎의 방식으로서의 이야기와 면담의 관계에 대한 확장된 논의를 제공했고, 나는 그의 통찰력과 그가 제안한 문헌들을 강력히 추천한다(교육 실제에서 이야기의 역할에 대한 논의는 Bruner, 1996의 제6~7장 참조).

연구참여자의 프로파일을 읽음으로써 배울 수 있는 것은 우리가 면담한 연구참여자, 우리가 만들고 조직한 프로파일, 그것을 읽는 독자에 따라 다양하다. 그러나 나는 프로파일을 만드는 것은 연구참여자의 경험을 구성하는 일련의 사건들을 찾아 일관성 있게 제시하고, 연구참여자 표현의 일관성을 공유하고, 그 경험을 개인이 살아가는 사회적 · 조직적 맥락과 연결시키는 방법이라고 경험을 통해 확신한다.

만약 연구자가 자신의 면담 자료가 연구참여자를 살아 숨 쉬게 하는 프로파일로 만들 수 있는 가능성이 있고, 연구하고 있는 것에 대한 통찰력을 제공할 수 있으며, 설득력 있고 신뢰할 수 있다고 생각한다면, 프로파일을 만드는 단계를 밟는 것이 면담 자료를 공유하는 가치 있는 방법이 될 수 있다(Locke et al., 2004, pp. 219-220 참조). 프로파일을 만드는 것은 연구 발표에 연구자와 독자를 풍부하고 만족스럽고 영혼에 감동을 주게 하는 미학적 요소를 더해 줄 수 있다(Garman, 1994).

2) 프로파일을 만들어 가는 단계

프로파일을 만들어 가는 것은 순차적인 과정이다. 일단 전사본을 읽고, 관심 있는 부분에 표시하고, 명명하고 나서, 복사본 2부를 만든다. 워드 프로그램, 질적 분석 프로그램, 혹은 가위를 이용하여 복사본 중 하나에서 표시된 부분을 잘라 동일하게 명명한 것들을 모아 해당 폴더나 컴퓨터 파일에 조직화한다. 이 발췌본은 자료를 공유하는 두 번째, 주제적 방식에서 사용된다. 전사본 원본은 절대로 자르거나 편집하지 않아야 하는데, 이는 연구자가 연구 과정 중에 언제라도 그 부분이 발췌된 맥락으로 다시 돌아갈 수 있도록 하는 참조 역할을 하기 때문이다.

또 다른 복사본에서는 중요하다고 표시했던 부분들을 모두 뽑아서 하나의 전사본으로 편집한다. 편집한 전사본의 길이는 세 번의 면담 전사본 원본 길이의 1/3에서 1/2 정도가 될 것이다.

다음 단계는 편집한 전사본을 읽는 것인데, 이번에는 좀 더 많은 노력과 집중력이 필요하다. 면담 자료를 선별하여 버리는 것은 매우 어려운 일이다. 읽으면서 어떤 부분들이 가장 설득력 있는지, 어떤 부분들은 버리고 싶지 않은지를 스스로에게 질문하고, 그 부분들에 표시한다. 이제 이를 기초로 이야기를 만들어 갈 준비가 된 것이다.

프로파일이 설득력을 갖기 위해서는 연구참여자의 말로 표현되어야 한다. 연구참여자의 목소리를 3인칭으로 변형하지 않고 1인칭으로 사용하는 것이 얼마나 중요한지는 아무리 강조해도 지나치지 않다. 이를 체험해 보기 위해서는 예비면담 중 하나에서 30초 정도의 분량을 선택한다. 먼저 선택한 부분을 그대로 전사하고, 연구참여자의 목소리를 직접 드러낼 수 있는 1인칭을 사용하여 작은 이야기를 만든다. 그다음은 연구자의 목소리를 이용하여 연구참여자를 3인칭으로 묘사한다. 이 두 가지를 비교하면, 그 차이가 분명하게 드러난다. 3인칭의 목소리는 연구참여자에게 거리감을 느끼게 만들고, 연구참여자의 1인칭 목소리로 엮어서 이야기를 들려줄 때보다 연구자의 개입을 더 쉽게 허용한다. Brinkmann

과 Kvale(2014, p. 246)은 연구자가 자신의 목적을 위해 연구참여자의 경험을 부적절하게 사용하고 도용하고 싶은 유혹이 있음을 지적한다. 1인칭 목소리를 사용하는 것은 연구자가 이러한 덫에 걸리지 않도록 예방하는 데 도움이 된다.

프로파일을 만들 때는 연구참여자의 말에 충실하고, 다른 사람의 말은 없는지 확인하는 것이 중요하다. 때로는 한 구절에서 다음 구절로 넘어갈 때, 연구자가 자신의 말을 덧붙이고 싶을 수도 있다. 또한 뜻을 명확히 하고 싶은 곳이 있을 수도 있다. 연구자는 면담에서 빠진 말이 있을 때 독자가 알 수 있도록 하기 위해 주석을 다는 체계를 만들어야 한다. 나는 그런 말을 괄호 안에 넣는다. 단락에서 일부를 생략하거나 전사본에서 여러 단락 또는 몇 장의 내용을 건너뛸 때는 생략 부호를 사용한다. 또한 연구참여자가 글을 쓸 때는 사용하지 않을, 말할 때 나타나는 개인적 습관들은 프로파일에서 삭제한다. 예를 들어, 연구참여자가 말한 것을 전사했을 때 나타나는 '음' '아' '그러니까'와 같이 반복되는 개인 특유의 습관들은 삭제한다.

어떤 사람들은 연구자가 연구참여자의 말을 문서의 형태로 독자에게 제시할 때 연구참여자가 말한 그대로 제시해야 한다고 주장한다. 그러나 나는 연구자가 연구참여자의 말 자체에 대한 의미 분석을 하려는 것이 아니거나 연구 주제가 연구참여자의 언어 발달이 아니라면, 연구자는 연구참여자의 말을 글로 옮기는 과정에서 연구참여자가 품위를 유지할 수 있도록 최소한의 문법 수정 등은 해야 한다고 생각한다(이 쟁점에 대한 추가적 논의는 Blauner, 1987; Devault, 1990, pp. 106-107; Weiss, 1994, pp. 192-197 참조).

나는 보통 면담에 나온 순서대로 자료를 프로파일에 나타내려고 한다. 한 맥락에서 무언가를 의미하는 자료는 그 의미를 변화시키는 다른 맥락으로 바꾸어 넣어서는 안 된다. 그러나 예를 들어, 세 번째 면담의 자료가 두 번째 면담에 기초한 이야기의 일부와 들어맞는다면, 자료를 옮기는 것이 맥락에서 억지로 떼어내는 것이 아니고 의미를 왜곡하지 않는 경우, 나는 그 자료를 옮기는 결정을 내린다. 이러한 모든 결정을 내릴 때, 나는 각 결정이 면담의 큰 틀에서 타당한지 자문한다.

프로파일을 만들 때 중요하게 고려할 사항은 연구참여동의서에 명시된 대로 연구참여자의 신분을 보호하는 것이다. 면담을 전사할 때는 누군가가 우연히 전사본을 보게 되어도 연구참여자를 식별할 수 없도록 모든 이름을 머리글자(initial)로 표기한다. 프로파일을 만들 때는 연구참여자에게 맞는 가명을 선택해야 한다. 이 과정은 결코 쉽거나 기계적인 과정이 아니다. 가명을 선택할 때는 연구참여자의 민족, 연령, 삶의 맥락 등 여러 쟁점을 감안해야 한다. 과장하기보다는 절제하는 편이 낫다. 연구참여자의 신분이 널리 알려지면 위험에 처할 수 있는 경우에는 신분을 가장하기 위한 추가 절차를 취해야 한다. 예를 들어, 연구참여자의 거주지, 직업의 세부사항(물리교사를 과학교사로 변경), 신분이 밝혀질 수 있는 경험의 양상을 바꾼다. 연구자가 연구참여자의 신분을 어느 정도까지 가장해야 하는가는 연구참여자의 신분이 밝혀질 경우 얼마나 위험에 처할 수 있는가와 직접적으로 연관된다. 그러나 이러한 가장이 연구참여자가 면담에서 말한 것을 왜곡해서는 안 된다(익명성에 대한 비판적 논의는 Lee, 1993, pp. 185-187; Saunders, Kitzinger, & Kitzinger, 2015; Tilley & Woodthorpe, 2011 참조).

연구자는 또한 자신이 제시한 이야기 자체로 인해 연구참여자를 위험에 처하게 하지 않는지 주의해야 한다. 예를 들어, Woods(1990)는 자신의 연구참여자가 누구인지 밝혀진다면 교사 직위에서 해고될 수도 있었기 때문에 극도로 조심했다. 결정적으로 연구참여자의 존엄성은 항상 고려되어야 한다. 연구참여자들은 면담을 하는 것에 자원한 것이지, 자신이 한 말 때문에 해를 입거나 사건에 휘말리기 위해 자원한 것이 아니다. 면담의 과정과 그 산물은 연구참여자의 자아와 가치를 드러내는 것이어야 한다.

3) 앎의 방식으로서의 프로파일

부록에는 두 개의 프로파일이 제시되어 있다. 첫 번째는 Toon Fuderich(1995)가 만든 프로파일의 편집본이다. Fuderich는 박사학위논문으로 캄보디아의 폴포트 시대에서 어린 시절을 보내고 살아남은 사람들에 대한 연구를 했으며, 새로운 삶을 시작하기 위해 미국으로 온 17명의 난민들을 면담했다. 부록에 제시된 프로파일은 당시 28세로, 복지사업기관에서 파트타임으로 일했던 난다(Nanda)라는 연구참여자의 것이다. Fuderich는 자료를 명확하게 제시하기 위해 난다의 말에서 주저와 반복을 삭제했다고 논문의 주석에 밝혔다. 또한 난다의 말에 나타나는 몇 가지 특유의 언어습관을 제거했고, '연구참여자의 말의 내용과 의도된 의미를 존중하는' 동시에 문법적인 수정을 했다(Fuderich, 1995).

나는 난다의 프로파일을 이 책에 제시하는 것을 망설였는데, 독자들이 심층 면담은 그 결과가 난다의 프로파일에서 Fuderich가 공유한 것처럼 극단적이고 비통한 자료일 때만 성공적이라고 생각할까 봐 염려되었기 때문이다. 나는 잠재적인 연구자들, 특히 박사과정 학생들이 자신의 연구 분야가 비교적 평범하다고 생각될 때 심층 면담을 시도하기를 주저할까 봐 걱정했던 것이다.

난다의 프로파일에 나타난 것처럼, 심층 면담은 중요한 역사적인 경험을 포착할 수 있다. 나는 그러한 가능성을 보여 주는 동시에, 주목할 만한 가치가 있는 Fuderich의 연구를 공유하고 싶었다. 그러나 심층 면담 연구는 일상의 경험에서 주목할 만한 것을 발견하고 재구성하는 데 더 유용하다.

그래서 부록의 두 번째 사례로 Marguerite Sheehan(1989)이 만든 프로파일의 편집본을 제시했다(프로파일의 다른 예는 Seidman, 1985 참조). 이 프로파일은 Sheehan이 오랫동안 현장에서 일해 온 보육종사자들의 경험에 대해 수행한 예비연구에서 나온 것이다(Sheehan의 면담 구조에 대한 설명은 '제3장 박사학위논문 연구계획서: 아이디어에서 실행 가능한 문서로' 참조).

제시된 프로파일은 가정보육을 하는 보육교사인 베티(Betty)의 사례다. 베티는 매일 자신의 집에서 6명의 영유아를 돌보는데, 이들 대부분은 보육비 지원 대상에 해당되어 보육비를 지원받는다. 부모들은 자녀에 대한 양육권을 박탈당한 경우가 종종 있는데, 그 이유는 영유아들이 학대받거나 방임될 위험이 있어 왔거나 현재 그렇기 때문이다.

Sheehan은 '심층 면담과 질적 연구의 쟁점들'이라는 세미나에서 이 프로파일을 발표했다. 최종 논의에 그녀는 다음과 같이 썼다.

베티는 내가 이 보고서에 언급한 내용 외에도 많은 이야기를 들려주었다. 그녀는 딸과 남편이 영유아들에게 관심을 가지고 함께하며 가정보육에 얼마나 많이 참여했는지에 대해서도 많이 들려주었다. 또한 그녀가 함께했던 영유아들과 가족들에 대해서도 많은 이야기를 했다. 나는 그녀가 영유아들과 부모들 모두와 얼마나 일체감을 가졌었는지, 그리고 여전히 그들과 마음을 함께하지만 떠나보내야 했던 사연에 감동받았다. 베티는 종종 나의 질문에 '제대로' 답하고 있는지 불안해하고 걱정했다. 그녀는 누군가가 자신의 일에 대한 의미를 물어본 것은 이번이 처음이라고 했다. (Sheehan, 1989)

베티의 프로파일은 그녀 자신의 말로 중요한 이야기를 전달하고 있다. 난다의 프로파일처럼 생사를 넘나드는 드라마는 아니지만, 보육에 관심이 있는 사람이라면 누구라도 교훈을 얻을 수 있는 보육교사들의 힘겨운 일상을 설득력 있게 포착하고 있는 것이다.

Fuderich와 Sheehan은 연구를 진행하면서 다른 연구참여자들을 더 면담했다. Fuderich와 Sheehan이 하고자 했다면, 여러 프로파일을 함께 묶어 제시하면서 공통된 주제를 찾아낼 수 있었을 것이다. 그 자체로 강력한 설득력이 있는 프로파일에 더하여, 이들은 각 프로파일에서 두드러진 쟁점을 탐색하고 논의하며, 프로파일들 간의 관련성을 찾아나갈 수 있었을 것이다. 예를 들어, 베티의 프로파일에서는 사람들이 보육에 종사하게 된 이유, 그들이 받은 교육과 지원, 낮은 사회적 지위와 여성 편중화된 직업적 특성의 영향, 비교적 탐색이 덜 된 주제인 부모들과의 협력, 여러 번 언급되었던 아동학대와 같은 쟁점들이 제기되었을 것이다. 난다의 프로파일에서는, 특히 역사적 사건에 따른 트라우마에 내재된 문제들, 난민이 된다는 것, 제2언어로 영어를 배우는 것, 문화 적응에서 오는 긴장감과 복잡성이 제기되었을 것이다.

연구자는 연구참여자의 프로파일을 제시함으로써, 또한 그 프로파일을 다른 연구참여자들의 경험과 관련지음으로써 그 주제에 대해 배운 것을 명확히 할 수 있다. 베티의 말로 그녀의 일상에 대한 이야기를 들려줌으로써 Sheehan은 독자들이 보육이라는 직업에 깊이 관련되어 있는 사람의 경험을 통해 보육과 관련된 쟁점들을 알 수 있는 장을 마련해 주고 있다. 난다의 이야기를 들려줌으로써 Fuderich는 독자들로 하여금 역사의 증인이 될 수 있도록, 그리고 박사학위논문의 주제였던 캄보디아 대학살에서 살아남은 사람들이 가지고 있는 회복탄력성에 영향을 미치는 요인들을 이해할 수 있도록 안내하고 있다.

7. 주제를 연결하고 분석하기

프로파일을 만드는 것보다 면담 자료를 제시하고 분석하는 더 전통적인 방법은 전사본에서 발췌한 내용들(발췌문, excerpts)을 범주(category)로 조직하는 것이다. 그런 다음 연구자는 범주 안에서 발췌문들 간의 연결고리와 패턴을 찾고, 주제(theme)라고 부를 수 있는 여러 범주 간의 관련성을 찾게 된다. 각 연구참여자의 프로파일을 제시하는 것 외에, 연구자는 자료 분석의 일환으로 주제별로 면담 발췌문을 조직하여 제시하고 설명할 수 있다.

전사본을 읽고 표시하는 과정에서 연구자는 자신이 관심 있다고 표시한 부분들에 이름을 붙여 가며 범주화를 시작할 수 있다. 연구자는 연구참여자 2~3명의 면담 전사본을 읽고 관심 있는 부분에 표시한 다음, 잠시 멈추어 그 부분들을 대표할 수 있는 범주명을 붙일 수 있는지 숙고해 볼 수 있다. 표시된 부분들에 나타난 주요 사안은 무엇인가? 임시로라도 그 부분들을 묘사하는 단어나 구절이 있는가? 그 부분의 내용 안에 범주명으로 사용할 수 있는 단어가 있는가? Sheehan의 전사본을 예로 들면, 부록에 수록된 내용에 대한 범주명은 '보육교사의 배경' '지원 그룹' '가족에 미치는 영향' '학대' '부모' 등이 될 수 있다. 이러한 과정을 '코딩(codinng)'이라 부른다. '코딩'이라는 단어에 압도될 필요는 없다. 코딩은 전사본에서 연구자의 관심을 불러일으키는 부분에 대해 간략히 이름을 붙이는 것일 뿐이다(질적 연구에 적용되는 '코딩'이라는 용어에 대한 비판은 Dey, 1993, p. 58; St. Pierre & Jackson, 2014 참조).

이제는 많은 연구자가 면담 자료를 분류하고 정리하는 것을 도와주는 분석 프로그램을 이용한다(p. 234에 제시된 '9. 컴퓨터 프로그램을 활용한 질적 자료 분석'에 대한 내용 참조). 하지만 나는 연구자들에게 컴퓨터 화면상으로 초기 코딩 작업을 하거나 편집을 할 때 신중해야 한다고 조언하고 싶다. 먼저, 전사본을 종이로 출력하여 작업하고, 이후에 컴퓨터 작업으로 전환할 것을 권한다. 내 경험상, 종이에 인쇄된 원고를 보는 것과 같은 내용을 화면으로 보는 것 간에는 상당한 차이가 존재하고, 각각에 대한 인간의 반응 또한 다르다. 화면에서 바로 편집하면, 종이로 작업할 때 쉽게 눈에 띄었던 것들을 필연적으로 놓치게 된다. 화면과 종이라는 매체의 특성이 보는 이가 얻어 내는 메시지에 영향을 미치는 것이다(이 과정에 대한 초기의 영향력 있는 논평은 McLuhan, 1964 참조). 이러한 제안이 시대에 뒤떨어진다고 여길 수도 있지만, 나는 꼭 필요한 조언이라고 생각한다.

전사본을 읽고 관심 있는 내용에 표시하고 범주명을 붙이는 과정에서 중요한 것은 연구자가 명명한 범주는 임시적이고 수정이 가능해야 한다는 점이다. 분석 내용을 너무 일찍 특정한 범주들로 고정시키는 것은 막다른 골목에 이르게 할 수 있다. 그 범주들 중 몇몇은 유효할 것이다. 즉, 연구자가 면담 전사본을 계속 읽고 표시해 나가면서 같은 범주로 연결될 수 있는 다른 부분들이 떠오를 수 있다. 반면, 처음에 유망한 것처럼 보였던 몇몇 범주는 없어지고, 새로운 범주들이 나타날 수 있다. 서로 별개이고 분명해 보였던 범주는 합쳐질 수도 있다. 또 어떤 범주들은 연구의 거의 마지막까지 여전히 유동적인 채로 남아 있을 수도 있다(코딩 과정에 대한 탁월한 설명은 Charmaz, 2014; Davis, 1984 참조).[1]

---

[1] 면담 연구에서 발현된 주제의 수는 학위논문의 구성과 관련이 있다. 학위논문의 구성은 논문지도위원회의 권한이지만, 풍부한 이야기가 제시되는 면담 연구는 제5장으로 구성된 전형적인 논문 형태에 담아내기에 적합하지 않을 수 있다. 그러한 구성은 양적 연구를 염두에 두고 개발되었기 때문이다. 제5장으로 이루어진 구성에서 제1장은 문제 혹은 쟁점과 그 중요성을 소개하고, 제2장은 관련 연구에 대한 검토를 제공한다. 제3장은 연구에 사용된 방법을 서술하고, 제4장은 연구 결과를 보고하는데, 양적 연구에서는 주로 수치의 형태를 띤다. 제5장은 결과에 대한 논의를 제공한다.

면담 연구에서 연구자는 결과로 면담 전사본에서 생성된 주제를 제시하게 된다. 결과를 하나의 장으로 묶어 제시하는 대신, 연구자는 연구참여자들의 말로 설명되는 주요 주제들을 각기 하나의 장으로 제시할 수 있다(예는 Cook, 2004 참조). 또한 하나의 장에 관련된 두세 개의 주제를 연결하여 이를 뒷받침하는 프로파일이나 일화와 함께 설명할 수도 있다. 따라서 면담 연구는 전형적인 논문 형태의 제4장에 해 다음 단계는 표시하고 임시로 명명한 부분들을 모아서 조직하는 것이다. 예전에는 가위와 종이폴더로 이 작업을 했었다. 물론 이제는 이 작업을 컴퓨터를 활용하여 진행할 수 있다. 그러나 가위로든 컴퓨터로든 자르고 붙이기 전에, 연구자는 각각의 코딩된 부분에 범주명을 기재해 두어야 한다. 이때 연구자가 잘라낸 부분이 전사본 원본의 어디에 있었는지를 알 수 있도록 하는 표기체계[2]를 사용하는 것이 필요하다(분석 프로그램에 이 작업을 도와주는 기능이 있다). 이후에 자료를 가지고 작업하고 전사본 원본에서 발췌할 부분을 고려할 때, 연구자는 그 내용이 정확한지 확인하고 전체 맥락에서 다시 한번 검토하고 싶을 수도 있고, 녹음본을 다시 들어 보고 싶을 수도 있기 때문이다.

이렇게 범주화한 부분들을 모아 조직하고 난 다음 단계는 파일별로 모두 다시 읽어 보는 것이다. 다시 읽는 과정에서 매우 강력해 보이는 것들은 추려 내고, 덜 흥미로워 보이는 것들은 따로 떼어 둔다. 이 시점이 Rowan(1981)이 자료를 다루는 '변증법적(dialectical)' 과정이라고 칭한 시기다. 연구자는 자신의 직관과 지성을 집중시켜 연구참여자들이 한 말에 반응하고 있는 것이다. 즉, 연구참여자가 말한 것과 연구자의 반응 간에 통합이 이루어지게 된다.

혹자는 이러한 분류와 선택을 완전히 직관적인 과정으로 간주한다(Tagg, 1985). 그러나 연구자들이 선별을 위한 준거를 정하고 명료하게 표현하려고 노력하는 것 또한 중요하다. 그렇게 함으로써 방대한 양의 전사본을 다룰 수 있는 양으로 줄여 나가기 위해 연구자가 사용한 과정을 독자들이 이해할 수 있도록 하는 토대를 제공하는 것이다.

나는 발췌문을 찾고자 하는 특정한 범주들을 미리 생각해 두고 전사본을 읽기 시작하지 않는다. 범주들은 내가 관심 있다고 표시해 둔 부분들에서 자연스럽게

당하는 연구 결과를 대신하는 두세 개의 장을 제시할 수 있다. 마지막 장에서 연구자는 연구 결과를 해석하고 논의하며, 연구를 통해 자신이 배운 것과 면담이 자신에게 의미하는 바를 반영할 수 있다.

2) 예를 들면, Seidman은 '연구참여자 이름의 첫 글자(영어)-총 세 번의 면담 중 해당 면담의 번호(로마숫자)-발췌된 부분이 포함된 전사본의 페이지 번호(아라비아 숫자)'의 체계를 사용했다. [3판에 제시되었던 내용으로, 5판에는 삭제되었지만 도움이 된다고 판단하여 제시함-역자 주]

드러난다. 반면, 나의 관심을 불러일으키는 자료들에 대해 반추해 보면, 특정한 패턴이 반복되고 전사본을 읽는 나만의 방식이 있음이 명확히 드러난다.

면담 자료로부터 뽑아낸 발췌문들을 가지고 작업할 때는 같은 범주로 분류된 파일 전체를 읽어 가면서 다른 것들과 관련되는 것들을 선택하게 된다. 이러한 방식으로 수집된 자료의 양이 질과 상호작용하기 시작한다. 이미 다른 것들에서 언급된 경험이 반복되는 것은 중요함을 의미하고, 따라서 주의를 기울일 필요가 있다.

나는 다른 연구참여자들의 면담으로부터 발췌한 내용들뿐 아니라 한 연구참여자의 면담에서 발췌한 내용들도 서로 연결된다는 것에 주목한다. 때로는 발췌된 내용들이 그 주제에 대한 문헌이나 선행연구와 연결되기도 한다. 그 내용들은 나의 면담과는 무관하게 이미 읽은 쟁점들이기 때문에 더욱 눈에 띈다.

어떤 내용들은 인상적으로 들리거나 극적인 사건을 담고 있기도 하다. 그러한 내용들이 가장 까다로울 수 있다. 표현 방식이나 극적인 요소 때문에 매력적이기는 하지만, 그러한 내용들에 대해서는 신중해야 한다. 연구자는 어떤 극적인 사건이 예외적인 것인지 아니면 특징적인 것인지 판단해야 한다(Mostyn, 1985).

어떤 부분들은 모순적이고 다른 부분들과 결정적으로 부합하지 않기 때문에 두드러져 보인다. 이 부분들은 제쳐 두고 싶은 마음이 든다. 그러나 특히 이 부분들은 연구자가 자신의 견해를 뒷받침하는 자료에만 주목하여 사용하는 편향된 주관성을 행사하지 않도록 맨 앞에 두어야 한다(Kvale, 1996, p. 212; Locke et al., 2004, pp. 222-223). 연구자는 자신이 수집한 다른 자료에 대치되는 부분들이 중요함을 이해하기 위해 노력해야 한다(Miles & Huberman, 1984).

연구참여자의 면담 자료에서 발췌한 내용들을 가지고 작업하고, 그들 사이의 관련성을 찾고, 그 관련성을 설명하고, 해석 범주들을 만들어 가는 과정은 많은 노력이 필요하고 위험이 따르는 일이다. 그 위험이란 연구자가 발췌한 내용을 범주에 억지로 끼워 맞추려 하고, 면담에 나타난 연구참여자의 경험에서 이끌어 내는 것이 아니라 연구자가 이미 정해 둔 주제에 범주들을 억지로 끼워 맞추려 하는 것이다. 연구자가 연구참여자와의 면담에 매우 많은 시간을 할애하는 이유는 '그들'의 경험이 무엇인지, '그들'이 생각하는 의미가 무엇인지 찾아내고, 같은 구조를 공유하는 사람들의 경험 간의 관련성을 파악하고자 하는 것이다. Rowan(1981)은 연구참여자의 말을 다른 출처에서 나온 이론들에 억지로 끼워 맞추는 것은 부적절하다고 강조한다.

자료에 완전히 몰입하는 것을 대신할 수 있는 것은 없다. 누구라도 공감할 수 있을 정도의 공적인 신뢰를 얻기 위해서는 연구자가 중요하다고 생각하는 부분들에 표시하고, 표시한 것들 중 일부를 선택하는 기준을 명확히 제시하는 것이 중요하다. 또한 연구자로서 자신의 판단에 확신을 가지는 것도 중요하다. 연구자는 면담을 실행하고, 전사본을 검토하고, 관련 문헌을 읽고 공부했으며, 정신적으로 자료와 함께 생활하며 씨름해 왔다. 이제는 그 자료를 분석하고 해석해야 한다. Judi Marshall(1981)이 말한 것처럼, 자료를 가지고 작업하는 과정에서는 공정성과 일관성에 대한 연구자의 생각이 중요하다. 이것이 연구자가 기여하는 부분인 것이다.

8. 자료 해석하기

해석은 연구자가 연구의 거의 마지막 부분에서만 하는 과정이 아니다. 연구자가 연구참여자에게 질문을 할 때도 질문의 방향에 영향을 미치는 임시적 해석이 시작될 수 있다. 관심 있는 부분에 표시하고 명명하고 분류하는 것도 그 안에 해석의 씨앗을 가지고 있는 분석적 작업이다. 프로파일을 만드는 것은 분석의 행위이고, 범주화된 발췌문을 제시하고 논의하는 것 또한 그렇다. 두 과정 모두 해석을 위한 초석을 다지는 작업이다. [나는 '분석(analysis)'과 '해석(interpretation)'이라는 용어에 대한 Wolcott(1994)의 구분을 사용한다. Wolcott은 면담 자료를 가지고 작업하는 것에 대해 '기술(description)' '분석' '해석'이라는 용어를 사용하여 설명한다. 이 책에서는 Wolcott의 '기술'이라는 용어 대신 '자료 공유하기(sharing the data)'라는 표현을 사용한다.]

어떤 면에서는 프로파일과 주제에 따라 범주화된 발췌문들만 제시함으로써 결과를 전달하고 싶은 생각이 들기도 한다. 그러나 또 한 단계가 더 필요하다. 연구자는 면담을 하고, 전사본을 살펴보고, 중요하다고 생각되는 부분들에 표시하고 명명하고, 프로파일을 만들고, 발췌문을 범주로 조직하는 작업으로부터 무엇을 배웠는지 스스로에게 질문해야 한다. 연구참여자들의 경험 간에 어떤 연결고리들이 있는가? 이 연결고리들을 어떻게 이해하고 설명할 것인가? 면담을 시작하기 전에는 알지 못했지만 이제는 이해하게 된 것은 무엇인가? 어떤 놀라운 점들이 있는가? 이전의 직감을 확인시켜 준 것은 무엇인가? 기존 문헌들과 면담 결과를 비교했을 때 얼마나 일치하고, 얼마나 일치하지 않는가? 기존의 문헌들을 넘어서는 새로운 발견이 있는가?

Charmaz(2014, pp. 162-191), Glaser와 Strauss(1967), Maxwell(2013, pp. 19-21)은 이러한 질문들에 대한 실제적인 제안을 제시했다. 중요하다고 생각되는 부분들이 있지만 포함될 범주가 막연하거나 그 의미가 명확하지 않을 때는 그 내용을 메모로 작성하는 것이다. 그 부분들에 대해, 그 부분들이 어떻게 선택되었는지에 대해, 그 부분들이 연구자에게 무엇을 의미하는지에 대해 적어 봄으로써 범주의 특성과 의미가 분명해질 수 있다. 이렇듯 연구자가 분석한 각 범주와 프로파일들에 대해 메모를 작성하면, 각 범주와 프로파일의 개별 및 상대적 중요성을 발견할 수 있다.

연구자가 알게 되는 것들은 대부분 모호하고, 더 많은 연구가 필요하다. 교생과 지도교사에 관한 연구(Fischetti, Santilli, & Seidman, 1988; O'Donnell et al., 1989)의 초기 단계에서, 우리는 면담했던 교생들의 말을 통해 학교에서의 능력별 학급 편성 제도가 그들이 교사가 되기 위해 배우는 것에 영향을 미친다는 증거를 발견하기 시작했다. 이는 O'Donnell(1990)이 능력별 학급 편성 제도가 교사양성교육에 미치는 영향에 대한 박사학위논문을 개념화할 수 있도록 이끌었다.

해석의 마지막 단계는 면담 과정 자체와 일관되게 연구자가 자신의 작업에 어떤 의미를 부여하고 있는지 물어보는 것이다. 면담을 하는 동안, 연구자는 연구참여자에게 그들의 경험이 무엇을 의미하는지 질문했다. 이제 연구자는 동일한 질문에 대해 스스로 대답할 기회를 갖는 것이다. 그렇게 함으로써 연구자는 어떻게 연구에 임하게 되었는지, 연구 경험이 어땠는지 그리고 마침내 그 경험이 자신에게 무엇을 의미하는지를 점검하게 된다. 연구자는 어떻게 그 경험을 이해하고 파악하고 그 안에서 관련성을 발견하는가?

연구자가 연구를 통해 알게 된 것들 중 일부는 사람들의 삶에서 일어나는 사건, 구조, 역할, 사회적 영향력 간의 관련성을 제안하도록 이끈다. 일부 연구자들은 이러한 제안을 '이론(theory)'이라 부르고, 이론의 정립이 연구의 목적이라고 주장한다(Fay, 1987). Glaser와 Strauss(1967)가 제시한 근거 이론(grounded theory)이라는 개념이 질적 연구자들에게 귀납적 접근에 대한 이론적 근거를 제공하기는 했지만, 그와 동시에 '이론'이라는 용어를 그 유용성을 상실하는 수준까지 부풀리는 역할을 하기도 했다('이론'이라는 단어를 가볍게 사용하는 것에 대한 비평은 Dey, 1993, pp. 51-52 참조).

우리가 면담했던 연구참여자들의 이야기를 해석하여 내러티브 형식의 글로 다시 엮어 내는 과정은 필연적으로 제한이 있다. 연구참여자의 삶은 계속되지만, 그들의 삶에 대한 우리의 표상은 틀에 맞추고 구체화시킨 것이다. 부록에 수록된 프로파일의 베티는 여전히 보육과 관련된 일을 해 나가고 있을 것이고, 난다는 여전히 미국에서 그녀의 삶을 살아가고 있을 것이다. 또한 우리가 제시한 내러티브는 연구자와 연구참여자의 상호작용과 면담에서 나눈 말들을 담아낸 것이다. 내 경험상, 다른 연구자들에게 베티나 난다의 면담 전사본을 읽고 해석하고 내러티브를 만들어 내도록 부탁한다면, 아마도 상당히 비슷한 내러티브를 만들어 낼 것이다. 그러나 우리는 여전히 다른 연구자들이 또 다른 이야기를 전개해 낼 수 있다는 가능성을 열어 두어야 한다(Fay, 1987, pp. 166-174 참조). 따라서 심층 면담에서 밝혀지는 만큼, 연구참여자들의 이야기와 담겨진 주제가 강렬한 만큼, Heisenberg가 설명한 불확실성의 원리(principle of indeterminacy)가 물리학에서만큼 심층 면담 자료를 해석하는 우리의 작업에도 널리 퍼져 있음을 잊지 말아야 한다(Polanyi, 1958). 우리는 연구에서 배운 것을 보고함에 있어서 상당한 불확실성이 존재함을 수용해야 한다(Bronowski, 1973).[3]

9. 컴퓨터 프로그램을 활용한 질적 자료 분석

이 장의 앞부분에서 설명한 질적 면담 자료의 분석을 위한 핵심 단계를 요약하면 다음과 같다.

- 연구자가 중요하다고 생각하는 내용을 중심으로 면담 자료 줄이기
- 중요한 발췌문들을 묶어 범주명 부여하기: 연구참여자별 프로파일 만들기 혹은 주제 (theme) 탐색하기
- 명명된 범주별로 쉽게 찾아보고 활용할 수 있도록 문서파일 정리하기

Audience Dialogue(2012)에 따르면, 여전히 많은 연구자가 이 단계를 직접 손으로, 매우 완성도 높게 잘 수행한다. 즉, "많은 연구자가 넓은 책상이나 연구실 바닥에 종이로 출력한 전사본을 펼쳐 놓고, 가위, 테이프, 포스트잇, 인덱스카드를 이용하여 이 과정을 수행한다. 물론 여기에 더하여 연구자의 통찰력이 필요하다. 연구자의 통찰력은 면담을 수행하고 전사된 자료를 읽고 또 읽어서 연구자의 머리와 마음속에 면담 내용이 충분히 담긴 상태에서 얻어진다." 또 다른 연구자들은 컴퓨터 프로그램의 장점을 활용하여 이 과정을 수행한다(예: Hahn, 2008).

점차 더 많은 질적 연구자가 컴퓨터 프로그램을 활용한 질적 자료 분석 (Computer Assisted Qualitative Data AnalysiS: CAQDAS,[4] 이하 분석 프로그램)의 다

---

3) 모든 연구 방법은 한계와 강점을 가지고 있다. 심층 면담이 연구를 통한 개혁을 담보해 주지는 않지만, 연구참여자들의 경험을 그들의 관점에서 깊이 있게 이해할 수 있도록 하는 강점이 있다. 또한 연구참여자들의 개인적 경험과 사회적 · 조직적 맥락 간의 상호작용 및 복합성, 맥락을 공유하는 사람들 간의 상호관련성을 발견할 수 있도록 돕는다. 궁극적으로 심층 면담은 연구참여자들을 존중하고, 그들에게서 배우게 된 것에 감사하고, 그들의 이야기를 세상과 공유할 수 있도록 해 준다. [3판에 제시되었던 내용으로, 5판에는 삭제되었지만 도움이 된다고 판단하여 축약하여 제시함-역자 주]

4) CAQDAS는 또한 컴퓨터 보조 질적 자료 분석 소프트웨어(Computer-Assisted Qualitative Data

양한 가능성을 탐색하고 있다. 새로운 프로그램들이 면담 연구를 통해 생성된 수많은 단어와 방대한 자료를 다루고 조직하는 데 도움을 줄 수 있기 때문이다. 2006년부터 2010년 사이에 가족학 분야에서 출판된 연구논문의 약 25%가 분석 프로그램을 사용한 것으로 추정되며(Humble, 2012, p. 128), 그 숫자는 해가 갈수록 증가하고 있다(Woods, Paulus, Atkins, & Macklin, 2016).

많은 질적 자료 분석 프로그램 중 가장 좋은 것 하나가 있는 것은 아니다. 프로그램들은 기본적인 기능은 공유하되, 각기 다른 강조점이 있다. 유사한 기능이지만, 다른 용어가 사용되기도 한다. 매우 빠른 속도로 새로운 프로그램들이 개발되기 때문에 여기서 설명하는 프로그램들 역시 어느 순간 오래된 것으로 여겨질 수 있다. 새로운 학기가 시작될 때마다 연구자를 지원하기 위한 새로운 프로그램들이 발표되는 것 같은 느낌이 든다. 따라서 가장 최신의 분석 프로그램에 대한 정보는 온라인 검색이 더 정확할 것이다.

분석 프로그램을 사용하려는 연구자가 반드시 고려해야 할 주요 사항들이 있다. 이 책에 분석 프로그램에 대한 내용을 추가하면서 뉴햄프셔대학교 더럼캠퍼스에서 질적 연구 방법론을 가르치는 Andrew D. Coppens 조교수와의 전화 면담을 통해 도움이 되는 조언을 들을 수 있었다(2018년 9월 21일의 개인적 의견교환과 이후의 이메일). Coppens는 프로그램을 선택할 때, 학생들이 프로그램의 주요 경제적·기능적 측면을 고려해야 한다고 강조한다.

첫째, 널리 쓰이고 있는 대부분의 프로그램들은 비싸다.[5] 따라서 연구참여자

Analysis Software)의 약자로 사용되기도 한다. 이러한 프로그램들은 고차원적인 분석이 가능한 것은 아니지만 질적 자료를 보다 쉽게 정리·조직·분석할 수 있도록 돕는 역할을 한다. 무료 평가판이 제공되는 경우도 있으며, 최근에는 안내 자료나 동영상이 함께 제공되기도 하고 Youtube 등에서도 소개나 활용법을 쉽게 찾아볼 수 있다. 활용 가능한 프로그램들에 대한 자세한 정보는 University of Surrey(https://www.surrey.ac.uk/computer-assisted-qualitative-data-analysis)에서 제공하는 'Choosing an appropriate CAQDAS package'를 참고하기 바란다. 프로그램의 예로는 무료로 개방되어 있는 AQUAD, CAT, Weft QDA, 유료인 ATLAS.ti, Dedoose, MAXQDA, NVivo, Quirkos, Transana 등이 있는데, 국제적으로나 우리나라에서는 NVivo와 MAXQDA가 가장 유명하고, 한국형 프로그램으로는 파랑새 등이 개발되어 있다. - 역자 주

5) 가장 많이 사용되는 NVivo의 경우에는 2021년 현재 버전 12가 사용되고 있으며, 기본 가격이 학생용 $99, 일반용 $849이며, 협업을 위한 클라우드 추가 시 $1,348로 책정되어 있다.

의 수가 많거나 수집된 면담 자료의 양이 상당할 때 분석 프로그램을 사용할 것을 권한다는 것이다.

둘째, Coppens의 설명에 의하면, 특허가 있는 프로그램들 중 일부는 클라우드 기반이고, 일부는 컴퓨터에 직접 다운로드해서 설치하는 것이다. 클라우드 기반 프로그램은 공동연구자들이 서로 멀리 떨어져 있는 경우에 유용하다. 하지만 이 프로그램들은 가입하여 월간이나 연간 사용료를 지불하는 기간에만 쓸 수 있는 제한이 있다. 반면, 프로그램 자체를 구입해서 쓸 수도 있다. 일부 대학에서는 기관용 프로그램을 구매하여 소속 연구자들에게 사용권한을 전적으로 혹은 제한적으로 제공하기도 한다. 하지만 모든 대학이 이러한 혜택을 제공하지는 않는다. 따라서 연구자가 직접 프로그램의 구매 비용이나 사용료를 검토해 보고, 비용 대비 효용성을 따져 보는 것이 중요하다.

Coppens는 또한 최근에 개방형 플랫폼 형식으로 개발된 분석 프로그램들도 나오고 있는데, 비용이 무료이고 업데이트도 자주 이루어져서 연구자들이 유용하게 활용할 수 있다고 알려 주었다. 이 프로그램들은 직접 다운로드해서 설치하는 기능에 클라우드 기반 기능이 더해져서 멀리 떨어져 있는 연구자들끼리 협력하는 것도 가능하다.

분석 프로그램을 활용하여 연구자는 다음의 과정을 할 수 있다.

- 면담 전사본을 불러올 수 있다.
- 노트나 메모를 더할 수 있어서 자료 분석 과정에서 생기는 반성, 질문, 혼란, 통찰을 담아 놓을 수 있고, 이러한 것들을 이미 선택해서 코딩해 놓은 부분들과 연결할 수 있다.
- 중요하다고 판단한 자료들을 명명하고 코딩할 수 있다.
- 하나의 발췌문을 하나 이상의 범주에 할당하고, 범주별로 모을 수 있다.
- 코딩한 자료를 정리하여 자료의 출처를 확인하고 쉽게 찾을 수 있도록 만들 수 있다.
- 자료를 읽고 메모하고 명명하고 코딩했던 모든 기록을 추적할 수 있어 연구 과정의 투명성을 높일 수 있다.

요약하면, 분석 프로그램은 일일이 표시하고 명명하고 가위로 자르고 붙이는 과정에 소요되는 시간을 절약해 준다. 이 과정을 워드 프로그램으로 수행할 수도 있지만, 분석 프로그램을 활용하면 몇 초 내에 할 수 있다(분석 프로그램의 주요 기능과 장점 및 유의사항에 대해서는 Sapat, Schwartz, Esnard, & Sewordor, 2017 참조).

분석 프로그램은 다른 다양한 기능도 가지고 있다. 최근에 광고되는 일부 프로그램의 개발자들은 '3세대와 4세대' 기능을 활용하면 연구 자료에서 이론을 만들어 내는 것까지 가능하다고 이야기한다(Davidson & di Gregorio, 2011; Humble, 2012). Paulus와 Bennett(2017)은 최근에 소개된 프로그램들 중 일부는 시각 자료와 청각 자료에 대한 코딩도 가능하다고 제시한다. 나는 분석 프로그램에 관심 있는 신진 연구자들과 교수들에게 이 논문을 읽어 보기를 적극 권한다. 이 논문은 상당히 균형 잡혀 있고 포괄적이며 잘 써졌다.

Lynne Johnston(2006, p. 383)은 박사과정 연구자들에게 자신의 면담 전사본을 분석하는 단계까지 기다리지 말고, 박사과정의 초기 단계에서 가능한 한 일찍 분석 프로그램을 사용해 보기를 권한다. Johnston의 권유와 유사하게 Davidson과 Jacobs(2008)도 박사과정 학생들에게 e-프로젝트를 해 볼 것을 제안한다. e-프로젝트를 통합하면, 박사과정에서 모은, 박사학위논문과 직접적·간접적으로 관련된 모든 자료를 조직하고 추적할 수 있다. e-프로젝트를 통해 연구 자료를 통합해 놓으면, 연구자가 모든 연구를 휴대용저장장치에 담아 가지고 다닐 수 있게 되는 것이다.

이렇게 통합하고 분석 프로그램에 익숙해지는 것에는 적어도 두 가지의 장점이 있다. 첫째, 연구자가 이후에 유용할 수 있는 모든 자료를 안전하게 저장하고 분류하고 쉽게 찾을 수 있게 된다. 둘째, 분석 프로그램을 다루는 능력을 습득하는 것은 시간이 걸리는 일이다. 연구자는 초기에 분석 프로그램을 다루는 것이 익숙하지 않아서 큰 좌절감을 느낄 수 있다. 연구자가 실제로 면담 자료를 코딩하고 조직하기 전에, 분석 프로그램 사용에 보다 빨리 익숙해지고 자신이 있을수록 더 바람직하기 때문이다.

10. 분석 프로그램 사용 시 유의점

1) 위험한 오해

분석 프로그램을 사용하려는 일부 초보 연구자들은 이러한 프로그램들이 해줄 수 있는 것에 대해 오해하기도 한다. 이들은 분석 프로그램이 면담 자료를 실제로 분석해 줄 수 있다고 생각하거나 적어도 그러기를 기대한다. 하지만 곧 분석 프로그램이 자료의 분석과 해석을 직접 해 주지는 않는다는 사실에 실망하고, 많은 비용과 시간을 낭비했음을 알게 된다. 분석 프로그램은 연구자가 자료를 분류하고 정리하는 데 도움을 줄 수는 있지만, 직접 분석하고 해석할 수는 없다(Banner & Albarran, 2009, p. 25; Carvajal, 2002; Humble, 2012, p. 125; Matheson, 2005, p. 122; L. C. Onyett와의 전화 면담, 2012년 6월 5일).

이러한 이유에서 Davidson은 CAQDAS라는 약칭을 CAQDOS(Computer Assisted Qualitative Data Organization Software)로 바꾸면 연구자들의 혼란을 줄일 수 있다고 제안한다. 'O'가 의미하는 '**조직화**(Organization)'는 질적 자료를 조직하고 정리하는 데 도움을 주는 분석 프로그램의 장점을 더 부각시킬 수 있기 때문이다(J. Davidson과의 개인적 의견교환, 2012년 6월 15일; Sapat et al., 2017).

2) 코딩의 함정

분석 프로그램의 사용과 관련된 또 다른 문제는 연구자를 '코딩의 함정(coding trap)'에 빠뜨릴 수 있다는 것이다. 예를 들면, 코딩을 너무 과도하게, 너무 빨리 하는 것이다. 분석 프로그램을 사용했던 자신의 초기 경험에 대해 Johnston은 다음과 같이 썼다.

분석 프로그램의 기술적인 측면을 익히는 데 내가 이렇게 많은 시간을 투자하게 될 것이라고는 꿈에도 생각하지 못했다. 그 많은 시간을 불필요하게 낭비한 것이다. 나는 내가 코딩의 함정에 빠져 있다는 것조차 깨닫지 못했다. (2006, p. 380)

후에 Johnston은 분석 프로그램의 사용법을 다른 연구자들에게 가르치면서 관찰한 것을 다음과 같이 썼다.

연구자들은, 특히 초보(물론 초보만 그런 것은 아니지만) 연구자들은 자신들이 상당히 오랫동안 다소 기계적인 방식으로 코딩을 해 왔음을 깨닫게 된다. 나무에서 숲을 볼 수 있게 돕는 프로그램에 내재된 기능도 사용하지 않은 채로 말이다. 면담 자료에 대해 생각하고 반추해 보지도 않은 채 전사본의 모든 단어를 하나도 남김 없이 코딩하려는 욕망에 사로잡히게 되면 몹시 기술적이고 단조로운 결과를 낳게 될 뿐이다. (2006, p. 383)

분석 프로그램을 사용하면 상대적으로 자료의 코딩과 정리가 쉬워져서 코딩을 과도하게 하게 되는 경향이 있다. 따라서 면담 전사본을 만들어 충분히 읽고 난 후, 연구자가 수행해야 할 다음 단계는 중요하다고 생각되는 부분을 중심으로 면담 자료를 줄여 나가는 것이다. 물론 연구참여자가 이야기한 내용을 버리는 것은 어렵다. 하지만 면담 자료의 분석을 위해서는 불필요한 부분들을 걸어 내는 선별 과정이 필수적이다.

전사본에서 발췌한 부분들에 적절한 범주명을 붙이고 코딩하는 작업을 위해서는 연구자의 모든 지식과 경험을 총동원해야 한다(Davidson, 2012). 또한 '이 중요한 발췌문을 어떻게 명명해야 할까?' '이 부분은 어느 범주로 코딩하는 것이 더 적절할까?' '이 부분은 다른 부분들과 어떻게 연결되는 것일까?' 등의 질문에 끊임없이 답하기 위한 감수성과 직관력이 필요하다. 연구자가 직접 손으로 하든, 워드 프로그램의 도움을 받든, 분석 프로그램을 활용하든 간에 이 작업은 부주의하게 이루어질 수 있다. 그러나 내 생각에는 분석 프로그램을 활용하여 코딩을 하게 되면 상대적으로 빠르지만 충분한 숙고 없이 진행하게 되어 면담 자료가 담고 있는 가치를 충분히 살리지 못하게 되는 것 같다.

나는 Coppens 교수에게 학생들이 분석 프로그램을 배워 가는 데 걸리는 시간과 노력 때문에 좌절하지는 않는지 물은 적이 있다. 내 예상과는 달리, Coppens는 분석 프로그램을 배워 가는 것은 학생들이 직면하는 큰 도전은 아니라고 답했다. Davidson과 마찬가지로, Coppens도 분석 과정에서 너무 일찍, 너무 과도하게 코딩하려는 충동이 초보 연구자들에게 좌절감을 불러일으킨다고 강조했다. 이 충동은 학생들이 분석 초기 단계에서 당연히 경험할 수 있는 긴장감과 프로그램의 도움으로 질적 자료를 해석할 수 있을 것이라는 잘못된 기대감이 낳은 결과인 것이다. Coppens는 '너무 일찍, 너무 과도하게' 코딩하려는 충동은 초보 연구자라면 누구나 가질 수 있지만, 분석 프로그램을 사용하게 되면 이러한 충동이 더욱 증폭될 수 있다고 보았다. 그는 초보 연구자들은 서서히 자료의 분석과 해석에 익숙해져 가는 중이므로 지속적인 연습이 필요하고, 분석 프로그램은 이들의 불안감과 불확실성을 감소시키는 데 어느 정도는 도움이 될 수 있다고 했다.

Coppens는 학생들에게 코딩의 초기 단계에서 신중하게 접근할 것을 강조하는데, 그러기 위해 가능하면 최대한 늦게 분석 프로그램을 분석에 활용할 것을 권한다. 그는 학생들이 왜 특정한 단어나 구절에 코딩하는지, 왜 그 단어나 구절이 중요한지, 왜 그 단어나 구절이 다른 부분에 비해 도드라지게 보이는지 생각해 보기를 바란다. 그는 코딩의 과정은 귀납적이고 해석적이어야 한다고 믿는다. 이는 질적 자료를 기계적으로 처리(과도한 코딩이든 피상적인 코딩이든 간에)함으로써 결과가 자연스럽게 '발현될(emerge)' 것이라는 일반적인 오해와는 대조되는 것이다. Coppens에 따르면, 질적 자료를 '기계적으로' 혹은 분류학적(즉, '모든 것은 코딩되어야 한다')으로 코딩하기 위해 수많은 시간을 투자하는 연구자들이 아이러니하게도 연구 문제에 대한 답을 찾는 데 있어서 전혀 진전 없이 제자리걸음을 하며 좌절하게 된다. Coppens는 학생들에게 모든 것을 코딩하려는 충동에서 벗어나 질적 자료에서 의미 찾기를 시작하라고 격려한다.

Coppens는 과도한 코딩은 초보 연구자들이 특정한 구절이 나타나는 빈도와 구절의 적절성을 혼동하게 만들 수 있다고 지적한다. Coppens를 비롯한 경험 많은 연구자가 우려하는 것은 초보 연구자들이 신뢰하는 분석 프로그램이 부여해 놓은 코드명에 맞는 단어나 구절을 찾아 줄 수 있지만, 연구참여자들은 유사한 생각을 다른 말로 이야기했을 수 있다는 것이다. 예를 들면, 연구자는 '종교'라는 코드명을 부여한 반면, 연구참여자는 종교라는 단어를 전혀 사용하지 않고 '영성(spirituality)'이라는 단어로 자신이 말하고자 하는 의미를 전달했을 수 있다. 또한 연구참여자의 종교성은 특정 단어를 사용하여 명시적으로 나타나기보다는 전사본의 여러 쪽에 걸쳐 미묘하게 드러날 수 있다. 단어와 의미를 1:1로 매칭할 수 있도록 설계된 분석 프로그램들은 이러한 미묘한 측면을 다루는 데는 분명한 한계가 있다.

분석 프로그램에 내재된 복잡성에도 불구하고, Coppens는 이 프로그램이 연구참여자의 수가 많거나 자료의 양이 방대한 면담 연구를 조직하는 도구로써 훌륭한 역할을 수행할 수 있다고 강조한다. 이에 반해, 보다 작은 규모의 연구를 수행하는 경우라면, 프로그램의 새로운 어휘와 새로운 기술적인 측면을 배우기 위해 시간과 비용을 들이는 것보다 연구자가 이미 지니고 있는 컴퓨터 활용 역량만으로도 충분히 분석을 할 수 있다. 또한 그는 분석 프로그램의 활용법을 충분히 익힌 학생들은 이 능력을 대학 외에 공공기관이나 기업에서 일을 하게 되는 경우에도 유용하게 쓸 수 있다고 제안했다.

3) 분석 프로그램이 연구자를 면담 자료와 맥락으로부터 멀어지게 하는가?

가장 우려되는 것은 분석 프로그램의 활용이 연구자를 면담 자료와 맥락에서 멀어지게 만드는 것은 아닌가 하는 문제다. 질적 연구 분야의 핵심 가치는 연구자가 면담을 통해 생성된 전사본 속에 담긴 연구참여자들의 이야기에 푹 빠져들어야 한다는 것이다. 그런데 분석 프로그램의 코딩 작업이 연구자를 면담 속 이야기에서 빗나가거나 멀어지게 하는 것은 아닌가? 문헌에서는 이 쟁점을 중요하게 다루고 있지만(Humble, 2012, p. 132; Matheson, 2005, p. 127), 일부 연구자들은 분석 프로그램의 작업 방식이 아니라 연구자의 작업 방식에 관한 문제라고 지적한다(Carvajal, 2002).

경험이 많은 질적 연구자이면서 분석 프로그램의 사용에 익숙한 Lloyd Onyett 와의 전화 면담에서 "분석 프로그램이 면담 자료에서 당신을 멀어지게 하는 것 같습니까?"라고 물은 적이 있다. 그는 분석 프로그램을 활용한다고 해서 면담 자료에서 멀어진다는 생각을 해 본 적은 없다고 답했다. 그는 연구를 수행할 때 모든 면담 녹음본을 직접 전사해 왔기 때문에(Onyett, 2011), 면담에 담긴 단어 하나하나에 이미 친숙해져 있었다는 것이다. 더 나아가 그는 자신이 분석 프로그램에 코딩하고 저장한 발췌문들을 읽고 또 읽는 데 수많은 시간을 보낸다고 했다.

Elizabeth Aries는 『우수 대학에서 중요시되는 인종과 계급(Race and Class Matters at an Elite College)』(2008)이라는 책을 쓰기 위해, 면담 발췌문들을 앞에 놓고 읽고 또 읽고 "도대체 이 말은 어떤 의미일까?"를 고심하고 고민하며 보낸 많은 시간에 대해 내게 이야기해 주었다(개인적 의견교환, 2012년 6월 11일). 또한 그녀는 단순히 프로그램의 코딩과 자료 불러오기 기능만을 사용했었기 때문에, "이 프로그램의 활용이 결코 나를 면담 자료에서 멀어지게 하지 않았다."라고 했다.

하지만 분석 프로그램을 처음 사용해 본 다른 연구자는 자신이 코딩한 면담 자료들의 맥락에 대한 감을 잃어버린 것 같다고 이야기했다. Angela Kohnen(2012)은 나와의 전화 면담에서 프로그램을 처음 활용했을 때 너무나 쉽게 코딩된 자료들을 정리하고 불러올 수 있어서 기뻤다고 했다. 하지만 동시에 "내가 부여한 코드명에 따라 코딩된 발췌문들이 훌륭하게 정리된 목록을 보면서, 그것이 어떤 맥락 속에 있었는지 길을 잃은 것 같은 느낌이 들었어요."라고 덧붙였다.

그녀는 어느 순간 종이로 된 전사본으로 다시 돌아가 면담의 맥락을 확인하고 있는 자신을 발견했다고 했다. 종이 전사본과 프로그램이 산출한 코딩 자료들을 번갈아 읽으며 많은 시간을 보낸 후에, 그녀는 분석 프로그램으로 작업하는 것을 포기하고 종이 전사본을 가지고 작업하는 방식으로 돌아가기로 결정했다.

그녀는 코딩한 자료들을 면담의 맥락 속에 놓고 분석할 수 있는 프로그램의 기능이 있었을지 모르지만, "나는 프로그램의 특수한 기능을 배우고 익숙해지는 데 소요되는 시간과 노력에 비해 얻을 수 있는 혜택이 더 크지 않은 것 같다고 생각해요."라고 말했다. 그녀는 프로그램을 더욱 효율적으로 사용하기 위해 애쓰는 대신, 자신이 면담한 연구참여자들의 체화된 경험을 논문에 '잘 드러내기' 위해 더 많은 노력을 기울이게 되었다(Kohnen, 2012).

면담의 현상학적 접근에서 연구자는 연구참여자들의 체화된 경험과 그 경험에 대한 주관적 의미를 이해하기 위해 노력한다. 그 과정에서 연구참여자들이 이야기하는 경험의 맥락을 잘 살피는 것은 매우 중요하다. 물론 한 연구자의 경험을 기준으로 단정적으로 이야기해서는 안 된다. 만약 Kohnen이 이 작업을 다시 한다면, 처음과는 다르게 할 수도 있다. 하지만 나는 그녀의 경험이 예외적인 것은 아니라고 생각한다. Kohnen의 경험은 Barney Glaser가 제시한 분석 프로그램의 활용에 대한 기본적인 불편함과 동일선상에 있다(Glaser, 2003). Glaser는 분석 프로그램이 Anselm Strauss와 함께 출판한 『근거 이론의 발견(The Discovery of Grounded Theory)』에서 강조했던 근거 이론의 기본 전제에 대해 심각한 오해와 왜곡을 불러일으킬 수 있다고 강조한다(Glaser & Strauss, 1967). 분석 프로그램의 활용에 대한 Glaser의 비판적 견해에 대해 반대의 목소리가 없는 것은 아니지만(예는 Johnston, 2006, p. 381 참조), 질적 연구 분야에서 그의 위상은 그의 견해에 힘을 실어 준다.

Michael Frisch는 '찾기와 불러오기(search-and-retrieve)'라는 분석 프로그램의 놀라운 기능은 양날의 검이 될 수 있다고 설명한다. Andrew Coppens가 지적한 것과 같이, 검색 기능은 연구참여자가 한 이야기를 벗어날 수 없다는 것이다. 연구참여자들은 "이제부터 젠더의 사회적 구성주의에 대한 이야기를 해 보려고 합니다."라든지 "계층 의식에 대해 이야기하겠습니다."라는 표현을 면담에서 하지 않는다. 또한 연구참여자들은 자신의 어머니나 파업에 대한 이야기를 하면서도 실제로 '어머니'나 '파업'이라는 단어를 쓰지 않을 수 있다(Frisch, 2011, p. 133).

Frisch는 한 걸음 더 나아가서 "우리(연구자들)는 기본적으로 호기심을 많이 가지고 있다. (중략) 우리는 연구참여자들과의 면담을 통해 그들의 세계에 들어가게 되고, 그 속에서 우리는 무언가를 알아차리고, 새로운 것을 발견하고, 예상하지 못한 것과 맞닥뜨리고, 당황하고, 실수를 통해 배울 수 있도록 언제나 깨어 있어야 한다. (중략) 무언가를 막연히 찾는 것(searching)보다 적극적으로 탐색하는 것 (exploring)이 언제나 더 흥미롭다."(Frisch, 2011, p. 131)라고 밝혔다. 그런 측면에서 나는 분석 프로그램이 찾기에는 능하지만, 탐색에는 그리 뛰어나지 않다고 생각한다.

4) 기관의 지원

이유가 무엇이든 간에, 그리고 여러 가지 장점에도 불구하고, 여전히 분석 프로그램을 사용하는 것에 대해 '불편함'을 가지고 있는 사람들이 있다 (Davidson & di Gregorio, 2011, p. 634). 이 불편함에 대해 실제적으로 반응하기 위해서는 연구자가 특정한 분석 프로그램을 사용하기로 결정하기 전에 자신이 속한 기관에서 어떠한 지원을 받을 수 있는지를 파악해야 한다(Banner & Albarran, 2009). 기관이 이 프로그램의 사용법에 대한 워크숍을 제공해 주는가? Paulus와 Bennett(2017)은 분석 프로그램을 처음 접하는 연구자들에게 이러한 지원이 필수적이라고 강조한다. 또한 기관이 프로그램에 대한 사용권을 가지고 있어서 연구자의 비용 부담을 줄여 줄 수 있는가? Matheson(2005)은 연구자들에게 프로그램의 사용 여부를 결정하기 전에 프로그램의 비용과 사용법을 익히는 데 드는 시간을 고려해야 한다고 조언한다.

사실 나는 분석 프로그램이 현상학적 접근에 도움이 되는 자원인지에 대해 회의적이었다. 하지만 Coppens 교수와의 면담을 통해 나의 회의적인 생각이 다소 완화되었고, 분석 프로그램의 장점을 좀 더 잘 이해할 수 있게 되었다. 무엇보다 '디지털 네이티브'(Paulus & Bennet, 2017)인 요즘 대학원생들은 이전 세대 연구자들에 비해 새로운 프로그램을 쉽게 배운다. 물론 기관이나 학과의 적극적인 지원이 전제된다면 말이다.

결론적으로 모두가 인정하는 두 가지 사항이 있다. 첫째, 분석 프로그램은 가위로 오려 붙였던 예전의 방식보다 훨씬 효율적으로 자료를 조직할 수 있는 도구를 제공한다. 둘째, 분석 프로그램이 자료를 조직하는 시간을 절약해 줄 수는 있지만, 자료를 분석하거나 해석해 주지는 못한다. 자료의 분석과 해석은 연구자의 몫이다. 이러한 나의 생각은 연구 방법론에 관한 Steinar Kvale의 질문에 대한 Jean Lave의 대답과 같다. Lave이 답하기를, "내가 생각하기에 인간의 존재에 대해 배우고 이해할 수 있을 만큼 충분히 복잡한 도구는 또 다른 인간뿐이다. 그 과정에서 그 인간이 사용하는 것은 스스로의 삶과 스스로의 경험이다."(Lave & Kvale, 1995, p. 220)

제9장

좋은 연구 수행을 위한
연구윤리

기관생명윤리위원회(IRB)와 연구참여동의 절차는 연구자와 연구참여자의 관계를 규정하는 엄중한 연구윤리 원칙을 바탕으로 한다. IRB 심의 절차는 연구참여자를 위험에서 보호하고, 연구 과정에서 연구참여자의 권리를 보장하는 것이 중요함을 연구자에게 주지시키고, 연구참여동의서는 연구자가 취해야 할 행동을 안내하는 역할을 한다. 그러나 IRB 심의 절차는 대체로 연구자와 연구참여자가 얼굴을 맞대고 앉아 면담을 진행하기 전에 이루어지기 때문에, 연구자는 윤리적인 행동의 원칙을 실제 적용하는 도전에 직면하게 된다.

윤리적인 도전은 연구가 진행되는 모든 과정에서 일어날 수 있다. 면담 연구를 수행하는 과정에서 윤리적 문제가 발생할 수 있는 모든 상황을 구체적으로 열거하는 것은 불가능하다. 또한 너무 쉽게 높은 윤리적 기준을 세우고, 우리가 불완전하고 모호한 세상에 살고 연구하고 있음을 인지하지 못하기도 한다. 옳고 그름을 명확하게 판별하기에는 회색지대가 너무 넓다. 따라서 우리가 아무리 연구윤리 원칙을 철저히 만든다고 해도, 연구자는 실제 연구를 윤리적으로 수행하는 과정에서 끊임없는 성찰과 고민을 해야 한다. 이상적인 연구윤리를 간단명료하게 요약하면 다음과 같다. '이상은 실제 삶에서 달성하기 어려울 수 있지만, 우리가 최선을 다해 주어진 일을 할 수 있는 용기와 지침을 제공한다.'(윤리적으로 연구를 수행하는 것에 대한 또 다른 사려 깊은 접근은 Locke et al., 2014, pp. 25-40; van den Hoonaard & van den Hoonaard, 2013 참조)

1. 좋은 연구를 수행한다는 것

도덕에 관한 철학을 담은 『니코마코스 윤리학(Nicomachean Ethics)』에서

Aristotle는 바르게 행동한다는 것의 의미를 설명하기 위해 노력했다. 그가 말하기를, 인간이 행하는 일에 이성적인 원칙이 있다면, 도덕적 행동에 이르는 길은 그 일의 모든 과정을 "잘 그리고 정당하게(well and rightly)" 수행하는 것이다(1976, p. 72).

Aristotle가 말한 바른 행동을 면담 연구에 적용한다면, 연구자는 연구의 각 과정에 접근할 때 그에 맞는 논리에 기초해야 하고, 각각을 '잘 그리고 정당하게' 수행해 나가야 한다. 그가 말한 '잘 그리고 정당하게' 행하는 것은 '좋은 연구(good work)'를 수행하는 것이라고 볼 수 있다.

연구자가 연구참여자에게 접근하는 방법을 강구하고, 잠재적인 연구참여자에게 연락하여 연구에 대해 설명하고, 연구참여자를 선정하고, 면담 일정을 조율하고, 연구참여동의서에 서명을 받고, 실제 면담을 진행하고, 연구참여자와 관계를 유지하고, 면담의 결과를 분석하고 공유하는 일련의 모든 과정은 각각에 맞는 논리에 따라 '잘 그리고 정당하게' 이루어져야 한다. 즉, 좋은 연구를 수행한다는 것은 방법론과 연구윤리가 합쳐지는 과정인 것이다.

예를 들어, 연구자가 연구에 참여하도록 초대하기 위해 연구참여자에게 연락하여 연구에 대해 설명하고 참여 의사를 물을 때, 연구참여자를 억지로 설득하거나 연구에 참여하도록 강제해서는 안 된다. 연구참여의 초대에 내포된 기본 원칙은 자발적 참여다. 자발적 참여는 참여에 대한 설득이 아니라 연구에 대한 정보 제공을 바탕으로 이루어져야 한다. 이와 동시에 연구자는 연구참여자가 연구에 참여해 주기를 기대하게 되는데, 연구에 참여함으로써 얻을 수 있는 혜택을 과장해서 이야기하지 않으면서, 연구참여자를 억지로 설득하지 않기 위해 노력하는 것은 상당히 어렵다. 그리고 연구참여자가 "미안하지만 연구에 참여하고 싶지 않습니다."라고 답했을 때, 그 거절을 자기 탓으로 생각하기 쉽다. 그럼에도 불구하고 이 과정을 잘 수행하기 위해 연구자는 연구참여자에게 연구에 대한 정보를 알리고, 연구에 참여하도록 격려하되 억지로 설득하거나 부추기지 않아야 한다.

연구참여동의를 받는 과정에서도 윤리적인 딜레마 상황에 놓일 수 있다. 나는 연구참여동의 절차에 대해 IRB의 승인을 받아 연구를 시작하려는 초보 연구자들과 이야기를 나누며, 연구참여동의서에 서명을 받는 과정이 어땠는지 물었다. 일부는 연구참여자에게 연구참여동의서를 주고 동의서의 내용을 읽고 난 후 서명을 해 달라고 부탁했다고 했고, 또 일부는 연구참여자에게 "걱정할 것 없어요. 이건 형식적인 문서니까 서명만 하시면 됩니다."라고 말했다고 했다. 하지만 연구참여동의 절차에 내포된 논리에 따르자면, 연구자가 연구참여자와 동의서에 담긴 내용을 함께 읽어 나가며, 내용을 잘 이해했는지 확인하고, 연구참여동의서의 내용과 서명을 진지하게 받아들이도록 해야 한다. 연구참여자가 동의서를 대충 훑어보고 별다른 논의 없이 서명을 해 주면, 연구자의 부담이 가벼워질 수도 있다. 하지만 이것은 '좋은 연구'를 수행하는 것이 아니다.

연구참여자와 실제 면담을 진행할 때 '좋은 연구'를 수행한다는 의미는 무엇인가? 만약 현상학적 접근으로 면담을 수행한다면, 연구자는 연구참여자의 경험과 그 의미에 대한 연구참여자의 관점을 이해하기 위해 노력해야 한다. 연구참여자의 관점을 이해하기 위해 연구자에게 가장 필요한 면담 기술은 경청이다('제6장 전부는 아니지만 중요한 면담 기법' 참조). 좋은 연구를 수행하고자 하는 연구자는 면담을 하고 난 후 녹음본 일부를 점검하여 연구참여자가 이야기하는 시간에 비해 연구자가 이야기하는 시간이 어느 정도인지 확인해야 한다. 이와 함께 연구참여자의 주관적 이해를 탐색하고자 하는 연구자는 면담 전사본을 점검하여 연구참여자의 말이 전사본의 대부분을 길게 차지하고 연구자의 말은 대체로 짧게 나타나는지 확인해야 한다.

또한 면담을 수행하는 과정에서 연구자는 자신이 얻고자 하는 대답을 이끌어 내는 유도 질문을 피하고, 연구참여자가 이야기의 방향을 자유롭게 선택할 수 있도록 허용해야 한다. 연구참여자의 경험과 그 의미에 대한 관점을 알아보고자 하는 연구자에게 면담은 탐색의 과정이 되어야 하며, 자신이 의도한 것을 증명하려는 시도가 되어서는 안 된다.

2008년에 작고한 면담의 대가인 Studs Terkel에 따르면, 연구자는 호기심과 친절함으로 가득 차 있어야 한다. 그를 추모하는 한 부고에 그가 생전에 남긴 말이 담겨 있었다. "면담은 (중략) 심문이 아니라 탐색(exploration)이다. 그 탐색은 주로 과거에 대한 것이다. (중략) 그렇기 때문에 친절한 질문이 가장 적절한데, 최고의 예는 '그래서 그때 무슨 일이 있었나요?'다."(Grimes, 2008, p. B9)

Terkel이 이야기한 면담에서의 친절한 탐색은 연구자가 면담 과정에서 생겨나는 어려운 질문을 피하라는 의미는 아니다. 친절한 탐색이란 연구자가 어려운 질문이나 민감한 주제에 신중하게 다가가는 것을 의미한다. 연구자는 연구참여자에게 "당신이 방금 이야기한 것에 대해 제가 좀 더 질문해도 될까요?"와 같이 물음으로써 민감한 주제를 탐색하는 것에 대한 연구참여자의 허락을 구할 수 있다.

연구자와 연구참여자 간의 관계를 유지하는 데 기본이 되는 원칙은 연구자가 이 관계를 힘의 관계로 이해하고 힘의 불균형이 있을 수 있음을 인정하는 것이다(p. 202에 제시된 '7. 공정성' 참조. 또한 면담에서의 힘의 불균형에 대한 심층적 논의는 Brinkmann, 2012, p. 60 참조). 연구자는 공정한 관계를 형성하기 위해 노력해야 하는데, 그러기 위해서는 사소하게 여겨질 수 있는 작은 일들에도 관심을 기울여야 한다. 예를 들어, 처음 연구참여자를 만났을 때, 영어권에서는 그럴 것이라고 지레짐작하지 말고 이름을 불러도 되는지 묻거나, 더 바람직하게는 어떻게 부르면 좋을지 직접 물어보는 것이 좋다. 사소하지만 첫 번째 면담에서 자리를 정할 때도 면담을 잘 녹음하기 위해 녹음기를 어디에 두어야 할지 뿐 아니라 연구참여자가 어디에 앉고 싶을지 혹은 어디가 가장 편할지도 고민해 보아야 한다. 또한 면담을 진행할 때, 연구자가 계속 면담을 이어 가고 싶더라도, 공정성을 유지하기 위해 연구참여자와 약속한 시간에는 반드시 면담을 종료해야 한다.

또 다른 차원에서 공정하고 좋은 연구를 수행한다는 것은 Immanuel Kant의 도덕 법칙에 따른 정언 명령에 제시되었듯이 타인을 자신의 목적을 이루기 위한 수단으로 생각하는 것이 아니라 그 자체로 의미를 지닌 목적적 존재로 여기는 것이다. Kant는 "인간과 모든 논리적 존재는 그 자체로 최고의 가치와 목적을 지닌 존재이며, 결코 단지 수단으로 다루어져서는 안 된다."(Kant, 2002, p. 229)라고 썼다. '결코 단지 수단으로 다루어져서는 안 된다.'라는 의미를 강조하기 위해 Kant

는 목적을 위하여 타인을 단지 수단으로 취급하는 것이 인간 삶의 일부임을 인정하면서, 그렇기 때문에 더욱 우리는 타인을 '단순히' 수단으로 취급하지 않아야 한다고 명시했다.

면담 연구 수행이라는 목적 달성을 위해, 우리는 명백히 연구참여자들을 수단으로 이용한다. 하지만 우리가 연구참여자의 이야기에 진정한 관심을 갖는다면, 연구참여자를 그 자체로 의미를 지닌 존재로 여기기 시작할 수 있다. 물론 연구자인 우리는 연구참여자의 이야기가 우리의 연구에 어떻게 도움이 되는지 알아가는 데 관심이 있다. 하지만 동시에 우리는 연구참여자들의 경험 속에 담긴 복잡성, 그들이 삶에서 맞닥뜨리는 희로애락, 그들이 경험을 통해 만들어 내는 의미를 이해하기 위해 노력한다. Angela Kohnen은 자신의 연구 경험을 통해 갖게된 생각을 이렇게 정리했다. "면담을 통해 나의 시야를 흐리는 것이 아니라 연구참여자의 경험에 대한 나의 이해가 향상되기를 바라며, 연구참여자들을 있는 그대로의 모습으로 감탄하고 존중할 수 있게 되었다."(Angela Kohnen과의 개인적 의견교환, 2012년 6월 27일)

면담을 통해 연구참여자의 이야기를 모으고 조직하고 분석하고 해석하고 공유하는 일련의 과정에서 좋은 연구를 '잘 그리고 정당하게' 수행한다는 것은 이 모든 과정에서 우리의 글을 통해 연구참여자를 위험에 처하게 하지 않아야 한다는 중요 원칙을 기억하는 것을 의미한다. 우리는 '연구자의 첫 번째 책임은 언제나 연구참여자에게 있다.'라는 미국인류학회(American Anthropological Association, 1983)의 선언을 기억해야 한다.

그런데 이 원칙은 연구참여자의 이야기 중 어떤 것을 드러내고 어떤 것을 드러내지 않을지를 연구자가 선택해야 하는 어려운 문제로 이끈다. 또한 이 원칙은 연구참여자의 말을 글로 옮기는 과정에서 어느 정도로 그 말을 편집해야 하는지에 대해 연구자를 고민하게 만든다. 전사본에서 연구참여자가 공유한 관점이 무덤덤하게 읽히는 경우에는 연구참여자의 이야기 속 맥락을 충분히 이해했는지 확인하기 위해 녹음본을 다시 들어 봐야 할 수도 있다. 이를 다시 확인하지 않고 그대로 글로 옮긴다면, 연구참여자의 경험이나 관점을 제대로 전달하지 못할 수 있기 때문이다. 연구자는 그 자료를 그대로 제시할 것인지, 충분히 탐색하지 못했기 때문에 유보할 것인지, 아니면 너무 늦거나 이상하지 않다면 연구참여자에게 다시 연락을 해서 그 이야기를 나누었던 맥락이나 그 이전에 일어났던 일에 대해 좀 더 탐색을 할 것인지를 선택해야 한다.

2. 연구참여자 존중에 내포된 상호성의 의미

좋은 연구를 통해 Aristotle의 도덕적 가치를 추구하고자 하는 우리는 연구 방법이 연구의 가치와 서로 긴밀하게 연결되어 있음을 알고 있다. 우리는 연구 수행 과정의 모든 단계에서 타당하고 신중하고 사려 깊도록 노력하지만, 결코 완벽할 수는 없다. 하지만 이러한 우리의 노력이 연구참여자와 함께 윤리적인 연구를 수행할 수 있는 방향으로 우리를 움직이게 한다.

연구참여자와 상호작용하며 공정하고 좋은 연구를 수행한다는 것은 IRB와 연구참여동의 절차에 내포된 목적을 성취해 나간다는 것이다. 연구참여자를 있는 그대로 존중함으로써, 그리고 연구의 수단이면서 목적이 되는 연구참여자들의 이야기가 지닌 가치를 인정함으로써, 우리는 좋은 면담을 수행하기 위한 도덕적인 발걸음을 한 걸음 더 진척시키는 것이다.

도덕적이라는 의미는 연구참여자의 존엄성을 인정하고 존중하고 지지한다는 것이다. Donna Hicks는 자신의 저서 『존엄성(Dignity)』(2011)에서 사람들 사이에 일어나는 수많은 갈등을 중재하고 해결하는 과정에서 존엄성이 사람들에게 미치는 영향에 주목하고 이렇게 말했다. "사람들이 자신들의 존재가 눈에 띄고 자신들의 이야기가 들려지고 자신들이 이해되고 가치 있는 존재로 인정받는다고 느낄 때, 놀라운 일이 생깁니다. (중략) 인간의 존엄성을 존중하는 것은 한 사람의 잠재능력을 최대로 이끌어 낼 수 있는 가장 쉽고 빠른 방법입니다. (중략) 자신이 중요하고 가치 있는 존재라고 생각할 수 있도록 다른 사람을 대하는 방법을 안다면, 그 사람의 존엄성을 드러낼 수 있습니다"(Hicks, 2011, p. 67). 2012년

봄, 나의 동료인 Patrick Sullivan과의 개인적 의견교환에서, Sullivan은 누군가의 이야기를 경청하는 것이 그 사람의 존엄성을 존중하는 첫 번째 단계라고 강조했다.

면담 상황에는 항상 누군가를 착취할 수 있는 위험성이 존재한다(Patai, 1988). 연구자는 연구참여자들과 상호호혜적인 관계를 유지하면서 면담에 대한 사례를 어떤 방식으로 하는 것이 가장 적절한지에 대해 고민한다. 연구자는 연구참여자들에게 빚을 진 것처럼 느낄 수 있다. 특히 박사학위논문을 쓰기 위해 면담 연구를 수행한 연구자는 연구참여자들 덕분에 박사학위를 받을 수 있었다는 것에 감사한 마음이 크지만, 그에 비해 연구참여자들은 연구에 참여하면서 과연 무엇을 얻을 수 있었는지에 대해 궁금해한다.

아마도 연구자로서 우리가 연구에 참여한 연구참여자들에게 보답할 수 있는 가장 진정성 있는 방법은 그들의 존엄성을 지지하고 나아가 향상시키는 방식으로 면담을 진행해 나가는 것이다. Hicks가 이야기했듯이, 우리는 연구참여자들의 존엄성을 존중하고, 이를 그들이 느낄 수 있도록 전달하는 것의 가치를 돈으로 환산할 수 없다. 내 경험에 비추어 보면, 세 번의 면담을 마무리하는 단계에서 나 자신이 앞에 제시한 내용들에 가까워지고 스스로 좋은 연구를 수행하고 있는 것 같다고 느끼는 순간이 종종 있었다. 그 순간은 주로 연구참여자들의 눈빛을 통해 느껴지기도 하고, 연구참여자들이 면담을 마무리하면서 자신들의 이야기가 연구자에게 들려지고 더 나아가 자신들의 경험이 연구자에게 이해되고 받아들여지는 것 같아서 연구에 참여하게 된 것을 진심으로 감사하게 생각한다고 이야기해 줄 때 느껴진다. 이러한 순간이 모든 면담에서 느껴지는 것은 아니지만, 만일 느껴진다면 연구자와 연구참여자 모두에게 좋은 연구가 이루어지고 있음이 분명하다.

3. 결론

모든 연구 방법은 각각의 한계와 강점을 가지고 있다. 심층 면담의 강점은 면담을 통해 다른 사람의 경험을 그 사람의 관점에서 구체적으로 이해할 수 있다는 것이다. 면담을 통해 우리는 거대한 사회적·구조적 힘의 맥락 속에서 한 사람이 어떻게 자신의 삶을 살아가고 있는지를 볼 수 있고, 삶의 맥락을 공유하는 사람들 간의 연관 관계를 발견할 수 있다.

면담 연구를 수행하면서, 나는 사람들의 삶이 지니고 있는 놀라운 복잡성에도 불구하고, 삶이 지니고 있는 응집성에 대해 경이로움을 느끼며, 삶에 대해 더 깊은 이해를 할 수 있게 되었다. 면담 연구는 또한 사람들의 삶의 경험에 대해 사회적·구조적 맥락이 지닌 거대한 힘을 보다 민감하게 인식할 수 있도록 해 주었다. 나아가 나는 면담 연구를 통해 진보적인 개혁의 복잡성과 사회 변화의 어려움에 대해 보다 심층적으로 이해할 수 있었다(Bury, 1932; Fay, 1987). 하지만 가장 중요한 것은, 거의 언제나 그렇듯이, 면담은 내가 계속해서 연구참여자를 존중하고, 연구참여자를 통해 얻게 된 통찰과 새로운 이해에 감사하고, 연구참여자의 이야기를 나누는 기쁨을 갖게 해 준다.

수감된 10대 여자 청소년들에 대한 광범위한 연구(Winn, 2010)로 잘 알려진 Maisha Winn 교수는 한 학술대회의 기조강연에서 연구자의 역할에 대해 이야기하면서, 연구자는 연구참여자들의 '가치 있는 증인(worthy witnesses)'이 되기 위해 노력해야 한다고 강조했다(Winn, 2011). 학술대회의 청중으로 Winn의 강연을 듣고 있던 나는 그 말에 크게 공감했는데, 내가 느끼고는 있었지만 말로 표현하지 못했던 내 경험과 맞닿아 있었기 때문이다. 즉, '연구참여자와 면담할 수 있는 것은 특권이다.' 옥스퍼드영어사전(Oxford English Dictionary, 1971)에 의하면, 면담에서의 '특권(privilege)'은 다른 사람들이 가질 수 있는 일반적인 혜택을 뛰어넘는 특전을 의미한다. 연구자에게는 면담을 통해 연구참여자의 삶 속에 들어갈 수 있는 기회가 주어진다. 연구참여자는 자신의 경험을 공유하고, 그 경험이 지닌 의미를 연구자와 함께 반추한다. 연구참여자는 자신을 취약하게 만들 수 있다는 것을 알면서도 자신의 삶의 일부분을 연구자에게 맡긴다. 그리고 연구자는 연구참여자에게 배운다. 연구자가 연구의 과정에서 수행하는 면담은 연구자에게도 그렇고, 연구참여자에게도 일상적인 경험이 아니다. 연구자는 증인 그 이상인 것이다. 그럼에도 불구하고 Winn의 말은 좋은 연구를 수행해야 하는 연구자의 책임을 강조한다. 우리는 연구자로서 면담의 특권이 가치 있도록 최선을 다해야 한다.

부록

두 개의 프로파일

난다(Nanda): 폴 포트[1] 시대의 캄보디아인 생존자

Toon Fuderich

전쟁 전에 (잠시 멈춤) 우리는 아주 큰 대가족이었어요. (잠시 멈춤) 많은 친척 아주머니와 아저씨, 사촌, 조부모님이 계셨지요. 나는 4남매 중 둘째이고, 오빠와 남동생, 여동생이 있어요. 우리 가족은 아주 부유했어요. 아버지는 사업을 하셨고, 어머니는 식료품점을 운영하셨고, 친할아버지는 제분소를 가지고 계셨지요. 아버지는 마을에서 상당히 존경받는 분이셨어요. 잘생기시고 지적이신 데다가 교육에 높은 가치를 두셨지요. 아버지는 항상 우리에게 교육의 중요성에 대해 말씀하시곤 하셨어요.

폴 포트가 캄보디아를 점령했을 때 나는 여덟 살이었어요. (잠시 멈춤) 우리나라 전역에 걸쳐 강제노동 수용소가 만들어졌지요. 사람들은 집을 떠나 강제노동 수용소에서 일하도록 강요받았어요. 전쟁이 일어나자 크메르 루주(Khmer Rouge)[2] 군인들이 우리 마을에 왔어요. 군인들은 가혹한 정부에게서 우리를 자유롭게 해 주기 위해 왔다고 말했어요. 우리에게 아무것도 걱정하지 말라고, 모든 일이 잘될 거라고 했지요. 하지만 아무것도 잘된 것은 없었어요. 군인들의 말은 전부 거짓이었어요. 군인들은 무고한 사람들을 죽였어요. 의사, 사업가, 교사와 같은 학식 있는 전문가들이 제일 먼저 처형되었지요. 정말 끔찍했어요.

매일매일 군인들은 마을 사람들을 재교육하기 위한 집회를 열었어요. 집회는

---

1) 폴 포트(Pol Pot, 1926~1998)는 캄보디아의 공산당 지도자로서 1976년부터 1979년까지 민주 캄푸치아 공화국의 총리를 지냈으며, 재임 기간에 원리주의적 공산주의에 따라 강제적인 농업화 정책을 시행하여 국민들을 기아와 고문으로 죽게 만든 국민대학살(킬링필드)을 자행했다. – 역자 주
2) 크메르 루주는 1975년부터 1979년까지 캄보디아를 통치하고 대량 학살을 자행한 급진 공산주의 혁명 단체다. – 역자 주

보통 오전 6시부터 오후 6시까지 계속되었지요. 위중하게 아픈 사람들을 제외하고는 한 사람도 빠짐없이 참석해야 했어요. (잠시 멈춤) 하루는 아버지가 집회에 가시기 직전에 한 무리의 군인들이 아버지를 찾아왔어요. 어머니는 이미 집회에 가 계셨고요. 나는 그때 혼자만 집에 남아 있었어요. 군인들이 우리 집에 들어와서는 집 안 전체를 샅샅이 뒤졌고, (오랜 침묵) 모든 것을 가져갔어요. (잠시 멈춤) 그러고는 아버지를 밖으로 끌어내서 손을 등 뒤로 묶었어요. 나는 너무 두려웠지만, 숨어서 군인들을 따라가 보기로 했지요.

나는 찬장 뒤에 숨어서 갈라진 틈을 통해 아버지를 보려고 했어요. 군인들은 아버지가 국가를 배신했다고 추궁했어요. 아버지는 군인들에게 "나는 내 조국을 사랑합니다. 나는 자식들이 있어요. 나는 내 조국을 사랑합니다."라고 계속 이야기했고, 군인들은 계속 아버지를 비난하고 고함치고 아버지가 정부를 위해 일했고 집에 총을 숨겼다고 추궁했어요. 고작 열 살 정도밖에 안 된 어린 군인이 아버지의 이마에 총을 대고 있었어요. 나는 겁에 질렸지요. 그러고는 나이 든 군인이 그 어린 군인에게 방아쇠를 당기라는 신호로 눈짓하는 것을 보았어요. 그것이 마지막이었어요. 군인들이 아버지를 죽였어요. 아버지에게 총을 쐈어요. 나는 내 눈으로 그 광경을 본 거예요. 나는 움직일 수가 없었어요. 너무 무서워서 울 수도 없었고요. 나는 찬장 뒤에 숨어서 얼어붙은 채로 앉아 있었어요. 나는 혼자였어요. 이 광경을 목격한 유일한 사람이었지요. 나는 멍하니 아무런 감각이 없었어요. 아무것도 느낄 수가 없었지요. (잠시 멈춤) 정말로 완전히 감각을 잃었어요. 군인들은 아버지를 쏘고 난 후에, 큰 기관총을 꺼내서 이미 죽은 아버지의 몸, 가슴, 머리, 다리에 마구 쏘기 시작했어요. 그러고는 아버지의 지갑과 다른 귀중품들을 가져갔어요. 나는 이 모든 것을 보았지만, 아무것도 느껴지지 않았어요. 끔찍한 일이었지요.

나는 충격에서 벗어나자마자 어머니에게로 달려가서 아버지에게 일어난 일에 대해 이야기했어요. 당시 어머니는 임신 9개월째였어요. 어머니는 울부짖고 흐느끼셨어요. 어머니는 군인들에게 왜 아버지를 죽였는지를 계속 물으셨어요. 한 군인이 어머니를 쳐다보고 어머니의 배에 총을 겨눴어요. 그 군인은 "울지 마시오, 동지. 당신 남편은 국가를 배신한 나쁜 사람이오. 수일 내에 당신과 결혼할 좋은 사람을 찾아 주겠소."라고 말했어요. 어머니는 바닥에 웅크리고 앉아 계속 우셨어요. 나는 울 수도 없었어요. 아무것도 느낄 수가 없었지요. 나는 오빠에게 할머니 댁으로 데려다 달라고 부탁했어요. 나는 할머니 댁에 도착해서야 비로소 울기 시작했어요. 울음을 멈출 수가 없었지요. 할머니는 안타까워서 "왜 그렇게 계속 울어? 누가 네 아빠를 죽이기라도 했니?"라고 하셨어요. 나는 할머니를 바라보고 "네."라고 대답했어요. 그러고는 무슨 일이 있었는지를 말씀드렸어요. 할머니는 사태를 파악하시고는 바로 의식을 잃으셨지요.

그러고 나서 오빠와 나는 우리 집으로 돌아왔어요. 어머니는 여전히 울고 계셨어요. 이웃들과 친구들이 우리를 보러 왔어요. 모두 슬퍼했고 충격을 받았지만 도움이 되는 어떤 일도 할 수가 없었지요. [군인들이] 두려웠으니까요. 모두 유감스러워했지만, 도울 수 있는 것은 아무것도 없었어요. 어머니가 군인들에게 아버지를 땅에 묻어 드려도 되는지 물으셨지만 거절당했지요. 군인들은 아버지의 시신을 개가 먹도록 방치해 두든지 물고기가 먹도록 냇가에 던져 버리라고 했어요. 어머니는 정말 많이 우셨어요. 우리도 모두 울었지요. 나는 결코 그 일을 잊지 못할 거예요. 결국에는 군인들이 우리가 아버지를 땅에 묻도록 허락했어요. 우리는 아버지를 땅에 묻기 전에 거적으로만 시신을 감쌌지요.

아버지가 돌아가시고 나서 며칠 후에, 군인들은 마을 사람들에게 모두 마을을 떠나라고 명령했어요. 군인들은 며칠 동안만 떠나 있게 될 거라고 말했지만 (잠시 멈춤) 우리는 (잠시 멈춤) 다시는 우리 집으로 되돌아가지 못했지요. 우리는 아무것도 가지고 떠나지 못했어요. 군인들은 우리를 숲의 끝자락에 있는 수용소로 데리고 갔어요. 임신 말기였던 어머니께는 너무 무리한 일이었어요. 수용소에는 기거할 곳도 없었고, 그야말로 아무것도 없었어요. 우리 가족은 친척들과 함께 있었어요. 우리는 임시로 거처할 곳을 만들기 위해 나무를 모았지요. 우리가 수용소에 도착하고 얼마 안 되어서 어머니는 출산을 하게 되셨어요. 산파도 없이 말이에요. 할머니께서 수소문을 해 보셨지만 아무도 찾을 수 없었어요. 어찌 되었든 어머니는 용케 아기를 낳으셨어요. 아기를 낳고 어머니는 너무 탈진해서

2시간 동안이나 의식이 없으셨어요. 하지만 아기도 살아남고, 어머니도 살아남았어요. 어머니가 가까스로 살아나신 것은 무엇보다 기쁜 일이었어요.

출산 후 어머니는 바로 논으로 일을 나가셔야 했어요. 할아버지, 할머니께서 아기를 돌보셨고요. 그때에는 노인들이 어린아이들을 돌보는 일을 하도록 되어 있었거든요. 다섯 살이 넘은 아이들도 일을 해야 했어요. 아이들과 부모들은 따로 떨어져서 일을 했어요. 부부도 따로따로 나뉘어 지냈고요. 많은 사람이 살해되고 총살되었어요. 부인이랑 아이들과 헤어져서 지내기를 거부했기 때문에 처형당한 사람도 봤어요. 군인들이 그 사람을 쐈지요. 거기에 더해서 너무 많은 사람이 질병과 기아로 죽어 갔어요.

1년 후에 군인들은 다른 수용소로 우리를 이주시켰어요. 그 수용소에서 나는 어머니와 헤어져서 지내게 되었지요. 나는 아동수용소에서 살아야 했어요. 아동수용소에서 군인들은 우리에게 부모를 거역하고 감시해서 보고하도록 세뇌시키려고 했어요. 군인들은 우리에게 부모를 더 이상 존경할 필요가 없고, 아이를 낳는 것은 자연스러운 삶의 과정일 뿐이라고 했어요. 우리가 부모를 따를 필요가 없다는 것이었지요. 군인들이 말하기를, 아이들은 소중하고 특별한 존재이고 우리의 삶이 어른들의 삶보다 더 가치 있다고 했어요. 하지만 그 말은 진실이 아니었어요. 군인들은 아이들도 죽였으니까요.

어머니와 떨어져 있는 동안 나는 불행했어요. 어머니가 너무 그리웠지요. 어머니가 계시는 수용소에서 어머니와 함께 지내려고 도주를 시도했다가 군인들에게 발각된 적도 있었어요. 군인들은 나를 단단히 묶어 놓고 벌을 주고 다시는 그러지 말라고 했지요. 군인들이 말하기를, 나의 목숨은 이제 국가의 소유이고 국가에 기여해야 한다고 했어요.

나는 내내 울었어요. 아버지가 무척이나 그리웠어요. 아버지가 환생하시기를 소망하고 있었지요. 아버지를 그렇게 기다렸지만 아버지는 결코 다시 돌아오시지 않았어요. 나는 어머니께 환생에 대해 여쭈어 보았지요. 어머니는 아버지가 다시는 돌아오지 않을 거라고 하셨어요. 나는 속상해서 울었고, 어머니도 우셨어요. 나는 너무 괴로웠어요. 먹을 음식도 거의 없었고요. 때로는 너무나 배가 고파서 무엇이든 먹을 수 있을 것 같았어요. 나뭇잎이든, 살아 있는 달팽이나 게든, 들에서 일하면서 잡을 수 있는 어떤 것이든 말이에요. 나는 내내 몸도 아팠어요. 아이들은 서로 많이 싸웠지요. 하루는 너무 심하게 열이 나서 일하러 가기 위해 일어날 수조차 없었어요. 한 아이가 내게 오더니 내 머리카락을 잡아당겨서 일터로 끌고 갔어요. (잠시 멈춤) 그래요, 아이들은 서로가 서로를 통제했어요. 강한 아이들이 권력을 가졌었지요.

나는 아주 말랐었어요. 내 배는 항상 부풀어 있었고요. 우리는 잘 먹지 못했지요. 아마도 일 년에 한 번쯤인가 군인들이 우리에게 밥과 스프를 주었어요. 한번은 소위 이런 잔칫날에 내가 너무 많이 먹어서 거의 죽을 뻔했던 기억이 있어요. 움직일 수도 없었지요. 배는 불렀지만 입에서는 계속 들어오라고 하는 그런 거요. 아이들 두 명이 과식으로 죽었어요. (잠시 멈춤)

우리는 먹을 음식이 없어서 계속 이동해야 했어요. 남은 것들을 모아서 태국 국경 쪽으로 갔지요. 우리는 굶은 채로 며칠을 걸었어요. 나는 세 살 된 남동생을 업고 가야 했지요. 동생이 너무 무거워서 동생을 죽이고 싶기까지 했어요. (약한 웃음) 국경에 도착했을 때는 모두가 너무 지쳐서 땅 위에 털썩 주저앉고 말았지요. 거기서는 베트남 군대와 크메르 루주 군인들 사이에 격렬한 싸움이 일어나고 있었어요. 우리는 폭탄이 터지고 총이 발사되는 한복판에서 자야 했어요. 총알들이 머리 위로 날아다녔지요. 우리가 할 수 있는 것은 아무것도 없었어요. 그다음 날 우리는 다른 수용소로 이동했어요. 이 수용소에서는 난민구호 단체들이 우리에게 약간의 음식과 거처를 만들 수 있는 플라스틱판 여러 장을 주었어요. 우리는 오빠를 찾아보았지만 찾을 수가 없었어요. 누군가가 오빠는 크메르 게릴라 군(Khmer Srai)에 가입했다고 말해 주었지요.

이 수용소에서의 생활은 쉽지 않았어요. 우리는 땅바닥에서 잤어요. 우기였기 때문에 항상 비가 왔어요. 때로는 내 몸의 절반이 물에 잠긴 채로 잠을 잤어요. 하지만 정말로 사느냐 죽느냐는 더 이상 아무 문제가 되지 않았어요. 우리는 그냥 흘러가는 대로 살았어요. 어머니는 대개 우리가 자는 동안에 우리를 보호하기 위해 자지 않고 깨어 계셨어요. 나는 줄곧 사람들을 위해 물을 길어 오는 일을 했어요. 사람들은 그 대가로 나에게 약간의 돈을 주었고요. 나는 하루에 30바트(약 1달러)를 벌었고, 가족들을 위한 물건을 사기 위해 돈을 모았지요.

몇 달 후에는 다시 오빠가 우리와 함께 있게 되었어요. 안도했던 것도 잠깐, 국경에서의 전투가 격렬해지자 우리는 다시 이동해야 했어요. 거기서 사는 것이 너무 위험해져 가고 있었어요.

우리는 안전을 위해 태국에 있는 난민 수용시설에 제때 도착해야 했어요. 걷고 달리고 몸을 피해 가며 이동했지요. 지뢰밭을 밟지 않도록 조심해야 했고요. 운 좋게도 가는 도중에 유엔(UN) 트럭이 우리를 태워 주었어요. 모든 것이 단숨에 이루어졌지요. 오빠는 그 기회를 놓쳤고, 우리는 또다시 오빠와 헤어지게 되었어요. 트럭에 탄 사람들은 모두 헤어진 가족을 찾으며 울부짖고 있었지요. 너무 슬프고 혼란스러웠어요.

마침내 우리는 태국에 도착했어요. 유엔은 우리를 난민 수용시설에 넣어 주었지요. 가까스로 살아남을 수 있게 된 것이 기뻤어요. 유엔은 우리에게 우리만의 거처를 만들 수 있는 자재를 공급해 주었어요. (잠시 멈춤) 기둥과 플라스틱판 같은 거 말이에요. 이 모두가 행운이었지만, 나는 여전히 충격에서 벗어나지 못하고 있었어요. 유엔은 우리에게 정어리 통조림과 쌀과 식용유를 주었어요. 좋은 일이었지요(웃음). 수용시설에서의 생활은 나쁘지 않았어요. 때로는 태국 시장에서 음식을 사기 위해 몇몇 어른과 함께 수용시설 밖으로 몰래 나가기도 했어요. 그러면 안 되는 거였지만, 호기심으로 그렇게 했지요. 나는 한 번 잡혀서 3일 동안 감옥에 갇히고 머리를 깎였어요. 어머니는 그 3일 동안을 울면서 나를 찾아 헤매셨어요. 내가 처형당했다고 생각하셨던 거죠.

나는 수용시설 안에 있는 초등학교에 다녔고, 크메르어를 배웠어요. (잠시 멈춤) 그곳에서의 생활은 즐거웠어요. 사람들은, 태국 사람들은 도움을 주었고 친절했어요. 나는 수용시설에서 태국 친구들도 사귀었지요. 하지만 그 생활도 여섯 달뿐이었어요. 우리는 다른 수용소로 옮겨야 했어요. (잠시 멈춤) 우리가 편안함을 느끼게 되자마자 유엔은 그 수용시설을 폐쇄하기로 결정했고, 그에 따라 우리는 처음에 있었던 난민 수용시설로 되돌아가야 했어요. 아시다시피 왔다 갔다 이동하는 것이 쉽지 않았어요. 때로는 견딜 수 없을 만큼 힘들었지요.

돌아와서 나는 구호 단체에서 제공하는 공중보건 수업을 들었어요. 공부해서 시험에도 통과했지요. 그러고는 수용시설 안에 있는 탁아소에서 일했어요. 거기에서 남편이 될 사람을 만났지요. 우리는 함께 일했어요. 거기 있는 동안에 나는 항상 일하고 공부했어요. (잠시 멈춤) 그래서 수용시설 안에 있는 병원의 통역사라는 또 다른 직업을 갖게 되었지요. 아주 힘든 일이었지만, 중요한 일이기도 했어요. 나는 외국 의사들과 간호사들이 부상당한 크메르 병사들을 돌볼 수 있도록 도왔지요. 병원에는 매일 수많은 병사가 들어왔어요. 그렇게 심하게 고통스러워하는 사람들을 보는 것은 나에게도 무척이나 힘든 일이었어요.

우리가 처음에 있었던 그 수용시설에 다시 머무는 동안 일어났던 한 가지 좋은 일은 오빠와 다시 재회했다는 것이었어요. 오빠는 미국 대사관에서 통역사로 일하고 있었지요. 우리는 미국에 귀화하기 위해 신청서를 제출하게 됐고, 받아들여졌어요. 이내 우리는 영어를 배우기 위해 일시체류 수용소로 보내졌어요. 필리핀에 있는 또 다른 일시체류 수용소로 떠날 때까지 한 달을 거기서 머물렀지요. 필리핀에 있는 그 수용소는 아름다웠어요. 바닷가의 오른편에 있었지요. 음식과 과일도 풍성했고, 사람들도 다정하고 친절했어요. 나는 긴장을 풀고 마음 편히 영어를 배웠어요. 필리핀에서 기다리는 동안, 나는 수용시설 내의 탁아소에서 함께 일했던 동료와 결혼을 했지요.

내가 결혼을 하고 얼마 안 되어서, 어머니와 형제들은 플로리다로 떠났어요. 나는 남편과 남아 있게 되었고요. 우리는 1984년에 필리핀을 떠나 미국으로 왔어요. 잔학함과 대량 학살만을 보고 살았던 전쟁 지역에서 왔던 터라, 나는 미국에서 본 모든 것에 압도되었지요. 모든 것이 너무 달랐어요. 나는 영어를 알아들을 수가 없었어요.

사람들은 내가 알아듣기에는 너무 빨리 말했고, 내 악센트는 사람들이 알아듣기에 너무 어려웠어요. 그러면 어떻게 하시겠어요? 나는 몹시 좌절하고 말았어요. 늘 우울하고 외롭고 혼란스러웠지요. 여기에서 살고 싶지 않았고요. 내가 왜 여기에서 살아야 하는지, 그 이유를 알 수가 없었어요. 나는 내 과거에 대한, 조국인 캄보디아에 대한 생각을 멈출 수가 없었어요.

영어를 배우는 것은 나에게 진정한 투쟁이었지요. 내 악센트가 너무 안 좋아서 사람들은 항상 내 영어를 이해하기 어려워했어요. 나는 내 여생을 여기에서 보내야 한다는 것을 알았기 때문에 영어를 배우려고 정말 열심히 노력했어요. 나는 무엇이라도 해야 했지요. ESL 수업에도 다니고요. 그래서 영어를 조금 더 잘할 수 있게 되었지만 여전히 내 악센트와 발음엔 문제가 있어요.

남편의 귀화한 가족들과 함께 사는 것은 어려운 일이었어요. 가족들은 나에 대해서 몰랐고, 그래서 나를 이해하지 못했어요. 나는 의지할 사람이 남편밖에 없었어요. (잠시 멈춤) 나는 슬펐고, 어찌할 바를 몰랐고, 사랑받지 못한다고 느꼈기 때문에 내내 울고 지냈어요. 삶의 희망을 잃었지요. 그러고는 아기를 가진 것을 알았어요. 임신은 모든 것을 변화시켰지요. (잠시 멈춤) 좋은 쪽으로 말이에요. 임신은 나에게 힘과 희망을 안겨 주었어요. 나는 무엇이라도 해야 했어요. 내 삶의 행로를 변화시켜야 했지요. 여기까지 왔으니 계속 앞으로 나아가야 했어요. 나는 먹을 것조차 전혀 없었던 그 전쟁 동안 캄보디아에서 있었던 시간들을 생각했지요. 캄보디아에서는 많은 것을 할 수 없었지만, 적어도 미국에서는 먹을 음식과 살 집이 있잖아요. 나는 여기까지 올 수 있었으니까 이 기회를 잘 활용해야 했어요. 나는 무언가를 하기 위해 앞으로 나가기 전에 교육을 받아야 한다고 생각했어요. 나는 나 자신을 일으켜 세워야 했지요.

나는 GED[3] 강좌에 등록했어요. 수업 첫날은 즐겁지 않았어요. 대부분의 학생들은 나와 같은 십대 엄마들이었어요. 내가 환영받는다고 느껴지지 않았어요. 학생들은 내 악센트를 비웃었고요. 한번은 선생님께서 나에게 책에 있는 한 문단을 읽어 보라고 하셨어요. 내 악센트가 너무 우습게 들려서 한 학생이 너무 심하게 웃다가 의자에서 떨어졌어요. 나는 너무 창피했고 (잠시 멈춤) 너무 화가 났어요. 선생님은 그 학생을 호되게 꾸짖으셨어요. 마음이 너무 아팠지요. 그 아이

---

3) 미국에서 고등학교를 마치지 못한 사람들이 수업을 듣고 시험을 통과하여 얻을 수 있는 공식적인 수료증을 일컫는 것으로, 우리나라의 고등학교 졸업 검정고시와 유사한 것이다. –역자 주

는 단지 내가 어디에서 왔는지 몰랐던 것뿐이에요. 내가 외부인임이 명백히 와 닿았어요. 나는 그 아이들의 친구가 아니었어요. 마이클 잭슨이 누구인지도 몰랐고요. 텔레비전 토크쇼에 나오는 사회자들도 하나도 몰랐기 때문에 나는 그 아이들의 대화에 낄 수가 없었어요. 나는 항상 외부인이었지요.

딸을 낳은 후에 나는 집에서 공부를 했어요. 가정교사가 과제를 도와주러 집으로 오셨지요. 남편과 나는 시댁에서 나왔어요. (잠시 멈춤) 내가 마침내 GED 시험에 합격하는 데는 3년이 걸렸어요. 대단한 성취라고 할 만한 것이었지요. 지역신문에 나에 대한 기사가 실렸어요. 졸업식에 참석했을 때는 너무 좋아서 구름 위를 걷는 듯했어요. 나는 행복했고 내 자신이 자랑스러웠어요. 하지만 동시에 아버지와 어머니가 내 생애에 이처럼 중요한 날 함께하시지 못해서 너무 슬펐어요.

GED를 받은 후에 나는 직업을 갖기 위해 지원서를 냈어요. 통역사로 고용되었지요. 나는 통역사로 얼마 동안 일했어요. 1년 여쯤 후에 나는 상사에게 내가 상담을 할 수 있는지 물었고, 상사는 허락해 주었지요. 처음으로 상담을 하게 되었을 때 나는 정말 긴장했어요. 나는 의뢰인에게 내가 실수를 하더라도 이해해 달라고 말했지요. 상사는 내가 영양과 상담 분야에서 좀 더 교육을 받을 수 있도록 보스턴으로 보내 주었어요. 나는 커뮤니티칼리지에서도 영양과 상담에 관한 두 과목을 수강했지요. 나는 늘 아주 열심히 했어요. 숙제는 항상 어려웠지요. 숙제를 마치는 데는 늘 오랜 시간이 걸렸어요. 결코 쉽지 않았지만, 나는 배우는 것을 좋아했어요. 나는 영양에 관련된 상담을 할 수 있는 자격을 얻었고, 지금까지 8년 동안 일해 왔어요.

1989년에 나는 기태 임신(molar pregnancy)이라는 진단을 받았어요. 태반은 계속 커졌지만, 그 안에 아기는 없었지요. 의사선생님이 수술을 해서 태반을 깨끗이 제거하려고 했지만, 잘되지 않았어요. 의사선생님이 내가 죽을 수도 있다고 말할 만큼 심각한 상황이었지요. 누군가가 당신에게 앞으로 살날이 몇 달밖에 안 남았다고 말했다고 상상해 보세요. 끔찍한 일이지요. 내 딸은 아직 세 살밖에 안 되었고요. 나는 보스턴에 있는 한 병원으로 항암치료를 받으러 다녔어요. 항암치료는 내가 정말로 아프다고 느끼게 만들었지요. 한 번 주사를 맞을 때마다 2주 동안 앓았어요. 나는 일할 수도 먹을 수도 스스로 몸을 추스를 수도 없었어요. 항암치료를 받은 후에는 숨도 잘 쉴 수 없었지요. 나는 너무 비참해서 몇 번이나 자살하고 싶었어요. 완전히 제정신이 아니었지요. '항암치료'라는 말을 들을 때마다 울었어요. 이상 호르몬을 제거하기 위해 6개월간 항암치료를 받았어요. 지금은 괜찮지만 항암치료를 받고 나면 더 이상 같은 사람이 아닌 거예요. 침울하고 참을성 없고 쉽게 지쳐 버려요. 정말 마음을 편히 하려고 노력해야 하지요.

나는 지금 파트타임으로만 일하고 있어요. 아이와 많은 시간을 보내고, 삶을 즐기려고 노력하고 있지요. 과거에는 늘 생존을 위해 투쟁해야 했기 때문에 좋은 시간을 갖는 것에 대해 생각할 틈이 없었어요. 두 번이나 죽음에 직면하면서 무슨 일이든 일어날 수 있다는 걸 알았지요. 나는 전쟁으로 어린 시절을 잃었고, 아파서 거의 죽을 뻔했어요. 이제 살아갈 기회를 얻었으니 삶을 즐겨야 하는 거죠.

인생은 너무 짧아요. 하루하루가 쏜살같이 지나가지요. 처음에는 학교를 계속 다니고 싶다고 생각했지만, 압박감을 견뎌 내기 어려울 거라고 실감하고 있어요. 하지만 괜찮아요. 지금 상태로 만족해요. 가족이 있잖아요.

개입하면 개입할수록 더 머리가 아프기 때문에, 나는 여기 있는 캄보디아 사람들과는 최소한의 접촉만 유지하고 있어요. 캄보디아 사람들은, 전에는 서로 사랑했지만 여기서는 [다르지요]. 여기 있는 많은 사람이 아직 과거로부터 벗어나지 못하고 있어요. 여전히 혼란스러워하고 극복해 내는 데 어려움을 겪고 있지요. 나는 나 자신의 고통스러운 과거를 극복하기 위해 정말 열심히 노력했지만, 어떤 사람들은 그런 극복 방법조차 모르고 있어요. (잠시 멈춤) 그 사람들은 내가 너무 미국인처럼 되어 간다고 비난하지요. 나는 그 말이 무슨 뜻인지 모르겠어요. 나는 미국인이 아니거든요. 나는 정말로 내가 누구인지 알지는 못하지만, 내가 있는 곳을 좋아해요. 때로는 정말 어디에도 꼭 맞지 않다는 것이 혼란스럽기는 하지요. 나는 어린 시절의 대부분을 총알을 피하는 데 보냈기 때문에 캄보디아의 문화에 대해서는 많이 알지 못해요. 나는 지금 내 아이들에게 가르쳐 주기 위해 캄보디아 문화를 배우려고 해요. 그래요, 나 자신의 뿌리에 대해 많이 알지 못한다는 것은 우스운 일이지요.

나는 대체로 내가 아주 운이 좋다고 생각해요. 나는 내가 좋아하는 직업도 있고, 나를 지원해 주는 남편도 있고, 사랑스러운 두 아이도 있지요. 절친한 동료들도 있고요. (잠시 멈춤) 나는 과거에 대해 너무 많이 생각하지 않으려고 해요. 그렇지만 잊을 수 없는 것을 어떻게 잊을 수 있겠어요? 나는 다 기억해요. 사실은 내 과거에 대해 책을 써 보려고 하고 있지요. 내 영어 실력이 빈약해서 전혀 말이 안 될 수도 있겠지만, 영어로 쓰고 있어요. 어쨌든 글을 쓰는 것이 고통을 완화시켜 주기 때문에 쓰고 있어요. 아마도 내 이야기를 통해 진실을 알게 되는 사람들도 있을 거예요. 나는 그 전쟁 동안 나에게 일어났던 모든 일을 기억하지만, 그 일들은 더 이상 나를 괴롭히지 않아요. 내가 고대하고 (잠시 멈춤) 원하는 미래가 있으니까요. 내 과거는 아주 암울했고, 그 과거를 변화시키기 위해 내가 할 수 있는 일은 아무것도 없어요. 과거를 없었던 것으로 되돌려 놓을 수는 없잖아요. (잠시 멈춤) 그렇지요, 내가 할 수 있는 것은 앞으로 나가는 것뿐이에요. 나는 아이들을 위해 강해져야 해요. 삶은 뜻밖의 일들로 가득 차 있어요. 오늘은 우리가 웃고 있고 행복하다고 느끼지만 내일은 누가 아나요? 영원히 변치 않는 것은 아무것도 없다는 것을 알아요. 나 자신밖에 의지할 사람이 없다는 것도 알고요. 내가 힘이 있을 땐, 사람들이 나를 알아주지요. 내가 힘을 없을 땐, 사람들이 나를 밟고 올라서고요. 나는 강하고 준비된 사람이에요. 만일 내일 내게 아주 나쁜 일이 일어난다 해도 나는 쓰러지지 않을 거예요. 가장 나쁜 일들은 이미 다 내게 일어났잖아요, 병, 전쟁 같은 거요. 나는 내가 무슨 일이든 감당해 낼 수 있다고 생각해요(Fuderich, 1995).

베티(Betty): 오랜 경험이 있는 보육교사
Marguerite Sheehan

올해가 [어린이집 교사로] 9년째예요. 오래됐지요. 처음에는 딱 일 년만 해 보려고 했어요. 딸아이가 어떻게 생각하는지 보려고 말이지요. (잠시 멈춤) 나는 어린이집에 대해 잘 모르고 있었어요. 그저 여러 아이가 와서 노는 거라고 생각했어요. 실제로 얼마나 많은 일이 이루어져야 하는지 실감하지 못했던 거지요. 하지만 곧 일상이 되어 버렸어요. 먹고, 공원에 가고. 이 부근에 보육교사가 두 명 더 있는데, 매일 아침 놀이터에 나온다는 것을 알게 되었어요. 이런 식으로 많은 사람을 만났지요. 나는 전에는 결코 몰랐던 보육에 대해, 특정 연령에 할 수 있는 특별한 활동에 대해 알게 되었어요. 내 딸을 키우는 데도 많은 도움이 되었지요. 딸아이에게도 좋은 일이었어요. 심지어 내가 가정 문제로 법적인 보호를 받고 있는 아이들을 맡고 있을 때조차도, 딸에게 모든 사람이 우리와 같은 방식으로 사는 것은 아니라는 것을 가르쳐 주는 기회가 되었지요. 남편에게도 도움이 되었고, 가족 전체에도 도움이 되었어요.

나는 [갓난아기일 때 입양되어] 외동으로 자랐지만 아파트에 살았기 때문에 항상 주변에 아이들이 있었어요. 나는 늘 아이들을 보살펴 주었지요. (잠시 멈춤) 어머니는 평생 주부로 사셨어요. 아버지는 여자란 집에 있으면서 가정과 아이들을 돌봐야 한다는 생각을 가진 분이셨지요. 그렇지 않았다면 우린 경제적으로 여유가 있었을 거예요. 나는 종종 어머니를 귀찮게 했어요. 어머니는 나와 집에 있는 대신 나가서 일을 하고 싶어 하셨지요. 하지만 얼마 지나지 않아서 어머니는 더 이상 개의치 않게 되셨던 것 같아요.

[요즘] 재미있는 것은 아이들이 내 주위를 돌며 "아줌마는 왜 일하지 않으세요? 왜 직업이 없어요?"라고 물으면, 나는 아이들에게 설명하려고 노력하지요.

나는 일을 하고 있다고, 나는 아이들을 돌보고 있다고요. [아이들은 말하죠.] "아니에요, 그렇지 않아요. 왜 사람들은 아줌마에게 돈을 주는 거죠? 아줌마는 일도 하지 않잖아요."

[이웃에 사는] 사람들은 얼마 지나지 않아 내가 누구인지 알게 되지요. "선생님이 아이들과 함께 오시네." 사람들은 나를 알아보고 길 건너는 것을 도와주지요. 사람들은 나에게 고맙게 생각하지만, 항상 이렇게 말하곤 하지요. "맙소사, 어떻게 그런 일을 할 수 있어요? 나는 절대 못해요. 여섯 명의 아이를 돌보다니요. 나라면 차라리 공장에서 일하는 것이 낫겠어요." 때로는 가게에 갈 때도 사람들이 그런 눈으로 쳐다보지요. 하지만 난 신경 쓰지 않아요. 신경 쓸 필요도 없고요. 나는 더 이상 이런 일들 때문에 괴롭지 않아요. (잠시 멈춤)

가끔 '나는 이 일을 더 이상 할 수 없어. 그만두어야 해. 점점 미쳐 가는 것 같아.'라고 느낄 때도 있어요. 그러고는 처음 왔을 때 말을 전혀 못했거나 무척 수줍어했던 아이가 갑자기 와서 나를 안아 주면, 내가 무엇인가를 성취했음을 알기에 기분이 좋아지지요. 그렇게 되기까지는 오랜 시간이 필요하겠지만, 그 아이는 결국 마음의 문을 열게 된 것이지요. 정말 기분 좋은 일이에요. (잠시 멈춤)

얼마 전에 이런 말을 들었어요. "다른 일을 해 보고 싶지 않으세요? 이 일이 뭐가 좋으세요? 앞으로의 전망은 어떨까요? 알다시피 승진도 없잖아요." 하지만 나에게는 승진이라는 게 있어요. 한 아이가 들어와서 결국 말문을 열게 되거나, 나를 꽉 안아 주거나, 떠날 때가 되었을 때 눈물을 흘리는 것 같은 일들이 나를 정말로 기분 좋게 해 주지요. 그런 것들이 나에게는 승진인 거죠. 진부하게 들릴지 모르지만 사실이에요.

[아이들은] 어른들이 기대하는 방식대로 살아가지 않아요. 늘 떠들고 웃지요. (잠시 멈춤) 나는 특이한 경험을 한 적이 있어요. 한 남자아이가 나에게, 내 엉덩이를 걷어찰 건데 어떻게 할 거냐면 칼로 하겠다는 거였어요. [그 아이가 말하기를] "그게 사람들을 잘라 버리는 방법이지." 그 아이가 다음 날 왔을 때는, 보통 열쇠고리에 달고 다니는 작은 병따개가 운동화 속에 있었어요. 그 아이는 병따개를 나에게 보여 주었지요. [그러고는 다시 이렇게 말했어요.] "그게 사람들을

잘라 버리는 방법이지." 나는 정말 겁이 났어요. '이 아이는 돌려보내야 해, 위험한 아이야.'[라고 생각했어요.] 하지만 그 아이는 정말로 위험한 아이가 아니었어요. 대부분의 경우 문제가 있는 것은 아이들이 아니에요. 부모들이 문제이지요. 아이들은 어떻게 해서든지 무의식적으로 억압된 감정을 행동으로 표출해 내는 것뿐이에요.

나는 많은 경우에 보육이 실제로 부모들에게 도움이 된다고 생각해요. 만약 하루 중 특정 시간 동안 아이와 떨어져 있을 수 있다면 부모들에게는 휴식을 주는 것이고, 바라건대 부모들이 휴식이 있음을 인식하게 된다면 다른 일들도 점차 잘해 나갈 수 있을 거예요. 시간이 지나면서 점차 부모들을 알아 가게 되고, 앉아서 커피를 마시고 있으면 많은 부모가 찾아와 울면서 어떤 일들이 있었는지 나에게 털어놓곤 하지요. 자기들의 어린 시절에 있었던 일부터 전날 밤에 있었던 일까지요. 때로는 그 사람들에게 정말로 공감을 하게 되기도 하지요. (잠시 멈춤)

몇몇 방어적인 성향의 부모는 나를 대하는 것을 꺼려 하기도 해요. 느낄 수 있지요. 심지어는 아이가 없어졌는데도 나에게 알리지 않거나, "뭐가 큰일이에요? 선생님은 알 필요 없어요."라고 하지요. 아마도 그 부모들에게는 내가 위협적으로 느껴지나 봐요. 만일 아이가 아침에 내가 보고해야 하는 종류의 일에 대해 이야기한다면 말이에요. (잠시 멈춤) 부모들 역시 어려움이 있어요. 어떤 부모들은 정말 홀로 고립되어 있지요. 그래도 아이를 학대하거나 방임하지는 않아요. (잠시 멈춤) 내가 잘못 알고 말해서 그 부모들을 어렵게 할 수도 있어요. 나는 그런 쪽의 전문가가 아니잖아요. (잠시 멈춤)

우리는 한 달에 한 번 정기적으로 만나는 지지 모임을 갖고 있어요. 보육교사 네 명과 사회복지사 한 명으로 구성되어 있지요. 그 모임에서 우리는 아이들을 돌보면서 생기는 문제들에 대해 토론하고, 이런 문제들이 있을 때 다른 사람들은 어떻게 대처할 것인지에 대해 이야기 나누지요. 나는 이런 문제들 때문에 많은 보육교사가 일을 그만둔다고 생각해요. 특히 혼자 고립되어 있는 교사들은 더 그렇지요. 이야기할 사람이 아무도 없어요. 하루 종일 어린아이들하고만 이야기하지요. 나도 마찬가지예요. 생일파티에 가서도 어른들이 아닌 어린아이들과 함께 있는 나 자신을 보게 되곤 하지요. 아이들과 있을 때 편안함을 느껴요. 너무 혼자 고립되어 지내기 때문에 때로는 어른들에게 무슨 말을 해야 할지 모를 때가 있어 요. 그렇기 때문에 지지 모임을 갖는 것이 좋다는 거예요. (잠시 멈춤) 단지 한 시 간 반에서 두 시간 정도 모이지만 다른 사람들의 이야기를 듣게 되는 거지요. 그 저 앉아서 다른 어른들과 이야기하는 것만으로도 기분이 무척 좋아져요.

나는 아이들 개개인마다의 일지를 기록해서 보관해요. 최근에 자기가 돌보고 있는 아이를 학대한 혐의로 고발된 보육교사들에 대한 이야기를 들어 보셨을 거 예요. 이런 경우에 몇 달 전으로 되돌아갈 수 있다면 큰 도움이 되지요. 기록을 보고 "잠깐만요, 이 아이는 [그날] 등원하지도 않았어요."라든가 무슨 말이든 할 수가 있잖아요. 이런 도움이 내가 [보육] 제도에서 좋아하는 부분이기도 하고요. 그 당시로 되돌아갈 수 있고, 교사를 옹호해 줄 수 있으니까요. [만약] 누군가가 9년이 지나도록 당신을 알지 못한다면, 결코 당신을 알 수 없을 거라는 말이지 요. (잠시 멈춤)

그런 일이 나에게도 생겼어요. 아이의 부모가 나에게 전화했을 때, 나는 화가 났어요. 만일 그 사람이 여기 있었더라면, 내가 정말 어리석은 일을 저질렀을지 도 모르겠어요. 그 어머니는 "아이가 매일 멍이 들어서 집에 오는데, [무슨 일이 일어나고 있는 건지] 알아야겠어요."라는 말로 시작해서 전화에 대고 악담을 퍼 붓다가 이내 상황이 악화되자, "내 변호사가 당신을 만나러 갈 거예요. 법적으로 해요."라고 했지요.

마지막에 나는 "이봐요, 나는 이 일을 무척 오래 해 왔고, 누구도 학대한 적이 없어요."라고 말했어요. 나는 무척 화가 났지요. "이런 직업을 갖다니 내가 미쳤 지."라고 혼잣말을 했지요. 나는 아직도 그 아이에게 왜 멍이 생겼는지 모르겠어 요. 마치 그 부모는 아이의 머리에서 발끝까지가 검푸른 멍이 든 것처럼 말했지 만, 실제로 멍은 양쪽 무릎 주변 두 곳에 작은 동전 크기보다도 작게 생겼었지요. 아마도 아이가 기어 다니다가 생긴 것 같아요. 나는 멍이 있는 것을 부정하는 것 이 아니라 내가 누군가에게 상처를 입혔다는 그 사실을 부정하는 거예요. 이런 일들은 나를 무척이나 화나게 만들어요. 아마도 이런 이유로 많은 사람이 보육교사를 그만둔다고 생각해요. 만약에 사람들이 상대편 [부모]의 말을 믿는다면 어떻게 하나? 어린이집의 문을 닫게 하면 어쩌나? 수사를 받게 될까? 그러는 동안 무슨 일이 일어날까? 하는 생각 때문인 거지요.

어쩌면 아이가 진짜로 아프기 때문에 이런 일이 생겼을 수도 있었어요. 나는 그 어머니에게 아이를 병원에 데려가 보라고 끊임없이 이야기했었어요. 나는 사회복지사에게 아이가 의사에게 진찰을 받았으면 한다고, 아니면 어린이집으로 다시 오지 않았으면 한다고 이야기했어요. 이 일은 금요일에 일어났고, 나는 월요일에 소환되었어요. 그 사람들은 내가 정말로 그 아이와 더불어 다른 아이들을 보육하는 데 호의를 가지고 있었다는 것을 모르는 채 나를 위협했었지요. (잠시 멈춤)

몇 년 전에는 남편이 나에게 "당신 이제 일을 그만 두면 어때?"라고 말하곤 했었어요. 지금은 "진정해. 그 사람들도 내일이면 마음을 가라앉힐 거야."라고 하지요. 나는 내 아이들이나 남편한테 이야기할 수 있어요. 대화할 상대가 있으면 도움이 되지요. (잠시 멈춤)

결국 어린 아기를 위탁가정으로 의뢰했던 경우도 있었어요. 나는 우리가 그 아이를 계속 돌볼 수도 있었다고 생각하지만 가족에게 문제가 있었어요. 그 아이의 아버지는 나와 충돌했고, 나를 위협했고, 상황은 점점 감당하기 어려워졌지요. 그 아이를 볼 때면 마음이 너무 아파요. '내가 지켜주었어야 했는데…….' 하는 마음 같은 거요. 하지만 그때는 선택을 해야 했어요. 심지어는 딸아이가 겁에 질리게 되는 시점까지 갔었으니까요. 딸아이가 전화를 받고 공포에 떨었고, 그래서 우리는 결정을 내려야 했어요. 공포를 느끼며 살 수는 없었어요. 나는 내 딸이 공포를 느끼며 살기를 원하지 않았지요. (잠시 멈춤)

아이들이 정말로 나를 신뢰하면 기분이 좋아지는 것 같아요. 그 아이들이 와서 나와 함께 일과를 보낼 수 있는 공간이 있는 것이고, 일어났던 일들을 나에게 이야기하지요. 삶에 문제가 있던 두 어머니가 있었어요. 그중 한 어머니가 들러서는, 나에게 남편과 작은 문제가 있다고 털어놓았어요. 그 어머니는 전에는 결코 와 본 적이 없는 곳에 와서 이야기하는 것이었어요. 그러니까 신뢰하기 시작

하는 것은 아이들과 부모 모두가 되는 것이지요. (잠시 멈춤)

내가 맡고 있는 아이들은 모두가 버스를 타고 와요. 세 살짜리 아이들에게는 힘든 일이지요. (잠시 멈춤) 갑자기 큰 버스가 다가오는 것 자체가 이미 겁나는 일이거든요. 엄마가 아이를 버스에 태우면 버스는 이내 출발하지요. 아이는 집에 돌아가게 될 수 있을지에 대해서도 모르는 거고요. 몇몇 아이는 어린이집에 오기 전에 위탁가정에 머물고 있었어요. 그 아이들은 자기 집으로 돌아갈 수 있을지조차도 알 수 없는 거였지요.

[아이들이 어린이집을 떠날 땐] 정말로 힘들어요. 나는 부모들에게 자녀가 마지막 날에 꼭 등원할 수 있도록 해 달라고 이야기하지요. 여기에 더해서 며칠 동안 아이들에게 누군가가 무슨 이유로든 떠나게 될 수 있다고 이야기해 줘요. 그랬는데도 그 아이가 오지 않는다면, 아무도 무슨 일이 일어나고 있는지 알 수 없기 때문에 그 아이를 위해서도 다른 아이들을 위해서도 옳지 않다고 생각해요. 아이들을 떼어 내서 다른 곳에 보내 버리고는 잊어버리는 것과 같은 것이지요. 나는 아이들이 자기가 다른 곳으로 가게 될 것임을 아는 것이 중요하다고 생각해요. 아마도 아이들은 '선생님이 더 이상 그 아이가 오는 것을 원하지 않아서 못 오는 걸 거야.'라고 생각할 수도 있어요. 어쩌면 그 전날에 내가 그 아이한테 '그렇게 하면 안 돼.'라고 이야기했을 수도 있어요. 그랬다면 아이들은 그 아이가 나쁜 일을 해서 다시는 여기에 올 수 없다고 믿을 수도 있지요.

때때로 나는 누군가가 나에게 전화해서 "정말이지 내가 누군가에게라도 이야기할 수 없다면 이 아이를 죽일지도 몰라요."라고 말해 주길 바라요. 나도 딸아이가 아주 어렸을 때 그런 감정을 가져 보았고, 딸아이가 밤에 잠을 자지 않아서 괴로워했던 적이 있었지요. 머리를 베개로 감싸고 침대 위에 앉아서 "하느님! 제발 도와주세요. 더 이상은 견딜 수가 없어요."라고 말했던 기억도 많이 있어요. 나도 아주 똑같은 마음을 가졌었어요. 하지만 그러고 나서는 이내 냉정을 되찾고, 아이를 안고, 아이가 3시간을 더 울더라도 아이를 달래기 위해 마루를 왔다 갔다 서성이게 되지요. 아이가 있는 모든 사람이 그런 마음을 가지고 있을 거예요.

어쩌면 내가 입양되었기 때문에, 그래서 더 그런지 몰라도, 아이들이 상처받지 않도록 (잠시 멈춤) 해 주고 싶은 건지도 모르겠어요. (잠시 멈춤) 아이한테는 정말 괴로운 일이지요. 내가 생각해 낼 수 있었던 것은 '나한테 무슨 문제가 있는 거야.'라는 것뿐이었어요. 아이들은 모두 사랑스러워요. 누가 아이를 사랑하지 않을 수 있겠어요? 그런데 내가 뭘 잘못한 걸까요? 내가 너무 많이 울었던 걸까요? (잠시 멈춤) 내가 친동생을 만났을 때, 동생도 나와 똑같이 느끼고 있었지요. (잠시 멈춤) 동생도 평생 아이들을 곁에 두고 있었다고 했어요.

나는 다른 일도 해 보았어요. 미용학원에도 다녔었고, 공장에서도 일해 봤어요. 돈도 많이 벌었고요. 하지만 지금까지 이 일을 제일 오래 해 왔고 즐기고 있어요. 잠시 동안 다른 일을 해야 할 때도 있는데, 일과를 마친 후에 하려고 노력하지요.

남편은 일하는 시간이 나와 달라요. 남편은 집에 돌아오는 것을 기뻐하고 집에 있는 것을 좋아하지요. 반대로 나는 집에 있는 것을 갑갑해하고 밖으로 나가고 싶어 하는 편이에요. 요즘 우리는 한 주는 아이들과 함께 보내고, 한 주는 둘이서만 같이 보내요. 남편은 교도소에서 일해요. 둘이 마주 앉아서 남편은 교도소에 대해 이야기하고 나는 어린이집에 대해 이야기하지요. 우리는 서로를 쳐다보며 말하지요. "우린 미쳤나 봐! 뭔가 해 보자. 일에서 벗어나 보자고"(Sheehan, 1989).

참고문헌

•

Interviewing as Qualitative Research

Adams-Hutcheson, G., & Longhurst, R. (2016). "At least in person there would have been a cup of tea": Interviewing via Skype. *Area, 49*(2), 148-155. doi: 10.1111/area.12306

Al-Amer, R., Ramjan, L., Glew, P., Darwish, M., & Salamonson, Y. (2014). Translation of interviews from a source language to a target language: Examining issues in cross-cultural health care research. *Journal of Clinical Nursing, 24*(9-10), 1151-1162. doi: 10.1111/jocn.12681

American Anthropological Association. (1983). *Professional ethics: Standards and procedures of the American Anthropological Association.* Washington, DC: Author.

American Anthropological Association. (2012). Principles of professional responsibility. Retrieved from ethics.americananthro.org/category/statement

Amerine, M. C. (2017). Wrestling over republication rights: Who owns the copy-right of interviews? *Marquette Intellectual Property Law Review, 21*, 159. doi: 10.2139/ssrn.2878800

Anderson, B. A., Silver, B. D., & Abramson, P. R. (1988). The effects of the race of the interviewer on race-related attitudes of Black respondents in SRC/CPS national

참고문헌

election studies. *Public Opinion Quarterly, 52*(3), 289-324. doi: 10.1086/269108

Anderson, P. V. (1996). Ethics, institutional review boards, and the involvement of human participants in composition research. In P. Mortensen & G. E. Kirsch (Eds.), *Ethics and representation in qualitative studies of literacy* (pp. 260-285). Urbana, IL: National Council of Teachers of English.

Annas, G. J. (1992). The changing landscape of human experimentation: Nuremberg, Helsinki and beyond. *Health Matrix: The Journal of Law-Medicine, 2*(2), 119-140.

Annas, G. J. (2018). Beyond Nazi war crimes experiments: The voluntary consent requirement of the Nuremberg Code at 70. *American Journal of Public Health, 108*(1), 42-46. doi: 10.2105/AJPH.2017.304103

Annas, G. J., & Grodin, M. A. (1992). Introduction. In G. J. Annas & M. A. Grodin (Eds.), *The Nazi doctors and the Nuremberg Code* (pp. 3-11). New York, NY: Oxford University Press.

Appelbaum, P. S., Lidz, C. W., & Meisel, A. (1987). *Informed consent: Legal theory and clinical practice.* New York, NY: Oxford University Press.

Aries, E. (2008). *Race and class matters at an elite college.* Philadelphia: Temple University Press.

Aristotle. (1976). *The ethics of Aristotle: The Nicomachean ethics* (J. A. K. Thomson, Trans.). London, UK: Penguin.

Audience Dialogue. (2012). Software for qualitative research. Retrieved from audiencedialogue.net/soft-qual.html

Bailyn, B. (1963). Education as a discipline. In J. Walton & J. L. Luwethe (Eds.), *The discipline of education* (pp. 126-129). Madison: University of Wisconsin Press.

Banner, D. J., & Albarran, J. W. (2009). Computer-assisted qualitative data analysis software: A review. *Canadian Journal of Cardiovascular Nursing, 19*(3), 24-31.

Beall, J. (2018, April 27). Yes, you can still be fired for being gay, even in America. *Las Vegas Sun.* Retrieved from lasvegassun.com/news/2018/apr/27/yes-you-canstill-be-fired-for-being-gay-even-in-a/

Becker, H., & Geer, B. (1957). Participant observation and interviewing: A comparison. *Human Organization, 16*(3), 28-32.

Beckman, M., & Hall, R. (2013). Elite interviewing in Washington, D.C. In L. Mosley (Ed.), *Interview research in political science* (pp. 93-103). Ithaca, NY: Cornell University Press.

Bell, L., & Nutt, L. (2002). Divided loyalties, divided expectations: Research ethics, professional and occupational responsibilities. In M. Mauthner, M. Birch, J. Jessop, & T. Miller (Eds.), *Ethics in qualitative research* (pp. 70-90). London, UK: SAGE. doi: 10.4135/9781849209090.n4

Bernard, H. R. (1994). *Research methods in anthropology* (2nd ed.). Thousand Oaks, CA: SAGE.

Bernstein, B. (1975). *Class, codes and control. Volume 3. Towards a theory of educational transmissions.* London, UK: Routledge & Kegan Paul.

Bertaux, D. (Ed.). (1981). *Biography and society: The life history approach in the social sciences.* Beverly Hills, CA: SAGE.

Birch, M., & Miller, T. (2002). Encouraging participation: Ethics and responsibilities. In M. Mauthner, M. Birch, J. Jessop, & T. Miller (Eds.), *Ethics in qualitative research* (pp. 91-106). London, UK: SAGE.

Birt, L., Scott, S., Cavers, D., Campbell, C., & Walter, F. (2016). Member checking: A tool to enhance trustworthiness or merely a nod to validation? *Qualitative Health Research, 26*(13), 1802-1811. doi: 10.1177/1049732316654870

Blauner, B. (1987). Problems of editing "first-person" sociology. *Qualitative Sociology, 10*(1), 46-64.

Bloom, H. (2004). *Where shall wisdom be found?* New York, NY: Riverhead Books.

Blumer, H. (1969). *Symbolic interactionism: Perspective and method.* Englewood Cliffs, NJ: Prentice Hall.

Bogdan, R., & Taylor, S. J. (1975). *Introduction to qualitative research methods: A phenomenological approach to the social sciences*. New York, NY: Wiley.

Borkowski, D. (2004). "Not too late to take the sanitation test": Notes of a non-gifted academic from the working class. *College Composition and Communication, 56*(1), 94-123.

Boushel, M. (2000). What kind of people are we? "Race," anti-racism and social welfare research. *British Journal of Social Work, 30*(1), 71-89.

Bowden, C., & Galindo-Gonzalez, S. (2015). Interviewing when you're not face-to-face: The use of email interviews in a phenomenological study. *International Journal of Doctoral Studies, 10*, 79-92. doi: 10.28945/2104

Brannen, J. (1988). The study of sensitive subjects. *Sociological Review, 36*(3), 552-563.

Brannen, J. (Ed.). (2017). *Mixing methods: Qualitative and quantitative research*. London, UK: Routledge.

Brenner, M., Brown, J., & Canter, D. (Eds.). (1985). *The research interview: Uses and approaches*. London, UK: Academic Press.

Briggs, C. L. (1986). *Learning how to ask: A sociolinguistic appraisal of the role of the interview in social science research*. New York, NY: Cambridge University Press.

Brinkmann, S. (2012). Qualitative research between craftsmanship and McDonaldization [A keynote address from the 17th Qualitative Health Research Conference]. *Qualitative Studies, 3*(1), 56-68. doi: 10.7146/qs.v3i1.6273

Brinkmann, S. (2013). *Qualitative interviewing*. New York, NY: Oxford University Press.

Brinkmann, S., & Kvale, S. (2014). *InterViews: Learning the craft of qualitative research interviewing* (3rd ed.). Thousand Oaks, CA: SAGE.

Bronowski, J. (1973). *The ascent of man: Knowledge or certainty, #11* [Film]. Paramus, NJ: Time-Life Video.

Bruner, J. (1996). *The culture of education*. Cambridge, MA: Harvard University Press.

Burke, K. (1990). The experience of communications majors. Unpublished manuscript,

University of Massachusetts Amherst.

Bury, J. B. (1932). *The idea of progress.* New York, NY: Macmillan.

Butcher, S. H. (Trans.). (1902). *Aristotle's Poetics.* London, UK: MacMillan.

Callaway, H. (1981). Women's perspective: Research as revision. In P. Reason & J. Rowan (Eds.), *Human inquiry: A sourcebook of new paradigm research* (pp. 457-471). Chichester, UK: Wiley.

Campbell, D. T., & Stanley, J. C. (1963). Experimental and quasi-experimental designs for research. In N. L. Gage (Ed.), *Handbook of research on teaching* (pp. 171-246). Chicago, IL: Rand McNally.

Capron, A. M. (2018). Where did informed consent for research come from? *The Journal of Law, Medicine & Ethics, 46*(1), 12-29. doi: 10.1177/1073110518766004

Carvajal, D. (2002). The artisan's tools. Critical issues when teaching and learning CAQDAS. *FQS Forum: Qualitative Social Research, 3*(2), Article 14.

Cassell, J. (1978). Risk and benefit to subjects of fieldwork. *The American Sociologist, 13*(3), 134-143.

Charmaz, K. (2014). *Constructing grounded theory* (2nd ed.). Thousand Oaks, CA: SAGE.

Chen, P., & Hinton, S. M. (1999). Realtime interviewing using the World Wide Web. *Sociological Research Online, 4*(3). doi: 10.5153/sro.308

Child Welfare Information Gateway. (2018). State laws on child abuse and neglect. Retrieved from childwelfare.gov/topics/systemwide/laws-policies/can/

Cleary, L. M. (1985). The experience of eleventh grade writers: The interaction of thought and emotion during the writing process (Doctoral dissertation). Retrieved from scholarworks.umass.edu/dissertations_1/3997/

Cleary, L. M. (1988). A profile of Carlos: Strengths of the nonstandard dialect writer. *English Journal, 77*(1), 59-64.

Cleary, L. M. (1990). The fragile inclination to write: Praise and criticism in the classroom. *English Journal, 79*(2), 22-28.

Cleary, L. M. (1991). *From the other side of the desk: Students speak out about writing.* Portsmouth, NH: Boynton/Cook.

Cleary, L. M. (2005, March 31). Research in progress: The ethics of cross-cultural research in educational settings: More questions than answers. Presentation at Forum Series on the Ethics of Person-Based Research, sponsored by the Graduate School, University of Massachusetts Amherst.

Cleary, L. M. (2013). *Cross-cultural research with integrity: Collected wisdom from researchers in social settings.* New York, NY: Palgrave Macmillan.

Cleary, L. M., & Peacock, T. D. (1997). *Collected wisdom: American Indian education.* Boston, MA: Allyn & Bacon.

Collins, P. H., & Bilge, S. (2016). *Intersectionality.* Boston, MA: Polity Press.

Compagnone, W. (1995). Student teachers in urban high schools: An interview study of neophytes in neverland (Unpublished doctoral dissertation). University of Massachusetts Amherst.

Conkright, S. L. (1997). *Personal adoption of the fundamental nature of participatory leadership: An interview study of the transformation of elites' business practice.* Washington, DC: George Washington University.

Cook, J. S. (2004). "Coming into my own as a teacher": English teachers' experiences in their first year of teaching (Doctoral dissertation). Retrieved from scholarworks. umass.edu/dissertations/AAI3136716

Cook, J. S. (2009). "Coming into my own as a teacher": Identity, disequilibrium, and the first year of teaching. *The New Educator, 5,* 274-292.

Corbin, J., & Morse, J. M. (2003). The unstructured interactive interview: Issues of reciprocity and risks when dealing with sensitive topics. *Qualitative Inquiry, 9*(3), 335-354. doi: 10.1177/1077800403009003001

Cotter, P. R., Cohen, J., & Coulter, P. B. (1982). Race-of-interviewer effects in telephone interviews. *Public Opinion Quarterly, 46*(2), 278-284. doi: 10.1086/268719

Crenshaw, K. (1989). Demarginalizing the intersection of race and sex: A black feminist critique of antidiscrimination doctrine, feminist theory and antiracist politics. *University of Chicago Legal Forum, 1989* (article 8), 139. Retrieved from chicagounbound.uchicago.edu/uclf/vol1989/iss1/8

Dana, N. F., Delane, D. C., & George, P. (2010). Reclaiming Camelot: Capturing the reflections of exemplary veteran middle school teachers in an age of high-stakes testing and accountability through narrative inquiry. In K. F. Malu (Ed.), *Handbook of research on middle level education* (pp. 151-172). Greenwich, CT: Information Age Publishing.

Dana, N. F., & Yendol-Hoppey, D. (2005). Becoming an early childhood teacher leader and an advocate for social justice: A phenomenological interview study. *Journal of Early Childhood Teacher Education, 26*(3), 191-206. doi: 10.1080/10901020500369647

Davidson, J. (2012). The journal project: Qualitative computing and the technology/aesthetics divide in qualitative research. *Qualitative Social Research, 13*(2). doi: 10.17169/fqs-13.2.1848

Davidson, J., & di Gregorio, S. (2011). Qualitative research and technology: In the midst of a revolution. In N. K. Denzin & Y. S. Lincoln (Eds.), *The SAGE handbook of qualitative research* (pp. 627-643). Thousand Oaks, CA: SAGE.

Davidson, J., & Jacobs, C. (2008). The implications of qualitative research software for doctoral work. *Qualitative Research Journal, 8*(2), 72-80.

Davis, J. (1984). Data into text. In R. F. Ellen (Ed.), *Ethnographic research: A guide to general conduct* (pp. 295-318). London, UK: Emerald Group.

Deakin, H., & Wakefield, K. (2014). Skype interviewing: Reflections of two PhD researchers. *Qualitative Research, 14*(5), 603-616. doi: 10.1177/1468794113488126

Dean, J., & Whyte, W. (1958). How do you know if the informant is telling the truth? *Human Organization, 17*(2), 34-38. doi: 10.17730/humo.17.2.55385ht75n416qp5

de Laine, M. (2000). *Fieldwork, participation and practice: Ethics and dilemmas in*

참고문헌

qualitative research. London, UK: SAGE.

Denzin, N. K., & Giardina, M. G. (Eds.). (2016). *Qualitative inquiry through a critical lens.* London, UK: Routledge.

Denzin, N. K., & Lincoln, Y. S. (Eds.). (2018). *The SAGE handbook of qualitative research* (5th ed.). Thousand Oaks, CA: SAGE.

Devault, M. L. (1990). Talking and listening from women's standpoint: Feminist strategies for interviewing and analysis. *Social Problems, 37*(1), 96–116. doi: 10.1525/sp.1990.37.1.03a00070

Dexter, L. A. (1970). *Elite and specialized interviewing.* Evanston, IL: Northwestern University Press.

Dey, I. (1993). *Qualitative data analysis: A user-friendly guide for social scientists.* London, UK: Routledge.

Dollard, J. (1949). *Caste and class in a southern town.* Garden City, NY: Doubleday Anchor Books.

Douglas, J. D. (1976). *Investigative social research: Individual and team field research.* Beverly Hills, CA: SAGE.

Douglas, J. D. (1979). Living morality versus bureaucratic fiat. In C. B. Klockars & F. W. O'Connor (Eds.), *Deviance and decency: The ethics of research with human subjects* (pp. 13–34). Beverly Hills, CA: SAGE.

Douglas, J. D. (1985). *Creative interviewing.* Beverly Hills, CA: SAGE.

Drabble, L., Trocki, K., Salcedo, B., Walker, P. C., & Korcha, R. A. (2016). Conducting qualitative interviews by telephone: Lessons learned from a study of alcohol use among sexual minority and heterosexual women. *Qualitative Social Work, 15*(1), 118–133. doi: 10.1177/1473325015585613

Duncan, R. E., Drew, S. E., Hodgson, J., & Sawyer, S. M. (2009). Is my mum going to hear this? Methodological and ethical challenges in qualitative health research with young people. *Social Science & Medicine, 69*(11), 1691–1699.

Duncombe, J., & Jessop, J. (2002). "Doing rapport" and the ethics of "faking friendship."

In M. Mauthner, M. Birch, J. Jessop, & T. Miller (Eds.), *Ethics in qualitative research* (pp. 107-122). London, UK: SAGE. doi: 10.4135/9781849209090.n6

Dyson, F. (2004). One in a million. [Review of the book *Debunked!: ESP, telekinesis, other pseudoscience.*] *New York Review of Books, 51*(5), 5.

Education Sciences Reform Act of 2002. H. Res. 3801, 107th Cong., 148 Cong. Rec. S10480 (2002) (enacted).

Edwards, R. (1990). Connecting methods and epistemology: A White woman interviewing Black women. *Women's Studies International Forum, 13*(5), 477-490. doi: 10.1016/0277-5395(90)90100-C

Elbow, P. (1981). *Writing with power.* Oxford, UK: Oxford University Press.

Elias, N. M., Johnson, R. L., Ovando, D., & Ramirez, J. (2018). Improving transgender policy for a more equitable workplace. *Journal of Public Management & Social Policy, 24*(2), 53-81.

Ellen, R. F. (Ed.). (1984). *Ethnographic research: A guide to general conduct.* London, UK: Emerald Group.

Elliott-Johns, S. E. (2004). Theoretical orientations to reading and instructional practices of eleven grade five teachers (Doctoral dissertation). McGill University, Montreal.

Esposito, N. (2001). From meaning to meaning: The influence of translation techniques on non-English focus group research. *Qualitative Health Research, 11*(4), 568-579. doi: 10.1177/104973201129119217

Faden, R. R., & Beauchamp, T. L. (1986). *A history and theory of informed consent.* New York, NY: Oxford University Press.

Fahie, D. (2014). Doing sensitive research sensitively: Ethical and methodological issues in researching workplace bullying. *International Journal of Qualitative Methods,* 19-36. doi: 10.1177/160940691401300108

Fausto-Sterling, A. (1993). The five sexes: Why male and female are not enough. *The Sciences, 33*(2), 20-24. doi: 10.1002/j.2326-1951.1993.tb03081.x

Fausto-Sterling, A. (2000). The five sexes, revisited. *The Sciences, 40*(4), 18-23. doi: 10.1002/j.2326-1951.2000.tb03504.x

Fay, B. (1987). *Critical social science: Liberation and its limits.* Ithaca, NY: Cornell University Press.

Federal Policy for the Protection of Human Subjects ("Common Rule"). 45 CFR 46, subparts A, B, C, D. (2018). Retrieved from hhs.gov/ohrp/regulations-and-policy/regulations/45-cfr-46/index.html

Ferguson, K. E. (2017). Feminist theory today. *Annual Review of Political Science, 20*(1), 269-286. doi: 10.1146/annurev-polisci-052715-111648

Ferrarotti, F. (1981). On the autonomy of the biographical method. In D. Bertaux (Ed.), *Biography and society: The life history approach in the social sciences* (pp. 19-27). Beverly Hills, CA: SAGE.

Fischetti, J. C., Santilli, S. A., & Seidman, I. E. (1988). The mask of teacher education reform. Unpublished manuscript, University of Massachusetts Amherst.

Fish, S. (1980). *Is there a text in this class? The authority of interpretive communities.* Cambridge, MA: Harvard University Press.

Frank, N. (2000). The experience of six mainland Chinese women in American graduate programs (Unpublished doctoral dissertation). University of Denver, Colorado.

Frenzy at UMass. (1970, December 21). *Time, 95*(25), p. 34.

Frisch, M. (2011). From a shared authority to the digital kitchen, and back. In B. Adair, B. Filene, & L. Koloski (Eds.), *Letting go? Sharing historical authority in a user-generated world* (pp. 126-137). Philadelphia: The Pew Center for Arts and Heritage.

Fuderich, T. (1995). The psychology of children of war. Unpublished manuscript, University of Massachusetts Amherst.

Gabriel, J. (1997). The experiences of language minority students in mainstream English classes in United States public high schools: A study through in-depth

참고문헌

interviewing (Doctoral dissertation). Retrieved from scholarworks.umass.edu/dissertations/AAI9809335

Gage, N. L. (Ed.). (1963). *Handbook of research on teaching.* Chicago, IL: Rand McNally.

Gage, N. L. (1989). The paradigm wars and their aftermath: A "historical" sketch of research on teaching since 1989. *Educational Researcher, 18*(7), 4-10. doi: 10.2307/1177163

Galvan, S. (1990). Experience of minority teachers in local teachers union. Unpublished manuscript, University of Massachusetts Amherst.

Garman, N. (1994). Qualitative inquiry: Meaning and menace for educational researchers. In J. Smyth (Ed.), *Qualitative approaches in educational research,* proceedings of mini-conference, Flinders Institute for the Study of Teaching, Adelaide, South Australia, pp. 3-12.

Gergen, K. J. (2001). Foreword. In S. Wortham, *Narratives in action: A strategy for research and analysis.* New York, NY: Teachers College Press.

Gitlin, T. (1987). *The sixties: Years of hope, days of rage.* New York, NY: Bantam Books.

Glaser, B. G. (2003). *The grounded theory perspective II: Description's remodeling of grounded theory methodology.* Mill Valley, CA: Sociology Press.

Glaser, B. G., & Strauss, A. S. (1967). *The discovery of grounded theory: Strategies for qualitative research.* Chicago, IL: Aldine.

Goldman, S., Avillion, A. E., & Evans, N. (2018). Child abuse mandated reporter training for New York State: Identifying and reporting child abuse and maltreatment. Retrieved from wildirismedicaleducation.com/courses/ny-child-abuse-mandated-reporter-training

Goldstein, T. (1995). Interviewing in a multicultural/multilingual setting. *TESOL Quarterly, 29*(3), 587-593. doi: 10.2307/3588078

Gonzalez, A. (2012). Knowledge, skills, and dispositions influencing middle school teachers' decision making in planning social studies instruction in a Hispanic serving school (Doctoral dissertation). University of Texas at Brownsville.

Gorden, R. L. (1987). *Interviewing: Strategy, techniques, and tactics*. Chicago, IL: Dorsey Press.

Gove, P. B. (Ed.). (1971). *Webster's third new international dictionary of the English language, unabridged*. Springfield, MA: Merriam-Webster.

Greene, S., & Hogan, D. (Eds.). (2005). *Researching children's experience: Approaches and methods*. London, UK: SAGE. doi: 10.4135/9781849209823

Griffin, P. (1989, March). Using participant research to empower gay and lesbian educators. Paper presented at the annual meeting of the American Educational Research Association, San Francisco.

Grimes, W. (2008, November 1). Orbituary: Studs Terkel, listener to Americans, is dead at 96. *New York Times*, p. B9.

Guillemin, M., & Heggen, K. (2009). Rapport and respect: Negotiating ethical relations between researcher and participant. *Medicine, Health Care, and Philosophy, 12*(3), 291-299. doi: 10.1007/s111019-008-9165-8

Hann, C. (2008). *Doing qualitative research using your computer: A practical guide*. Thousand Oaks, CA: SAGE.

Hardin, C. L. (1987). Black professional musicians in higher education: A study based on in-depth interviews (Doctoral dissertation). University of Massachusetts Amherst, Retrieved from scholarworks.umass.edu/dissertations_1/4276

Hart, S. N. (1991). From property to person status: Historical perspective on children's rights. *American Psychologist, 46*(1), 53-59. doi: 10.1037/0003-066X.46.1.53

Hauser, C. (2018, May 10). Texas teacher showed a photo of her wife, and was barred from the classroom. *New York Times*. Retrieved from nytimes.com/2018/05/10/us/gay-teachers-wife-texas.html

Heidegger, M. (1962). *Being and time* (J. Macquarrie & E. Robinson, trans.). Oxford, UK: Blackwell.

Heidegger, M. (2013). *The basic problems of phenomenology.* New York, NY: Continuum.

Heller, J. (1972, July 26). Syphilis victims in U.S. study went untreated for 40 years. *New York Times*, pp. 1, 8.

Herod, A. (1993). Gender issues in the use of interviewing as a research method. *Professional Geographer, 45*(3), 305-317. doi: 10.1111/j.0033-0124.1993.00305.x

Heron, J. (1981). Philosophical basis for a new paradigm. In P. Reason & J. Rowan (Eds.), *Human inquiry: A sourcebook of new paradigm research* (pp. 19-35). Chichester, UK: Wiley.

Hertz, R., & Imber, J. B. (Eds.). (1995). *Studying elites using qualitative methods.* Thousand Oaks, CA: SAGE. doi: 10.4135/9781483327341

Hicks, D. (2011). *Dignity: The essential role it plays in resolving conflict.* New Haven, CT: Yale University Press.

Hill, M. (2005). Ethical considerations in researching children's experiences. In S. Greene & D. Hogan (Eds.), *Researching children's experience: Approaches and methods* (pp. 61-86). Thousand Oaks, CA: SAGE.

Hitlin, P. (2018). Internet, social media use and device ownership in U.S. have plateaued after years of growth. Pew Research Center. Retrieved from pewresearch.org/fact-tank/2018/09/28/internet-social-media-use-and-device-ownership-in-u-s-have-plat

Hooser, A. (2015). Reconstructing the lived experience of practitioner scholars using third space theory: A phenomenological interview study (Doctoral dissertation). Retrieved from University of Florida Digital Collections: ufdc.ufl.edu/UFE0049045/00001

Huang, X., O'Connor, M., Ke, L.-S., & Lee, S. (2016). Ethical and methodological issues in qualitative health research involving children: A systematic review. *Nursing Ethics, 23*(3), 339-356. doi: 10.1177/0969733014564102

Hubbell, L. D. (2003). False starts, suspicious interviewees and nearly impossible tasks: Some reflections on the difficulty of conducting field research abroad. *The Qualitative Report, 8*(2), 195-209.

Human Rights Campaign. (2018). Glossary of terms. Retrieved from hrc.org/resources/glossary-of-terms

Humble, A. M. (2012). Qualitative data analysis software: A call for understanding, detail, intentionality, and thoughtfulness. *Journal of Family Theory & Review, 4*(2), 122-137. doi: 10.1111/j.1756-2589.2012.00125.x

Hyman, H. H., Cobb, W. J., Feldman, J. J., Hart, C. W., & Stember, C. H. (1954). *Interviewing in social research.* Chicago, IL: University of Chicago Press.

International Conference on Transgender Law and Employment Policy. (1995). International bill of gender rights. Retrieved from tolerance.org/classroom-resources/texts/international-bill-of-gender-rights

James, W. (1947). *Essays in radical empiricism and a pluralistic universe.* London, UK: Longmans, Green.

Jenoure, T. (1995). Navigators, challengers, dreamers: African American musicians, dancers, and visual artists who teach at traditionally White colleges and universities (Unpublished doctoral dissertation). University of Massachusetts Amherst.

Johnson, J. M. (1975). *Doing field research.* New York, NY: Free Press.

Johnston, L. (2006). Software and method: Reflections on teaching and using QSR NVivo in doctoral research. *International Journal of Social Research Methodology, 9*(5), 379-391. doi: 10.1080/13645570600659433

Kahn, R. L., & Cannell, C. F. (1960). *The dynamics of interviewing.* New York, NY: Wiley.

Kant, I. (2002). *Groundwork for a metaphysics of morals* (H. Thomas & A. Zweig, Eds.; A. Zweig, Trans.). Oxford, UK: Oxford University Press.

Kanter, R. M. (1977). *Men and women of the corporation.* New York, NY: Basic Books.

Keairns, Y. (2002). *The voices of girl child soldiers.* New York, NY: Quaker United

Nations Office.

Kelman, H. C. (1977). Privacy and research with human beings. *Journal of Social Issues, 33*(3), 169-195.

King, N., & Horrocks, C. (2010). *Interviews in qualitative research.* London, UK: SAGE.

Kirsch, G. (1999). *Ethical dilemmas in feminist research: The politics of location, interpretation, and publication.* Albany, NY: SUNY Press.

Kohnen, A. M. (2012). A new look at genre and authenticity: Making sense of reading and writing science news in high school classrooms (Doctoral dissertation). University of Missouri-St. Louis. Retrieved from irl.umsl.edu/dissertation/352/

Kuhn, T. S. (1970). *The structure of scientific revolutions* (2nd ed.). Chicago, IL: University of Chicago Press.

Kvale, S. (1996). *InterViews: An introduction to qualitative research interviewing.* Thousand Oaks, CA: SAGE.

Labov, W. (1972). The logic of nonstandard English. In *Language in the inner city: Studies in Black English vernacular* (pp. 201-240). Philadelphia, PA: University of Pennsylvania Press.

Lancaster, K. (2017). Confidentiality, anonymity and power relations in elite interviewing: Conducting qualitative policy research in a politicised domain. *International Journal of Social Research Methodology, 20*(1), 93-103. doi: 10.1080/13645579.2015.1123555

Lather, P. (1986a). Issues of validity in open ideological research: Between a rock and a soft place. *Interchange, 17*(4), 63-84.

Lather, P. (1986b). Research as praxis. *Harvard Educational Review, 56*(3), 257-277.

Lave, J., & Kvale, S. (1995). What is anthropological research? An interview with Jean Lave by Steinar Kvale. *International Journal of Qualitative Studies in Education, 8*(3), 219-228. doi: 10.1080/0951839950080301

Lee, R. M. (1993). *Doing research on sensitive topics.* London, UK: SAGE.

Liberman, K. (1999). From walkabout to meditation: Craft and ethics in field inquiry.

Qualitative Inquiry, 5(1), 547-563. doi: 10.1177/107780049900500103

Lightfoot, S. L. (1983). *The good high school: Portraits of character and culture.* New York, NY: Basic Books.

Lincoln, Y. S., & Guba, E. G. (1985). *Naturalistic inquiry.* Beverly Hills, CA: SAGE.

Locke, L. F., Silverman, S. J., & Spirduso, W. W. (2004). *Reading and understanding research* (2nd ed.). Thousand Oaks, CA: SAGE.

Locke, L. F., Spirduso, W. W., & Silverman, S. J. (2000). *Proposals that work: A guide for planning dissertations and grant proposals* (4th ed.). Thousand Oaks, CA: SAGE.

Locke, L. F., Spirduso, W. W., & Silverman, S. J. (2014). *Proposals that work: A guide for planning dissertations and grant proposals* (6th ed.). Thousand Oaks, CA: SAGE.

Lofland, J. (1971). *Analyzing social settings: A guide to qualitative observation and analysis.* Belmont, CA: Wadsworth.

Lo-Iacono, V., Symonds, P., & Brown, D. H. K. (2016). Skype as a tool for qualitative research interviews. *Sociological Research Online, 21*(2), 1-15. doi: 10.5153/sro.3952

Lopez, G. (2016, March 31). The Supreme Court legalized same-sex marriage in the US after years of legal battles. Vox. Retrieved from vox.com/cards/gay-marriage-supreme-court-decision/supreme-court-gay-marriage-history

Lynch, D. J. S. (1998). Among advisors: An interview study of faculty and staff undergraduate advising at a public land-grant university (Doctoral dissertation). Retrieved from scholarworks.umass.edu/dissertations/AAI9823753

Malterud, K., Siersma, V. D., & Guassora, A. D. (2016). Sample size in qualitative interview studies: Guided by information power. *Qualitative Health Research, 26*(13), 1753-1760. doi: 10.1177/1049732315617444

Mannheim, K. (1975). *Ideology and utopia.* New York, NY: Free Press.

Marshall, C., & Rossman, G. B. (2016). *Designing qualitative research* (6th ed.).

Thousand Oaks, CA: SAGE.

Marshall, J. (1981). Making sense as a personal process. In P. Reason & J. Rowan (Eds.), *Human inquiry: A sourcebook of new paradigm research* (pp. 395-399). Chichester, UK: Wiley.

Matheson, J. L. (2005). Computer-aided qualitative data analysis software: General issues for family therapy researchers. In D. H. Sprenkle & F. P. Piercy (Eds.), *Research methods in family therapy* (2nd ed., pp. 119-135). New York, NY: Guilford Press.

Matson, F. W. (1966). *The broken image: Man, science, and society*. Garden City, NY: Archer Books.

Matthews, J., & Cramer, E. P. (2008). Using technology to enhance qualitative research with hidden populations. *The Qualitative Report, 13*(2), 301-315.

Mattingly, C. (1998). *Healing dramas and clinical plots: The narrative structure of experience*. Cambridge, UK: Cambridge University Press.

Maxwell, J. A. (2013). *Qualitative research design: An interactive approach* (3rd ed.). Thousand Oaks, CA: SAGE.

May, R. A. B. (2014). When the methodological shoe is on the other foot: African American interviewer and White interviewees. *Qualitative Sociology, 37*(1), 117-136. doi: 10.1007/s11133-013-9265-5

McCracken, G. (1988). *The long interview*. Thousand Oaks, CA: SAGE. doi: 10.4135/9781412986229

McDermid, F., Peters, K., Jackson, D., & Daly, J. (2014). Conducting qualitative research in the context of pre-existing peer and collegial relationships. *Nurse Researcher, 21*(5), 28-33. doi: 10.7748/nr.21.5.28.e1232

McDonald, H. (2016, April 25). Boston College ordered by US court to hand over IRA tapes. *The Guardian*. Retrieved from theguardian.com/uk-news/2016/apr/25/boston-college-ordered-by-us-court-to-hand-over-ira-tapes

McKee, H. (2004, October 1). Statement at University of Massachusetts Sociology

Department Forum on Ethics and the Social Sciences.

McLuhan, M. (1964). *Understanding media: The extensions of man.* New York, NY: McGraw-Hill.

McTavish, J. R., Kimber, M., Devries, K., Colombini, M., MacGregor, J. C. D., Wathen, C. N. ... McMillan, H. L. (2017). Mandated reporters' experiences with reporting child maltreatment: A meta-synthesis of qualitative studies. *BMJ Open, 7*(10). doi: 10.1136/bmjopen-2016-013942

Mellor, J., Ingram, N., Abrahams, J., & Beedell, P. (2014). Class matters in the interview setting? Positionality, situatedness and class. *British Educational Research Journal, 40*(1), 135-149. doi: 10.1002/berj.3035

Merriam, S. B., & Tisdell, E. J. (2016). *Qualitative research: A guide to design and implementation* (4th ed.). San Francisco, CA: Jossey-Bass.

Miles, M. B., & Huberman, A. M. (1984). *Qualitative data analysis: A sourcebook of new methods.* Beverly Hills, CA: SAGE.

Miller, J. H. (1993). Gender issues embedded in the experience of women student teachers: A study using in-depth interviewing (Doctoral dissertation, University of Massachusetts Amherst). Retrieved from scholarworks.umass.edu/dissertations/AAI9408314

Miller, J. H. (1997). Gender issues embedded in the experience of student teaching: Being treated like a sex object. *Journal of Teacher Education, 48*(1), 19-28. doi: 10.1177/0022487197048001004

Mishler, E. G. (1979). Meaning in context: Is there any other kind? *Harvard Educational Review, 49*(1), 1-19. doi: 10.17763/haer.49.1.b748n4133677245p

Mishler, E. G. (1986). *Research interviewing: Context and narrative.* Cambridge, MA: Harvard University Press.

Mishler, E. G. (1991). Representing discourse: The rhetoric of transcription. *Journal of Narrative and Life History, 1*(4), 255-280. doi: 10.1075/jnlh.1.4.01rep

Mitchell, R. G., Jr. (1993). *Secrecy and fieldwork.* Thousand Oaks, CA: SAGE.

Mitscherlich, A., & Mielke, F. (1949). *Doctors of infamy: The story of the Nazi medical crimes* (H. Norden, Trans.). New York, NY: Henry Schuman.

Mole, B. (2012, July 7). Boston College must release records in IRA oral-history case, appeals court says. *The Chronicle of Higher Education.* Retrieved from chronicle. com/

Moreau, J. (2018). Over 150 LGBTQ candidates claim victory in midterm elections. NBC News. Retrieved from nbcnews.com/feature/nbc-out/over-100-lgbtq-candidates-claim-victory-midterm-elections-n933646

Morse, J. M. (1994). "Emerging from the data": The cognitive processes of analysis in qualitative inquiry. In J. M. Morse (Ed.), *Critical issues in qualitative research methods* (pp. 23-43). Thousand Oaks, CA: SAGE.

Morse, J. M. (2018). Reframing rigor in qualitative inquiry. In N. K. Denzin & Y. S. Lincoln (Eds.), *The SAGE handbook of qualitative research* (5th ed., pp. 796-817). Thousand Oaks, CA: SAGE.

Mostyn, B. (1985). The content analysis of qualitative research data: A dynamic approach. In M. Brenner, J. Brown, & D. Canter (Eds.), *The research interview: Uses and approaches* (pp. 115-145). London, UK: Academic Press.

Moustakas, C. (1994). *Phenomenological research methods.* Thousand Oaks, CA: SAGE. doi: 10.4135/9781412995658

Nagle, J. P. (1995). Voices from the margins: A phenomenological interview study of twenty vocational high school students' educational histories (Unpublished doctoral dissertation). University of Massachusetts Amherst.

Nagle, J. P. (2001). *Voices from the margins: The stories of vocational high school students.* New York, NY: Peter Lang.

Nash, J. (2017). Understanding how to interest girls in STEM education (Doctoral dissertation). Retrieved from University of Florida Digital Collections: ufdc.ufl. edu/UFE0051697/00001?search=understanding+=interest+=girls+=stem+=educati on.

298

참고문헌

National Research Council. (R. J. Shavelson & L. Towne, Eds.). (2002). *Scientific research in education*. Washington, DC: The National Academies Press. doi: 10.17226/10236

Nejelski, P., & Lerman, L. M. (1971). A researcher-subject testimonial privilege: What to do before the subpoena arrives. *Wisconsin Law Review, 1085*(4), 1084-1148.

Neuenschwander, J. A. (2014). *A guide to oral history and the law* (2nd ed.). Oxford, UK: Oxford University Press.

Oakley, A. (1981). Interviewing women: A contradiction in terms. In H. Roberts (Ed.), *Doing feminist research* (pp. 30-61). London, UK: Routledge and Kegan Paul.

Oakley, A. (2016). Interviewing women again: Power, time and the gift. *Sociology, 50*(1), 195-213. doi: 10.1177/0038038515580253

O'Donnell, J. F. (1990). Tracking: Its socializing impact on student teachers: A qualitative study using in-depth phenomenological interviewing (Unpublished doctoral dissertation). University of Massachusetts Amherst.

O'Donnell, J. F., Schneider, H., Seidman, I. E., & Tingitana, A. (1989, March). The complexities of teacher education in a professional development school: A study through in-depth interviews. Paper presented at annual meeting of the American Association of Colleges of Teacher Education, Anaheim, CA. Retrieved from files. eric.ed.gov/fulltext/ED309153.pdf

O'Neil, R. M. (1996). A researcher's privilege: Does any hope remain? *Law and Contemporary Problems, 59*(3), 35-49.

Onyett, L. C. (2011). A technology assisted counseling observation system: A study of the impact on teaching and learning (Doctoral dissertation). Indiana University of Pennsylvania. Retrieved from knowledge.library.iup.edu/etd/447

Opsal, T., Wolgemuth, J., Cross, J., Kaanta, T., Dickmann, E., Colomer, S., & Erdil-Moody, Z. (2016). "There are no known benefits…": Considering the risk/benefit ratio of qualitative research. *Qualitative Health Research, 26*(8), 1137-1150. doi: 10.1177/1049732315580109

O'Reilly, M., & Dogra, N. (2017). *Interviewing children and young people for research.* Thousand Oaks, CA: SAGE.

Oxford English Dictionary. (1971). Oxford, UK: Oxford University Press.

Parker, T. (1996). *Studs Terkel: A life in words.* New York, NY: Henry Holt.

Patai, D. (1987). Ethical problems of personal narratives, or, who should eat the last piece of cake? *International Journal of Oral History, 8*(1), 5-27.

Patai, D. (1988). *Brazilian women speak: Contemporary life stories.* New Brunswick, NJ: Rutgers University Press.

Patton, M. Q. (2015). *Qualitative research and evaluation methods* (4th ed.). Thousand Oaks, CA: SAGE.

Paulus, T. M., & Bennett, A. M. (2017). "I have a love-hate relationship with ATLAS. ti'[TM]": Integrating qualitative data analysis software into a graduate research methods course. *International Journal of Research & Method in Education, 40*(1), 19-35. doi: 10.1080/1743727x.2015.1056137

Perrault, E. K., & Nazione, S. A. (2016). Informed consent-uninformed participants: Shortcomings of online social science consent forms and recommendations for improvement. *Journal of Empirical Research on Human Research Ethics, 11*(3), 274-280. doi: 10.1177/1556264616654610

Phoenix, A. (1994). Practising feminist research: The intersections of gender and "race" in the research process. In M. Maynard & J. Purvis (Eds.), *Researching women's lives from a feminist perspective* (pp. 49-71). Bristol, PA: Taylor & Francis.

Polanyi, M. (1958). *Personal knowledge.* Chicago, IL: University of Chicago Press.

Popkewitz, T. S. (1984). *Paradigm and ideology in educational research: Social functions of the intellectual.* London, UK: Falmer Press.

Reason, P. (1981). "Methodological approaches to social science" by Ian Mitroff and Ralph Kilmann: An appreciation. In P. Reason & J. Rowan (Eds.), *Human inquiry: A sourcebook of new paradigm research* (pp. 43-51). Chichester, UK: Wiley.

Reason, P. (Ed.). (1994). *Participation in human inquiry.* Thousand Oaks, CA: SAGE.

Reese, S. D., Danielson, W. A., Shoemaker, P. J., Chang, T.-K., & Hsu, H.-L. (1986). Ethnicity-of-interviewer effects among Mexican-Americans and Anglos. *Public Opinion Quarterly, 50*(4), 563-572. doi: 10.1086/269004

Reis, E. (2009). *Bodies in doubt: An American history of intersex.* Baltimore, MD: Johns Hopkins University Press.

Resnik, D. B. (2018). *The ethics of research with human subjects: Protecting people, advancing science, promoting trust.* Switzerland: Springer Nature.

Resnik, H. S. (1972, March 4). Are there better ways to teach teachers? *Saturday Review,* pp. 46-50. Retrieved from unz.com/print/SaturdayRev-1972mar04-00046/

Reynolds, P. D. (1979). *Ethical dilemmas and social science research.* San Francisco, CA: Jossey-Bass. doi: 10.1177/016224398000500441

Ribbens, J. (1989). Interviewing-An "unnatural situation"? *Women's Studies International Forum, 12*(6), 579-592. doi: 10.1016/0277-5395(89)90002-2

Richardson, S. A., Dohrenwend, B. S., & Klein, D. (1965). *Interviewing: Its forms and functions.* New York, NY: Basic Books.

Riessman, C. K. (1987). When gender is not enough: Women interviewing women. *Gender & Society, 1*(2), 172-207. doi: 10.1177/0891243287001002004

Ritchie, D. A. (2003). *Doing oral history: A practical guide.* New York, NY: Oxford University Press.

Roer-Strier, D., & Sands, R. G. (2015). Moving beyond the "official story": When "others" meet in a qualitative interview. *Qualitative Research, 15*(2), 251-268. doi: 10.1177/1468794114548944

Rosenblatt, L. M. (1982). The literary transaction: Evocation and response. *Theory into Practice, 21*(4), 268-277. doi: 10.1080/00405848209543018

Rosser, S. V. (1992). Are there feminist methodologies appropriate for the natural sciences and do they make a difference? *Women's Studies International Forum, 15*(5/6), 535-550.

Rowan, J. (1981). A dialectical paradigm for research. In P. Reason & J. Rowan

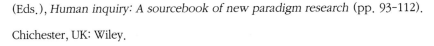

(Eds.), *Human inquiry: A sourcebook of new paradigm research* (pp. 93-112). Chichester, UK: Wiley.

Rowe, M. B. (1974). The relationship of wait-time and rewards to the development of language, logic, and fate control: Part II-Rewards. *Journal of Research in Science Teaching, 11*(4), 291-308. doi: 10.1002/tea.3660110403

Rubin, H. J., & Rubin, I. S. (2012). *Qualitative interviewing: The art of hearing data* (3rd ed.). Thousand Oaks, CA: SAGE.

Salmons, J. (2015). *Qualitative online interviews* (2nd ed.). Thousand Oaks, CA: SAGE.

Santos, H. P. O. Jr., Black, A. M., & Sandelowski, M. (2015). Timing of translation in cross-language qualitative research. *Qualitative Health Research, 25*(1), 134-144. doi: 10.1177/1049732314549603

Sapat, A., Schwartz, L., Esnard, A.-M., & Sewordor, E. (2017). Integrating qualitative data analysis software into doctoral public administration education. *Journal of Public Affairs Education, 23*(4), 959-978. doi: 10.1080/15236803.2017.12002299

Sartre, J.-P. (1956). *Being and nothingness* (H. E. Barnes, Trans.). New York, NY: Washington Square Press.

Sartre, J.-P. (1968). *Search for a method* (H. E. Barnes, Trans.). New York, NY: Random House.

Saunders, B., Kitzinger, J., & Kitzinger, C. (2015). Anonymising interview data: Challenges and compromise in practice. *Qualitative Research, 15*(5), 616-632. doi: 10.1177/1468794114550439

Schaenen, I. (2014). *Speaking of fourth grade: What listening to kids tells us about schools in America.* New York, NY: The New Press.

Schatzkamer, M. B. (1986). Returning women students in the community college: A feminist perspective (Doctoral dissertation). University of Massachusetts Amherst. Retrieved from scholarworks.umass.edu/dissertations/AAI8701215

Schram, T. H. (2003). *Conceptualizing qualitative inquiry: Mindwork for fieldwork in education and the social sciences* (6th ed.). Upper Saddle River, NJ: Merrill/

Prentice Hall.

Schuman, D. (1982). *Policy analysis, education, and everyday life: An empirical reevaluation of higher education in America*. Lexington, MA: Heath. doi: 10.2307/1957292

Schutz, A. (1967). *The phenomenology of the social world* (G. Walsh & F. Lehnert, Trans.). Evanston, IL: Northwestern University Press.

Schwandt, T. A. (2014). *The SAGE dictionary of qualitative inquiry* (4th ed.). Thousand Oaks, CA: SAGE.

Seidman, E. (1985). *In the words of the faculty: Perspectives on improving teaching and educational quality in community colleges*. San Francisco, CA: Jossey-Bass.

Seidman, E., Sullivan, P., & Schatzkamer, M. (1983). *The work of community college faculty: A study through in-depth interviews* [Final Report to the National Institute of Education]. ERIC Number ED243499. Retrieved from files.eric.ed.gov/fulltext/ED243499.pdf

Seitz, S. (2016). Pixilated partnerships, overcoming obstacles in qualitative interviews via Skype: A research note. *Qualitative Research, 16*(2), 229-235. doi: 10.1177/1468794115577011

Sennett, R., & Cobb, J. (1972). *The hidden injuries of class*. New York, NY: Knopf.

Shamoo, A. E., & Resnik, D. B. (2015). *Responsible conduct of research* (3rd ed.). New York, NY: Oxford University Press.

Sharzer, L. A. (2017). Transgender Jews and Halakhah. Retrieved from rabbinicalassembly.org/sites/default/files/public/halakhah/teshuvot/2011-2020/transgender-halakhah.pdf

Sheehan, M. (1989). Child care as a career: A study of long term child care providers. Unpublished manuscript, University of Massachusetts Amherst.

Shils, E. A. (1959). Social inquiry and the autonomy of the individual. In D. Lerner (Ed.), *The human meaning of the social sciences* (pp. 114-157). New York, NY: Meridian Books.

Skloot, R. (2011). *The immortal life of Henrietta Lacks*. New York, NY: Broadway
    Paperbacks.

Smith, A. (2011). Americans and text messaging. Retrieved from pewinternet.
    org/2011/09/19/americans-and-text-messaging

Smith, L. (1992). Ethical issues in interviewing. *Journal of Advanced Nursing, 17*(1),
    98-103. doi: 10.1111/j.1365-2648.1992.tb01823.x

Solsken, J. (1989, May). Micro-macro: A critical ethnographic perspective on classroom
    reading and writing as a social process. Remarks presented at the annual meeting
    of the International Reading Association, New Orleans.

Song, M., & Parker, D. (1995). Commonality, difference and the dynamics of disclosure
    in in-depth interviewing. *Sociology, 29*(2), 241-256.

Spradley, J. P. (1979). *The ethnographic interview*. Belmont, CA: Wadsworth Cengage
    Learning.

Stacey, J. (1988). Can there be a feminist ethnography? *Women's Studies International
    Forum, 11*(1), 21-27. doi: 10.1016/0277-5395(88)90004-0

Stack, L., & Edmondson, C. (2018, August 4). A "rainbow wave"? 2018 has more
    L.G.B.T. candidates than ever. *New York Times*. Retrieved from nytimes.
    com/2018/08/04/us/politics/gay-candidates-midterms.html

Steiner, G. (1978). The distribution of discourse. In G. Steiner, *On difficulty and other
    essays* (pp. 61-94). New York, NY: Oxford University Press.

St. Pierre, E. A., & Jackson, A. Y. (2014). Qualitative data analysis after coding.
    Qualitative Inquiry, 20(6), 715-719. doi: 10.1177/1077800414532435

Stuckey, H. (2014). The first step in data analysis: Transcribing and managing
    qualitative research data. *Journal of Social Health and Diabetes, 2*(1), 6-8. doi:
    10.4103/2321-0656.120254

Sullivan, J. R. (2012). Skype: An appropriate method of data collection for qualitative
    interviews? *The Hilltop Review, 6*(1), article 10. Retrieved from scholarworks.
    wmich.edu/hilltopreview/vol6/iss1/10

Sullivan, P. (Producer/Director), & Seidman, I. E. (Co-director). (1982). *In their own words: Working in the community college* [Film]. Amherst: University of Massachusetts.

Sullivan, P. (Producer/Director), & Speidel, J. (Producer/Director). (1976). *The Shaker legacy* [Film]. Amherst: University of Massachusetts.

Tagg, S. K. (1985). Life story interviews and their interpretation. In M. Brenner, J. Brown, & D. Canter (Eds.), *The research interview: Uses and approaches* (pp. 163-199). London, UK: Academic Press.

Terkel, S. (1974). *Working: People talk about what they do all day and how they feel about what they do.* New York, NY: Pantheon Books.

Thelen, D. (1989, September 27). A new approach to understanding human memory offers a solution to the crisis in the study of history. *The Chronicle of Higher Education*, pp. B1, B3.

Thorne, B. (1980). "You still takin' notes?" Fieldwork and problems of informed consent. *Social Problems, 27*(3), 284-297.

Tilley, L., & Woodthorpe, K. (2011). Is it the end for anonymity as we know it? A critical examination of the ethical principle of anonymity in the context of 21st century demands on the qualitative researcher. *Qualitative Research, 11*(2), 197-212. doi: 10.1177/1468794110394073

Todorov, T. (1984). *The conquest of America: The question of the other* (R. Howard, Trans.). New York, NY: Harper & Row.

Tremblay, B. (1990). The experience of instructional design. Unpublished manuscript, University of Massachusetts Amherst.

Trow, M. (1957). Comment on "Participant observation and interviewing: A comparison." *Human Organization, 16*(3), 33-35.

Tsangaridou, G. (2013). *School leaders' and teachers' concerns during the process of adoption of new curricula in elementary schools in Cyprus.* New Haven, CT: Southern Connecticut State University.

UNICEF. (1989). Convention on the rights of the child. Retrieved from unicef.org/crc

University of New Hampshire. (2015). Information individuals in New Hampshire are legally required to report. Retrieved from unh.app.box.com/s/5t238wgsobftbw8z psjr9nodh9lf8f50

U.S. Department of Health & Human Services. (2018). International compilation of human research standards. Retrieved from hhs.gov/ohrp/sites/default/files/2018-International-Compilation-of-Human-Research-Standards.pdf

U.S. Department of Health & Human Services, National Commission for the Protection of Human Subjects of Biomedical and Behavioral Research. (1979). Belmont report: Ethical principles and guidelines for the protection of human subjects of research. Retrieved from hhs.gov/ohrp/regulations-and-policy/belmont-report/read-the-belmont-report/index.html

van den Hoonaard, W. C., & van den Hoonaard, D. K. (2013). *Essentials of thinking ethically in qualitative research.* Walnut Creek, CA: Left Coast Press.

van Manen, M. (1990). *Researching lived experience: Human science for an action sensitive pedagogy.* London, Ontario, Canada: The University of Western Ontario.

van Manen, M. (2016). *Phenomenology of practice: Meaning-giving methods in phenomenological research and writing.* London, UK: Routledge.

Vygotsky, L. (1987). *Thought and language* (A. Kozulin, Ed.). Cambridge, MA: MIT Press.

Watkins, C. (Ed.). (1985). *The American heritage dictionary of Indo-European roots.* Boston, MA: Houghton Mifflin.

Weiss, R. S. (1994). *Learning from strangers: The art and method of qualitative interview studies.* New York, NY: The Free Press.

Weller, S. (2015). The potentials and pitfalls of using Skype for qualitative (longitudinal) interviews. *National Centre for Research Methods,* 1-49. Retrieved from eprints.ncrm.ac.uk/3757/

West, H. (2014). Tuskegee syphilis study. Retrieved from lawi.us/tuskegee-syphilis-

참고문헌

study/

Whiting, G. W. (2004). Young Black American fathers in a fatherhood program: A phenomenological study (Doctoral dissertation). Purdue University, West Lafayette, IN.

Wideman, J. E. (1990). Introduction. In W. E. B. Du Bois, *The souls of Black folk*. New York, NY: Vintage/The Library of America.

Williams, C. L., & Heikes, E. J. (1993). The importance of researcher's gender in the in-depth interview: Evidence from two case studies of male nurses. *Gender & Society, 7*(2), 280-291. doi: 10.1177/089124393007002008

Williamson, K. M. (1988). A phenomenological description of the professional lives and experiences of physical education teacher educators (Doctoral dissertation, University of Massachusetts Amherst). Retrieved from scholarworks.umass.edu/dissertations_1/4655

Williamson, K. M. (1990). The ivory tower: Myth or reality? *Journal of Teaching in Physical Education, 9*(2), 95-105.

Winn, M. T. (2010). "Our side of the story": Moving incarcerated youth voices from margins to center. *Race Ethnicity and Education, 13*(3), 313-325. doi: 10.1080/13613324.2010.500838

Winn, M. T. (2011, March 5). Keynote address. Qualitative Research Conference, University of Missouri, St. Louis.

Winzenburg, S. (2011, March 2). How Skype is changing the interview process. *The Chronicle of Higher Education*. Retrieved from chronicle.com/article/how-skype-is-changing-the/126529/

Wolcott, H. F. (1990). *Writing up qualitative research*. Thousand Oaks, CA: SAGE.

Wolcott, H. F. (1994). *Transforming qualitative data: Description, analysis, and interpretation*. Thousand Oaks, CA: SAGE.

Woods, M., Paulus, T., Atkins, D. P., & Macklin, R. (2016). Advancing qualitative research using Qualitative Data Analysis Software (QDAS)? Reviewing potential versus practice in published studies using ATLAS.ti and NVivo, 1994-2013. *Social Science Computer Review, 34*(5), 597-617. doi: 10.1177/0894439315596311

Woods, S. (1990). The contextual realities of being a lesbian physical educator: Living in two worlds (Unpublished doctoral dissertation). University of Massachusetts Amherst.

Young, E. H., & Lee, R. (1997). Fieldworker feelings as data: "Emotion work" and "feeling rules" in first person accounts of sociological fieldwork. In V. James & J. Gabe (Eds.), *Health and the sociology of emotions* (pp. 97-113). Oxford, UK: Wiley-Blackwell.

Young, S. P. (1990). ESL teachers and their work-A study based on interviews conducted with teachers of English as a second language (Doctoral dissertation, University of Massachusetts Amherst). Retrieved from scholarworks.umass.edu/dissertations/AAI9035421

Yow, V. R. (1994). *Recording oral history: A practical guide for social scientists.* Thousand Oaks, CA: SAGE.

Yow, V. R. (2015). *Recording oral history: A guide for the humanities and social sciences* (3rd ed.). Lanham, MD: Rowman and Littlefield.

찾아보기

•

Interviewing as Qualitative Research

저자 소개

Irving Seidman

매사추세츠대학교 애머스트캠퍼스 사범대학의 명예교수이며, 질적 연구와 중등교사교육 전공이다. 『오스월드 티포와 매사추세츠대학교의 초기 전망(Oswald Tippo and the Early Promise of the University of Massachusetts)』(2002), 『중·고등학교 교사가 되기 위한 필수 입문서(The Essential Career Guide to Becoming a Middle and High School Teacher)』(Robert Maloy와 공저, 1999), 『교수진의 이야기 속으로(In the Words of the Faculty)』(1985)를 저술하였으며, Earl Seidman이라는 이름으로 출판된 여러 논문이 있다.

역자 소개

박혜준(Park, Hye Jun)

서울대학교 사범대학 윤리교육과 문학사
미국 뉴욕대학교 대학원 특수교육과 문학석사
미국 컬럼비아대학교 유아특수교육전공 교육학박사
전 한국유아특수교육학회장
현 서울대학교 생활과학대학 아동가족학과 교수

〈주요 논문〉

2019 개정 누리과정 시행에 따른 유아특수교사의 경험과 기대: 초점집단면담을 중심으로
　　(공저, 유아특수교육연구, 2021)

Embracing each other and growing together: Redefining the meaning of caregiving a child with disabilities(공저, Journal of Child and Family Studies, 2015)

Becoming a parent of a child with special needs: Perspectives from Korean mothers living in the United States(공저, International Journal of Disability, Development and

Education, 2016)

"My assets + their needs = my learning + their learning": Incorporating service learning into early childhood teacher education in South Korea(공저, Asia Pacific Journal of Teacher Education, 2018)

Starting from home: Development of a sustainable parenting education program for caregivers with young children in rural Malawi(공저, Early Childhood Educational Journal, 2021) 외 다수

이승연(Lee, Seung Yeon)

이화여자대학교 사범대학 유아교육과 문학사
이화여자대학교 대학원 유아교육학과 문학석사
미국 컬럼비아대학교 유아교육전공 교육학박사
전 한국육아지원학회 편집위원장
　　이화여자대학교 생명윤리위원회 위원
현 이화여자대학교 사범대학 유아교육과 교수

〈주요 논문〉

영아교사들이 경험하는 전문적 정체성의 혼란과 극복의 힘(공저, 한국교원교육연구, 2015)

만 5세 유아들의 권리에 대한 인식 탐구(공저, 육아지원연구, 2016)

Preparing early childhood professionals for relationship-based work with infants(공저, Journal of Early Childhood Teacher Education, 2015)

Primary caregiving as a framework for preparing early childhood preservice students to understand and work with infants(공저, Early Education and Development, 2016)

"My assets + their needs = my learning + their learning": Incorporating service learning into early childhood teacher education in South Korea(공저, Asia Pacific Journal of Teacher Education, 2018) 외 다수

교육학·사회과학 분야 연구자들을 위한
질적 연구 방법으로서의
면담(5판)

Interviewing as Qualitative Research:
A Guide for Researchers in Education and the Social Sciences
(5th Edition)

2022년   1월 20일 1판 1쇄 인쇄
2022년   1월 30일 1판 1쇄 발행

지은이 • Irving Seidman
옮긴이 • 박혜준 · 이승연
펴낸이 • 김진환
펴낸곳 • ㈜**학지사**

　　　　　　04031 서울특별시 마포구 양화로 15길 20 마인드월드빌딩
대표전화 • 02-330-5114　　팩스 • 02-324-2345
등록번호 • 제313-2006-000265호

홈페이지 • http://www.hakjisa.co.kr
페이스북 • https://www.facebook.com/hakjisabook

ISBN 978-89-997-2562-3 93180

정가 17,000원

출판 · 교육 · 미디어기업 **학지사**

간호보건의학출판 **학지사메디컬** www.hakjisamd.co.kr
심리검사연구소 **인싸이트** www.inpsyt.co.kr
학술논문서비스 **뉴논문** www.newnonmun.com
교육연수원 **카운피아** www.counpia.com